Johanna Baader
Sein, wie man ist

AF168283

Johanna Baader

Sein, wie man ist

Rediroma-Verlag

Bibliografische Information der Deutschen
Nationalbibliothek:
Die Deutsche Nationalbibliothek verzeichnet diese
Publikation in der Deutschen Nationalbibliografie;
detaillierte bibliografische Daten sind im Internet über
http://portal.dnb.de abrufbar.

Zum Schutz der Privatsphäre wurden die Namen vorkommender Personen geändert oder/und umschrieben.

ISBN 978-3-98527-169-6

www.rediroma-verlag.de
12,95 Euro (D)

Lebensabschnitte

Vorwort

Im Kern geht es um die Selbstverwirklichung um uns Selbst und den Umständen, die damit verbunden sind. Zum besseren Verständnis und Vervollständigung der Gesamtentwicklung erzähle ich die Geschichte von Anfang an, also von frühester Kindheit bis zum heutigen Tag der Buchlegung. Ich halte es deshalb für wichtig die frühe Kindheit mit einzubeziehen, weil gerade hier prägnante Entwicklungsprozesse stattfinden. Vieles, was wir in der Kindheit erfahren, nehmen wir mit ins ganze Leben. Sicher gibt es viele ähnliche Publikationen, die solche Themen wiedergeben, ich habe es trotzdem spannend gefunden, meine Erfahrungen hier weiter zu geben und wer weiß, wem die Informationen noch nützlich sein können. Ich hoffe es jedenfalls, das wäre dann auch eine Wertschätzung meiner Arbeit für diese Publikation. Ich wünsche mir für alle Partnerschaften und Menschen eine offene Auseinandersetzung mit dem Leben und deren Veränderungen, denn hier liegt die Chance für einen Neuanfang.

„Nur wer die Veränderung lebt, lebt wirklich. "

Nun kurz zu meiner Person. Als ich am 14.Aug.2016 anfing, das Buch zu verfassen, war ich 57 Jahre jung und Vater von zwei Söhnen im Alter von 20 und 22 Jahren. Meine Exfrau ist etwa sechs Jahre jünger und sind seitdem gut 24 Jahre verheiratet. Ein ereignisreicher Lebensabschnitt, aber dazu mehr im Buch.

Mit der richtigen Mischung aus persönlichen Erzählungen und fachlichen Erläuterungen sowie mit der Würze erfrischender Zitaten, denke ich eine gute, unterhaltsame und fundierte Lektüre erstellt zu haben. Das Buch soll auch deutlich machen, wie sich die Wechselwirkung der Ereignisse und Lebensumständen auf die Entwicklung der Persönlichkeit auswirken kann.

Wie ist Johanna

Sie hat eine starke, zielgerichtete Persönlichkeit, denkt fortwährend an vielen Dingen und kombiniert gerne.

Sie ist fortschrittlich und ist ihrer Zeit meist voraus.

Löst Probleme faktisch und zeitnah, dabei hilft Ihr die positive Lebenseinstellung.

Begegnet Mitmenschen mit Respekt und Höflichkeit.

Hat viel Sinn für das Schöne im Leben und pflegt einen guten Umgang.

Ist sehr hilfsbereit und zuvorkommend, denkt aber zur rechten Zeit auch an sich.

Sie ist liebevoll und zärtlich, schützt aber ihre Gefühle vor negativen Einfluss.

Ich bin in meinem Namen zu Hause.

Passende Zitate

„Ich habe begriffen, dass es reicht, wenn man mit den Menschen zusammen ist, die man mag."
Wer das gesagt hat, ist mir nicht bekannt, ...aber es ist auch nicht wichtig!!

„Manche lassen ihr ganzes Leben zurück, um es zu behalten."
Gesehen auf einer Reklametafel am Hauptbahnhof in München.

„Ich habe es gewagt, so zu sein, wie ich bin."
Johanna Baader, 2011.

„Manchmal bekommt man nicht das, was man will, weil man etwas Besseres verdient hat."
Gesehen auf einer Reklametafel in München.

„Angst ist ein schlechter Wegbegleiter, Respekt jedoch notwendig."
Johanna Baader, 2021

„Nicht immer ist die gefühlte Identität im Einklang mit dem Geschlecht, manchmal fühlt sich ein Mann auch in seinem Inneren als Frau – und umgekehrt. Transgender haben es in der Gesellschaft deshalb schwer, werden verunglimpft und als unnormal beschimpft."
Ausschnitt aus einem Beitrag des Deutschlandfunk Kultur.

Der Start ins Leben

Genau um Mitternacht zum 16.Okt.1958 erblickte ich das Licht der Welt. Nichts ahnend trat ich meine weite Reise durchs Leben an. Schon im zweiten Lebensjahr wurde ich sehr krank, nur durch den resoluten Einsatz einer Oberschwester überlebte ich die schweren Monate im Sauerstoffzelt. Die erste Feuerprobe war so zu sagen geschafft. Ich ahnte nicht, dass es noch ein harter, steiniger Weg bis ins höhere Alter werden würde und ich noch oft am Rande des Abgrundes stehen werde, aber das ist auch gut so, sonst wäre man ja schon von Anfang an blockiert und voreingenommen. Auch werde ich erst später zu der Erkenntnis gelangen, dass ich aus den vielen Fehl- und Tiefschlägen gewachsen und stärker geworden bin, getreu dem Motto *„Jetzt erst recht"*.

„Die vielen Probleme sind kein Hindernis, sondern die Stufe zum Höheren."

Meine frühe Kindheit war von einer gewissen Isolation geprägt. Wir wohnten in einem stillgelegten Bergwerk etwas außerhalb der Ortschaft. Es war natürlich ein riesiger Abenteuerspielplatz wie kaum ein anderer. Wenn meine Mutter wüsste, wo ich mich da überall herumgetrieben habe und welche Gefahren da lauerten, würde sie bestimmt noch dreimal sterben. Der Vorteil war unübertrefflich für die Bildung einer Selbstverantwortlichkeit und freie Entfaltungsmöglichkeiten. Dies ist heute bei der annähernden Totalüberwachung (Helikopter-Eltern) und der ständigen Erreichbarkeit durch das Handy kaum noch möglich. Wegen der anfänglichen Isolation in der ersten Kindheitsphase ergab sich eine gewisse „*Ich-Bezogenheit*" und einzelgängerische Selbsterziehung. Auch das Zeitgefühl änderte sich sehr, ich hatte kaum zeitliche Vorgaben, ich konnte fast schalten und walten, wie ich wollte. Daraus ergaben sich dann in der Erwachsenzeit gewisse Pünktlichkeitsprobleme und Anpassungsschwierigkeiten, sich in Gruppen zu fügen. Zufällig oder gewählt, fand ich im Berufsleben oft Tätigkeiten mit besonderen Freiräumen, zeitlich wie gestalterisch. Den Makel des fließenden Zeitgefühls glich ich durch Zuverlässigkeit meiner Arbeitsleistung und andere Qualitäten aus. Auch die Bindungsfähigkeit trotz Bindungswunsch an einem Partner war schon in der Kind- und Jugendzeit nicht besonders ausgeprägt. Es grenzt fast an ein Wunder, dass ich später den Zeitgeist und Mut gefunden habe, eine Ehe und Familie zu begründen. Aber dazu mehr in weiteren Kapiteln des Buches.

Leider verlor ich meinen Vater durch einen tragischen Unfall schon in früher Kindheit, ich war damals gerade mal achteinhalb Jahre alt. Dadurch entstanden eine große Leere und erst mal ein massiver Abwärtstrend in dieser Lebensphase. Das Schlimme für mich war, dass ich unmittelbar bei dem Unfall dabei war. Durch einen technischen Defekt fing das Auto bei der Reinigung und Reparatur Feuer. Die stark verschmutze Arbeitskleidung meines Vaters fing an zu brennen, binnen weniger Sekunden wurde er ein Raub der Flammen. Obwohl ich nur einen halben Meter neben Ihm stand, wurde ich nicht von den Flammen erfasst, ein Wunder, wenn ich heute so drüber nachdenke. Ich bin wohl instinktiv aus der Werkstatt gelaufen und konnte mich so retten. Hier war wohl der automatische Selbsterhaltungstrieb wirksam geworden, sonst wäre ich heute nicht mehr am Leben. Nach gefühlter Ewigkeit wurde ich unweit in einer nahegelegenen Wiese gefunden. Man begleitete mich nach Hause, obwohl ich da nicht hinwollte. Der Schock saß wohl noch zu tief. Ich begriff das Ganze kaum und konnte keine klaren Gedanken fassen. Erst nach geraumer Zeit fand ich wieder ins Leben zurück. Auf Grund seiner schweren Verbrennungen, verstarb mein Vater kurz nach dem Unfall im Krankenhaus „Rechts der Isar" in München. So schmerzlich sein Tod ist, wer weiß, wie er mit den unvorstellbaren Verletzungen weitergelebt hätte. Die plastische Chirurgie war damals noch nicht so weit, dass man solchen Menschen effektiv hätte helfen können. Man wird wohl nie eine Antwort finden, warum ein guter Mensch wie er so ein Leid ertragen musste. Ich behalte Ihn jedenfalls in guter Erinnerung. Seine herzliche Wärme habe ich von da an immer sehr vermisst. Er wird immer ein Teil von mir bleiben.

Zur damaligen Zeit gab es keine psychologische Betreuung und kein KIT = Krisen-Interventions-Team, man musste damit irgendwie alleine fertigwerden. Der Fachausdruck *PTBS Posttraumatische Belastungsstörung,* das solche Ereignisse auslöst, war damals noch nicht geläufig. Dieser Begriff sollte mich erst später wieder einholen. Meine Mutter und Geschwister waren mit sich selbst beschäftigt. Von verwandtschaftlicher Seite war auch wenig Unterstützung vorhanden. Ganz im Gegenteil, ich wurde noch verurteilt von einer Tante, weil ich meinem Vater bei dem Unglück nicht half. Ich war damals ein Kind mit gut achteinhalb Jahren, was hätte ich tun können, ich stand ja selber unter Schock. An dieser Anschuldigung knappere ich noch heute. Die ganze Situation trieb mich in den ersten Suizid meines Lebens, der dann aber misslang. Ich konnte noch nicht ahnen, dass noch einige in meinem Leben folgen sollten. Danach machte ich mir Gedanken über meine Zukunft. Ich suchte mir selbstständig eine Beschäftigung, die mich gut ausfüllte und Spaß machte. Ich ergoss meinen Tatendrang darin, alte Maschinen, die zuhauf im stillgelegten Bergwerk herumlagen, zu zerlegen und die enthaltene Elektrotechnik für mein neues Hobby auszuschlachten. Ich ahnte noch nicht, dass ich später damit meinem beruflichen Aufstieg hiermit die nötige Grundlage verschaffte.

„Hier begann mein Talent zu wachsen, der Selbstorganisation mit hohem Eigenantrieb."

Die zweite Klasse musste ich leider wiederholen, weil ich durch den Tod meines Vaters für einige Wochen nicht schulfähig war. Zum Glück bekam ich im Anschluss eine gute Junglehrerin, die mich im Wesentlichen wieder auffing, mir half, um mich im Leben wieder zurechtzufinden. Sie war so was wie meine Psychotherapeutin im übertragenen Sinne, außerdem war Sie außerordentlich hübsch (Sinn für die Weiblichkeit). Wir mochten uns gegenseitig sehr gern. Anstatt am Schicksal zu verzweifeln, ging ich nach vorne und baute mir ein neues Leben auf. Ein Trend, der sich durch mein ganzes Leben ziehen wird.

Die Junglehrer damals waren in Sachen Pädagogik schon recht gut und die Schüler hatten noch den nötigen Respekt und Achtung. Eigentlich keine schlechte Zeit. Wie sagt man so schön, da ist die Kirche noch im Dorf geblieben.

In der weiteren schulischen Laufbahn merkte ich immer wieder, dass ich in vielen Reaktionen wie Denken, Handeln und Fühlen eher weiblicher Natur war. Ein paar wenig Jungs und ich legten uns Poesiealben zu, dieses Hobby ist eher eine Domäne des weiblichen Geschlechts. Ich mochte dieses Album sehr gerne und pflegte es natürlich, umso mehr bin ich heute etwas betrübt, dass ich es leider nicht mehr habe. Ich würde zu gern darin lesen und in den Erinnerungen schwelgen.

Das typische und wohl auch normale Jungengehabe hatte ich nie so recht drauf. Für echte Jungen ist das ja in Ordnung. Mein Naturell war eher und öfter diplomatisch, sanftmütig, manchmal weinerlich, wenn auch etwas gewitzt und berechnend. Ich überließ selten etwas dem Zufall. Ich meldete mich zu Handarbeiten der Mädchenklasse und fühlte mich wohl dabei. Einmal bei einer Neubesetzung des Klassenraumes, meldete ich mich freiwillig, neben einem Mädchen zu sitzen. Dabei wurde ich von den Jungs ausgelacht, was mir aber egal war, zumindest war es selbstbestimmt. Die anderen Klassenkameraden bekamen größtenteils von der Lehrerin einen Platz zugewiesen. Nun ob ich damals schon ahnte, dass ich transsexuelle Tendenzen hatte und dessen bewusst war, was da in mir vorging, vermag ich heute nicht mehr zu sagen, denn meine Gefühle für eine Freundin im üblichen Sinn waren ja ebenfalls vorhanden. Manchmal fühlte ich etwas mehr oder weniger von meiner Transgenderneigung, mehr dazu noch im weiteren Verlauf des Buches. Ohne Übertreibung sagen zu können, hatte ich durchaus einige gute und interessante Freundinnen mit tiefer greifenden Gefühlen und anfänglicher körperlicher Annäherung.

Aufklärung über Gefühle, Sexualitätsthemen, geschweige denn von transsexuellen Themen gab es damals leider sehr wenig und wenn überhaupt, dann mehr noch in der Schule als zu Hause. Man versuchte über die klassischen Jugendzeitschriften etc. sich zu informieren. Meist ging man den Weg über Versuch und Irrtum. Auch aus dubiosen Gerüchten Anderer versuchte man etwas herauszufiltern, der Wahrheitsgrad ist da allerdings oft sehr fragwürdig. Einmal starteten wir einen gewagten Versuch, an spezielle Zeitschriften zu gelangen, die gesetzlich nur für Erwachsenen bestimmt waren. Mit drei weiteren Schulkameraden schmiedeten wir einen Plan, um an die begehrte Literatur am Bahnhofskiosk zu gelangen. Genau kann ich mich leider nicht mehr erinnern, aber wir haben es geschafft, die Hefte zu ergattern. Irgendwann tauchte eines dieser Hefte im Klassenzimmer auf und es dauerte nicht lange, bis die Spur auf uns fiel. Klugerweise hatten wir vorher ausgemacht, dass es keinen Rädelsführer gab, so waren wir alle gleichsam verantwortlich. Die Lehrer konnten so keine von uns dingfest machen. Es blieb dann bei einer Verwarnung ohne schwerwiegende Konsequenzen. Puh... das war knapp.

„Schau nicht zurück – in die Richtung
geht's du ja e nicht!"

Zu Hause richtete ich mich auf Selbstorganisation ein. Der Kontakt zu meinen Geschwistern war sehr dünn gesät. Wir waren auch vom Alter her weit auseinander, mein Bruder ist fünf und meine Schwester zehn Jahre älter. Auch waren wir allesamt vom Wesen her sehr unterschiedlich. Meine Schwester lebte nicht mehr zu Hause, sie war als Hauswirtschaftslehrling bei einer Familie in Kost und Logis untergebracht. Mein Bruder streunte quer durch Peiting unter seiner Klientel. Nun vielleicht ist er mit seiner Art zu leben sogar glücklicher geworden als ich, ich kann's nicht sagen. Ich vergönne jedem sein Lebensstil, getreu dem Motto *„Jeder ist seines Glückes Schmied"*.

Zu meiner Mutter hatte ich eher ein Dienstverhältnis, denn Sie hatte wenig herzliche Liebe für mich und auch zu meinen Geschwistern. Vermutlich hat Sie selbst sehr wenig Liebe und Zuneigung erfahren und konnte einfach nicht anders. Außerdem war sie sehr herrschsüchtig und strahlte wenig Nähe aus. An eine wärmende, liebevolle Umarmung kann ich mich von Seiten meiner Mutter nicht erinnern. Ich denke, das war der Zeitpunkt, wo sich meine Selbstverliebtheit (Narzissmus) herausbildete.

„Narzissmus bei Kindern entsteht durch die Eltern."

Ich sehe den Narzissmus nicht unbedingt als Persönlichkeitsstörung, wenn er nicht pathologisch ist. Die Ausprägung kann hier mannigfaltig ausfallen. In meinem Fall ist er teilweise grenzwertig. Ich muss offen zugeben, dass es nicht immer nur vorteilhaft ist, diese Persönlichkeitszüge zu haben. Im höheren Alter habe ich viel dazu gelernt, besser damit umzugehen und richtig einzusetzen. Wichtig dabei erscheint mir dabei lernfähig zu bleiben und nicht immer alles für gegeben hinzunehmen. So kann man durchaus Nachteile in Vorteile umwandeln. An sich selbst zu experimentieren kann auch sehr spannend sein.

Aus welchen Gründen sich eine narzisstische Persönlichkeitsstörung entwickelt, ist bislang noch nicht eindeutig geklärt. Man geht jedoch davon aus, dass die Ursachen der Störung – wie bei Persönlichkeitsstörungen allgemein – in einem Zusammenspiel von biologischen und sozialen Faktoren liegen. In eher kühl-distanzierten, ablehnenden oder abwertenden Familienverhältnissen können sich narzisstische Verhaltensweisen als eine Art Selbstschutz vor negativen Emotionen, vor Angst, Unsicherheit oder Zurückweisung entwickeln.

Ich möchte an dieser Stelle zur Kenntnis geben, dass es mir je fern lag, meine Mutter nur negativ zu schildern, sie hatte es in ihrem Leben nicht einfach gehabt, das weiß ich aus vielen Erzählungen von ihr. Man ist in sich gefangen, könnte man sagen. In meinem fachlichen Tun und Handeln hat sie mich immer gut unterstützt und mir Vertrauen geschenkt. Ich lasse es mal dabei bewenden. Grundsätzlich lebt ja jeder nach seinen Möglichkeiten, die einem geboten werden oder die wahrgenommen werden. Ich versuche mich meist von Bewertungen zu distanzieren und pflege zu sagen:

„Nicht besser oder schlechter, sondern anders!"

Jedoch gibt es immer wieder Fälle und Situationen, wo man Stellung beziehen muss.

„Der Gleichlauf mit der Herde ist für mich nicht die übliche Vorgehensweise, es sein denn sie hat gewisse Vorzüge, aber auch hier ist dies meist sehr eingeschränkt."

Ein Freundeskreis entwickelte sich erst Ende der vierten Klasse so richtig und im weiteren Verlauf der Klassen fünf bis neun der Hauptschule. Es waren zwar nicht viele, aber dafür gute Freunde, das muss man sagen. An den gelegentlich kleinen Raufereien, die in der Kind- und Jugendzeit nicht unüblich waren, konnte ich mich nie so recht beteiligen. Gewalt ist nicht mein Ding. Ich bevorzuge die verbale und diplomatische Kommunikation. Dies hat sich bis zum heutigen Tag nicht geändert. Schon aus dem Grund war ich in der Kind- und Jugendzeit oft als mädchenhaft feige bezeichnet, was mir aber egal war. Ich stand und stehe zu meinen Einstellungen und Wesenszügen.

Die erste Freundin

Mit 11 Jahren hatte ich schon meine erste Freundin. Ich weiß auch noch Ihren Namen Clara. Sie war wirklich ein hübsches Mädel und man konnte sich gut mit ihr unterhalten. Wir machten viele Spaziergänge und freuten uns über jede Minute, die wir miteinander verbringen konnten. Kennengelernt habe ich sie auf dem Eislaufplatz beim Schlittschuhlaufen. Auf eine mir heute nicht mehr nachvollziehbaren Weise kam ich in Kontakt mit ihr und fand sie sehr sympathisch. Ich merkte eine innere Anspannung zwischen Nervosität und Neugierde, ein mir bis Dato unbekanntes Gefühl, wohl die ersten Anzeichen eines Liebesgefühls. Vielleicht im Unterbewusstsein reagierte ich etwas weibisch und das war vermutlich ein Türöffner.

Bei unserem ersten Treffen nach dem Schlittschuhlaufen lud sie mich zu ihr nach Hause ein. Wir spielten „*Mensch Ärgere Dich Nicht*", nach kurzer Zeit fragte sie mich, warum ich immer verliere. Ich sagte, dass ich schlecht sehe und eigentlich eine Brille trage aber ich schäme mich dafür. Darauf erwiderte sie, das ist doch Blödsinn. Sie mag mich auch mit Brille. Außerdem meint sie, dass man sich für so was wirklich nicht zu schämen braucht. Ich war sehr froh über ihre Einstellung. Da sieht man mal wieder, wie doof man manchmal ist und sich täuschen kann. Wir tauschten auch schon kleine Zärtlichkeit aus, hier fand ich auch ein bisschen das Anlehnungsbedürfnis befriedigt, was ich bei meiner Mutter vermisste. Wir gingen oft und viel in der Natur Hand in Hand spazieren und liebelten uns an. Es war eine schöne Zeit mit ihr, leider zogen die Eltern weg und so war auch die Freundschaft bedauerlicherweise beendet. Nach einigem Briefwechsel versiegte auch dieser letzte Kontakt. Was bleibt, ist die Erinnerung, die bis heute anhält. Es war eine schöne Zeit, ich war jung und zum ersten Mal verliebt.

Schulzeit und kindliche Freizeit

In den Folgeklassen meiner Schulzeit hatte ich noch einige Erfahrungen mit verschiedenen Freundinnen gesammelt. In einem markanten Fall hatte ich sogar zwei Freundinnen gleichzeitig, die beiden waren Schwestern und ich konnte mich einfach nicht entscheiden. So schlug ich vor, wenn wir uns gut vertragen, auch zu dritt eine tolle Zeit verleben können. Nach dem wir ehrlich miteinander umgingen, hielt die Dreierbeziehung über einen längeren Zeitraum. Die beiden bescheinigten mir ein gutes Einfühlungsvermögen und Redegewandtheit über vielerlei Themen. Das fanden Sie unterhaltsam und nahbar und ich hatte nicht das übliche Imponiergehabe (letztlich nur ein Ausdruck der inneren Unsicherheit), wie die anderen Jungs. Das gefiel den Mädchen.

„Denn das weibliche Wesen will angemessen unterhalten werden, das ist ein wichtiger Baustein für eine gute Beziehung."

Machogehabe kommt meist nicht so gut an, wie die meisten Jungs bzw. Männer glauben wollen. Auch ihre Eltern waren über unsere Dreierbeziehung erstaunt, aber auch froh, dass es so gut funktionierte. Es war auch eher eine platonische Beziehung zwischen uns drei. Vermutlich hat es deshalb so gut geklappt. Auch hier beendete diese Freundschaft der Wegzug ihrer Eltern in Richtung Rosenheim. Ich machte mir sogar Gedanken und studierte Landkarten und Fahrpläne, um Sie doch noch wiederzusehen, denn ich mochte die beiden wirklich sehr gerne. Letzt und

Endlich war es dann leider zu weit für meine damaligen Möglichkeiten, um den Kontakt zu halten.

In der sechsten Klasse meldete ich mich zum Kochkurs an. Ich war mit noch einem Kameraden einer der wenigen Jungs in dem Kurs. Zur damaligen Zeit fast eine kleine Revolution. Eigentlich unverständlich, wo es doch im Berufsleben so viele männliche Köche gibt, wo die wohl alle herkommen? Vielleicht kommt beim Mann erst später die Lust am Kochen? Man könnte folgern, zu Hause kocht die Frau und im Gasthof der Mann? Von gewissen Kenntnissen profitiere ich noch heute.

„Irgendwie war ich immer schon neugierig was die Mädchen so machten. Das Feinfühlige, Sensible und Zärtliche war genau meine Richtung.“

Was ich auch sehr gerne gemacht habe, waren Vorträge über naturwissenschaftlichen Themen zu verfassen und auch vorzutragen. In der neunten Klasse hatte ich mal die Gelegenheit, ein längeres Referat in der Physikstunde zu halten. Ich denke, die wesentlichen Bestandteile meiner narzisstischen, histrionischen Persönlichkeits-Akzentuierungen hier zum Tragen kamen und dass ich diese hier gut ausleben konnte. Manche Menschen meinen, dass die Ausprägung eher in Richtung starker Ausprägung sei, naja, vielleicht manchmal. Verständlich ausgedrückt heißt das Aufmerksamkeit, Selbstdarstellung, Geltungsbedürfnis und das alles gewürzt mit etwas Schauspielerei. Nun, Bestandteile davon hat wohl jeder in sich. Jedoch gibt es Unterschiede in den Ausprägungen. Was ja nicht weiter schlimm sein muss, sofern es nicht pathologisch *(krank-*

haft) ist. Sehr stark ausgeprägte narzisstische und histrionische Neigungen können durchaus zu Unnahbarkeit und letztlich auch zur Isolation führen. In dem Fall sollte man sich professioneller Hilfe anvertrauen.

Da Menschen mit einem übersteigerten Narzissmus ihren Selbstwert und ihr Selbstkonzept häufig von den Rückmeldungen ihrer Mitmenschen abhängig machen, können Krisenerlebnisse wie beruflicher Misserfolg oder persönliche Zurückweisung bei den Betroffenen unvermittelt das Gefühl auslösen, wertlos zu sein. Dies kann in eine schwere Depression münden: Die narzisstische Persönlichkeitsstörung hat die höchste Suizidalität. Etwas angehaucht bin ich auch davon, wie sich im späteren Leben widerspiegelte.

Menschen hingegen mit einem gesunden Narzissmus sind meist zufriedene, ruhige und gelassene Zeitgenossen. Ihnen wird oft eine gesellige und weltoffene Art nachgesagt. Sie sind wissbegierig, technisch wie künstlerisch interessiert. Ihre nachdrückliche Art Dinge zu verfolgen kann mitunter für den einen oder anderen unbequem sein. Aus dieser Quelle speist sich auch ihr hohes Pflichtbewusstsein. Verständnis und Hilfsbereitschaft finden eine gute Balance, ohne sich ausnutzen zu lassen. Ein wichtiges Instrument dabei ist sicher ihr diplomatisches Geschick.

In meiner Freizeit war ich mir oft selbst überlassen und musste mir was einfallen lassen, das regte meine Fantasie an, die sich dann oftmals nach innen richtete, also an meine Psyche und Körper.

Ich fühlte gerne meinen Körper, insbesondere haben es mir die Füße angetan. Ich pflegte und streichelte gerne meine Füße. Es war teilweise Liebesersatz, weil ich von meiner Mutter keine Streicheleinheiten bekam. Hier noch mal die passende Feststellung:

„Narzissmus bei Kindern entsteht durch die Eltern".

Wobei ich den Vorsatz außer Acht lassen will. Die Liebe zum Fuß ist mir geblieben, jedoch müssen sie gepflegt sein und eine schöne Form haben. Mitteilen und beraten lassen konnte ich mich über solche Themen mit niemanden, dafür fehlte das Verständnis und das Fachpersonal seinerzeit. Außerdem schämte man sich für psychische Belange, dies war damals öffentlich leider kaum Bestandteil der Gesellschaft. Wenn überhaupt, musste dies anonym geschehen, so blieb wohl vieles auf der Strecke. Im Volksmund hieß es gleich, wenn man psychologische Hilfe in Anspruch nimmt, dass man deppert, blöd und nicht mehr zurechnungsfähig sei. Nicht mehr ganz gescheit im Kopf, sagte man so im Volksmund. Solche Leute wurden dann schnell geächtet (wie im Mittelalter). Manchmal frage ich mich ob der Mensch überhaupt in der Lage ist, sich weiter zu entwickeln. Teilweise erschien mir die Entwicklung eher rückläufig, denn im Mittelalter konnten sich Herren durchaus weibisch kleiden und sogar die Fingernägel rot lackieren, dafür gibt es genügend Belege.

Jugendfreizeit

An der Stelle möchte ich gerne eine markante Episode aus einer evangelischen Jugendfreizeit auf einer Halbinsel am Staffelsee bei Murnau berichten. Die sogenannte „Konfi-Freizeit" Konfi = Konfirmation (lat. confirmatio „Befestigung", „Bekräftigung", „Bestätigung" ist eine feierliche Segenshandlung in den meisten evangelischen Kirchen). Auf der Halbinsel befanden sich ca. zehn bis zwölf größere Zelteinheiten. In einigen waren Küche und Lager untergebracht, dann gab es noch Spiel-, Essens- und Schlafzelte. Alles war pragmatisch, funktionell und doch etwas gemütlich eingerichtet. Die Halbinsel war von der Lage und Größe ideal für ca. zwanzig bis vierzig Teilnehmer. Auch landschaftlich sehr reizvoll und abwechslungsreich. So war für Jedem was geboten, auch das Ferienprogramm war gut organisiert. Neben vielen Veranstaltungen gab es auch genügend Zeit, die man für sich verwenden konnte. Mein damals bester Freund und meine Wenigkeit schwuren uns keinerlei Liebschaften anzubandeln. Aber es sollte anders kommen, viel anders.

Schon am Eröffnungsabend geriet unserer Abmachung ins Wanken. Es gibt offensichtlich natürliche Mechanismen, die man nicht so ohne weiteres abstellen kann und dazu gehört wohl der Fortpflanzungstrieb. Denn Letzt und Endlich dient das ganze Mann- / Frau-Kennlerntheater nur dazu. Man kennt das in oft verkürzter Form aus der Tierwelt, hier heißt es dann eben „balzen und vermehren". Nun gibt es aber zwischen Eins bis Tausend noch viele Zwischenschritte, die mal mehr oder weniger interessant, aufregend in zweierlei Hinsicht sein können. Nun man sollte jeden Schritt, wenn möglich, nutzen, um Erfahrung zu sammeln, denn von dem Gebräu kann man nicht genug haben, um im Leben durchzukommen. Hier liegt auch ein bisschen die Kunst, die richtigen Augenblicke und Chancen zu nutzen, das gelingt leider nicht immer, aber man wächst mit dem Alter und der Herausforderung. Im höheren Alter sieht man Manches wesentlich gelassener und mit mehr Weitblick, aber nun zurück zur Jugendzeitfreizeit. Wie bereits erwähnt, kam es am Eröffnungsabend schon zu leicht flirtenden Blickkontakten einem Mädchen Namens Dolores. Ich ahnte noch nicht, wo das noch hinführen wird, aber das ist ja das „Salz in der Suppe", wie man so schön sagt. In den folgenden Tagen vertiefte sich die Freundschaft. Auch mein Freund Harry hatte sich auf eine Freundschaft mit einem Mädchen eingelassen. Neben kleineren Eskapaden kam es für mich und meiner Freundin Dolores zu einem prägnanten Zwischenfall. Eines Nachmittags wurde mir durch die Freundin meines Freundes zu verstehen gegeben, dass Dolores gerne einen Kuss von mir haben möchte. Zu diesem Zweck war bereits gewissermaßen ein Zelt reserviert, wo wir vier unter uns waren.

Anfänglich unterhielten wir uns über belanglose Dinge, allmählich verstummte die Unterhaltung und ein leichter Zauber von Schmetterlingsgefühlen im Bauch machte sich breit. Auch die Aura im Raum folgte der Stimmung. Wir neigten uns aneinander zu und sahen uns verliebt in die Augen. Ich umarmte Sie zärtlich und wir näherten uns an, bis sich unsere beiden Lippen zart berührten. Das Weitere lief dann fast automatisch ab, ich hatte zeitweise das Gefühl, fremdgesteuert zu sein. Es war ein wunderbares Gefühl, als würde man einen Meter über den Boden schweben. Ich vergas Raum und Zeit. Ungeplant vollzog sich so im weiteren Verlauf mein erster Zungenkuss im Leben und vermutlich auch ihrer. Nach gefühlter Unendlichkeit lösten wir uns. Ich konnte mich relativ schnell wieder fangen, aber Dolores war noch sehr benommen und hatte offensichtlich Probleme, dies zu verdauen und einzuordnen. Hab wohl zu schnell Vollgas gegeben. Auch am nächsten Tag wusste sie nicht so recht wie sie sich verhalten sollte, sie zog sich zurück. Erst zwei Tage danach nahm sie mit mir wieder Kontakt auf. Mit so einer Wirkung hatte ich nun wirklich nicht gerechnet. Für mich war es wunderbar und völlig normal.

„Niemand ist perfekt - bis man sich in sie oder ihn verliebt, aber nur für kurze Zeit!"

Wie ich später von ihrer Freundin erfuhr, hatte Sie nur einen kleinen Lippenkuss erwartet und nicht gleich so einen langen und tiefen Zungenkuss. Das war dann doch zu viel auf einmal für sie. Die restliche Zeit mit ihr war aber dann doch sehr schön und entspannt. Ich ging etwas langsamer und behutsamer an sie heran, nahm den Fuß vom Gas. So hatte die Liebe Zeit sich zu entwickeln und zu festigen. Die Freundschaft hielt auch nach der Konfi-Freizeit ein paar Monate. Warum es dann doch auseinander ging, vermag ich heute nicht mehr zu sagen, es war jedenfalls nicht im Streit und die Entfernung konnte es auch nicht sein. Wie auch immer. Für die Zeit wo wir zusammen waren, war es einfach wunderbar und ich konnte meinen Erfahrungsschatz bereichern. Nach diesem Intermezzo war erst mal Ruhe angesagt.

Die pubertäre Phase

Es begann für mich und wohl für meine Mutter eine schwere und schmerzliche Zeit: die pubertäre Phase. Das Loslassen von ihrem Nesthäkchen war für meine Mutter als letzter zu Hause Gebliebener sicher nicht einfach, zumal ja ihr Mann verstorben war. Mit dem entstandenen Abstand der Zeit und Lebenserfahrung kann ich das heute besser verstehen. Sicher ist jede Pubertät meist ein schwieriger Akt und ob mein Fall was besonders ist, vermag ich nicht zu beziffern. Ich finde, dass in unserer Gesellschaft die Erziehung zum Leben zu kurz kommt, ja geradezu vergessen scheint, dabei wären gerade hier die richtigen Instrumente und Verhaltensweisen wichtiger, denn je.

Irgendwann war mir klar, dass ich nur von meiner Mutter loskommen würde, wenn eine räumliche Trennung vollzogen wird. Ich sah mich nach geeigneten Möglichkeiten, um die mein schmales Einkommen zu ließ. Ich zog mit Gongschlag 0:00 Uhr zu meinem achtzehnten Geburtstag mit Hilfe eines Bekannten in ein Hinterzimmer des Hauses meiner Oma. Ich nutzte die Gelegenheit da meine Mutter die Nacht nicht da war. Ich finde es heute noch schade, dass ich so brachial die Trennung vollziehen musste, aber es half nichts, ich musste es tun. Die nächsten Tage waren natürlich großes Theater, unter Zuhilfenahme meinem Cousin konnte in einigen Gesprächen wieder eine Verbindung hergestellt werden. Im Laufe der Zeit besserte sich unser Verhältnis wieder. Sie musste einsehen, dass aus ihrem Nesthäkchen ein volljähriger eigenständiger Mensch geworden ist. Ich betone hier das Wort „Volljährigkeit", denn erwachsen werden dauert etwas länger, dies generiert sich aus Erfahrungen und die kommen erst mit der Zeit.

Die Lehr- und Jungerwachsenenzeit

Leider waren damals die Möglichkeiten, wie Schnupperlehre oder Praktikum, nicht gegeben. Beratung und Unterstützung Fehlanzeige. Eigentlich musste man sich selbst organisieren. Man überlegte was einem Spaß macht und interessiert und fing an Bewerbungen zu schreiben, oder in den meisten Fällen ging man einfach zu der Firma, wo man anfangen möchte und sprach den Meister bzw. Chef persönlich an. In Kleinbetrieben mit wenig Mitarbeiter war das damals die übliche Praxis. So auch in meinem Fall. Als ersten Versuch wagte ich den Schritt in eine Bäckerlehre, jedoch kündigte ich nach drei Monaten. Arbeitszeiten und die Chefin machten mir Probleme. Vor allem sie machte mir das Leben schwer und erinnerte mich stark an meine Mutter. Die nächste Lehrstelle begann ich in einem KFZ-Kleinbetrieb mit dem Ausbildungsziel des Autoelektrikers, hörte sich erst mal vielversprechend an. Zur damaligen Zeit gab es noch wenig Unterstützung und die Lehrherren waren oft aus der sogenannten „Alten Schule", was nichts anderes bedeutet, wenn mal was nicht so klappte, dass auch gerne mal Ohrfeigen verteilt wurden. So etwas wäre heute nicht mehr denkbar. Ich bekomme heute noch Albträume davon. Ich merkte sehr schnell, dass ich für solche Umgangsformen nicht geeignet war und vor allem nicht wert war. Nach dem er auch noch den Lohn hinterzogen hat, ging ich zum ersten Mal in meinem Leben zu einem Rechtsanwalt, der dann meine Forderungen eintrieb.

„Wenn die verbale Kommunikation abbricht, ist das für mich eine Kapitulation an den sich intelligent haltenden Menschen."

Es gibt Leute, die warten auf etwas und andere gehen los und werden aktiv. Ich bin von meiner Person eher der, der loszieht und nach Möglichkeiten sucht. Ist zwar meist anstrengender, aber dafür auch interessanter und spannender. Also Leute, zieht los und lasst euch überraschen. Dieser Vortrieb und diese Einstellung haben mich immer ein Stück weitergebracht als die anderen. Gerne zitiere ich in dem Zusammenhang den Vergleich zwischen Lokomotive und Waggon. Vielleicht bin ich durch meine besonderen Lebensumstände zur Lokomotive geworden, aber es liegt immer auch ein bisschen an einem selbst, was man zulässt und wagt.

Nach dem sich die weitere Lehrstellensuche schwierig erwies, ging ich auf Anraten eines Bekannten in das Berufsgrundschuljahr nach Schongau. Wie sich im Verlaufe herausstellte, war das nichts anderes, als die gestrandeten Existenzen denen aufzufangen, die keinen Lehrplatz gefunden hatten. Die meisten waren der Abschaum der Gesellschaft, wie man so sagt und verhielten sich auch entsprechend. Über Details möchte ich mich lieber ausschweigen und das würde auch zu weit führen. Den geläufigen Brutalitäten und Raufereien in der Klasse konnte ich nichts abgewinnen. Für den Haufen war ich zu feinfühlig und geistig auf einem anderen Niveau. Ich gab mich nicht weiter dieser grotesken Lage hin und zog los, um eine neue Arbeit zu finden. Ich überlegte, was mir noch so Spaß machen würde und kam auf die Idee, dass ich eigentlich gerne mit Holz arbeite. Ich klapperte die hiesigen Betriebe ab und landete bei einem Betrieb, der eine Schreinerei und Zimmerei hatte. Der Firmeninhaber erklärte mir, dass er für die Schreinerei schon einen Lehrling habe, aber für die

Zimmerei noch einen guten Mann gebrauchen könne. Im weiteren Gespräch versprach er mir auf meinem Wunsch ein verstärktes Mitwirken in der Schreinerei und Innenausbau. Auch hier merkte ich schnell, dass ich eher für das Feine zu haben war und die groben Tätigkeiten eher mied, letztlich wollte ich ja eigentlich als Schreiner eingestellt werden und nicht als Zimmerer. Aber ein gewisser Stolz hat sich dann doch mit dem Zimmererberuf verbunden, die Zimmererzunftkleidung und die Zimmerertaufe taten sein Übriges dazu. Die Klamotten habe ich heute noch, die gelegentlich auch noch zur Anwendung kamen. Die dreieinhalb Jahre Lehrzeit und spätere Gesellenzeit auf dem Bau war für mich eine harte Zeit, ging es da ja meist recht rau zu. In einem Zwischenfall hatte ich einen geistigen und seelischen Kurzschluss erlitten, der dann im Krankenhaus endete. Heute würde man das als Depression bezeichnen. Kurz zum Vorfall, der Polier machte mich grundlos zur „SAU", wie man so sagt, ich wurde regelrecht überfahren und konnte mich kaum wehren. Ich zog mich zurück und ließ mich hinter der Werkstatt in den Schnee fallen. Meine Konfliktfähigkeit ist leider nicht besonders stark ausgeprägt, besonders in direkter Konfrontation, wenn man mich anschreit und das noch vermutlich grundlos. Diese Schwäche wird mir zeitlebens leider immer wieder zum Verhängnis werden und erhalten bleiben. Nun man kann ja nicht nur aus starken und guten Seiten bestehen. Durch Zufall wurde ich Stunden später halb erfroren gefunden und zur Genesung ins Krankenhaus verbracht. Im späteren Nachgang wurde ein klärendes Gespräch geführt, fortan ging es dann etwas besser, auch wurde ich dann mehr im Innenausbau und in der Schreinerei beschäftigt. Dort entfaltete ich meine guten und selbstständigen Fähigkeiten und war so oft bei den Gesellen als Arbeitskraft für spezielle Aufgaben geschätzt. Das Ganze ging dann zum Schluss soweit, dass er allen anderen Lehrlingen nach der Ausbildung kündigte und mich behalten hat. Ich arbeitete noch einige Zeit als Geselle in der Firma. Letztlich war ich einfach zu empfindlich und mädchenhaft für diese männliche Berufswelt. Ich dachte fortan auch daran, ins andere Lager zu wechseln und einen Beruf zu erlernen, der in die Mädchen- bzw. Frauenwelt ging oder eine mildere Umgangsform hatte. Leider gab es zu dieser Zeit keine Unterstützung. Man wurde eher ausgelacht und galt als nicht normal. Heute kaum mehr vorstellbar. Ich hatte mich sogar in einer Bank beworben, nur leider waren meine Deutsch- und Rechtschreibkenntnisse nicht ausreichend. Man schaute mehr auf die Noten, als auf das Können. Ja, es war eine Zeit, wo es schwer war, individuell zu sein. Aber im Inneren wusste ich, dass ich den Kampf nicht aufgeben werde, um dahin zu kommen, wo ich hinwill und muss. Das gesellschaftliche Gitter mit der Zuordnung, was jeder zu sein hat, war damals sehr streng. Sonst wäre es für mich einfacher gewesen, in die andere berufliche Schiene zu gehen. Dann war die Zimmerei eben eine Zwischenlösung, grundsätzlich interessiert mich an der Lehre nur der Facharbeiterbrief um nicht in die Hilfsarbeiterschiene zu gelangen, und das ist mir auch gelungen. Mein Durchsetzungsvermögen und Beharrlichkeit sollten sich Letzt und endlich später auszahlen. Schließlich kann man einen erlernten Beruf immer wieder mal im Leben brauchen.

Umgang mit sich selbst

Nach dem der Umgang und die Begehrlichkeiten nach dem weiblichen Geschlecht nicht immer einfach war, entlud sich mein Zuneigungsbedürfnis oft im Narzissmus. Ich denke, dass mir oft meine Versagensängste im Wege standen, die sicherlich in einigen Fällen mit heutiger Erfahrung unbegründet erscheinen und zu lösen gewesen wären. Da waren schon einige vertane Chancen dabei, denen ich gelegentlich heute noch nachtrauere. Reue und Beteuerungen bringen einem hier auch nicht weiter. Ich denke, aus heutiger Sicht stand ja immer meine innere Weiblichkeit im Weg, aber zu dem damaligen Zeitpunkt wusste ich das noch nicht so richtig. So irrt man umher und weiß nicht, was mit einem geschieht. Es geht irgendwie immer weiter, dafür sorgt schon der unaufhörliche Sog des Lebens.

Hier eine kleine Episode. Auf dem Weg zur Arbeit begegnete ich oft einem sehr hübschen Mädchen. Schnell konnte ich in Erfahrung bringen, wo sie in Lohn und Brot stand. Sie lernte den Beruf der Fachverkäuferin in einer Metzgerei, unweit meiner Lehrstelle. Ich fing an, dort meine Brotzeit zu kaufen und kam so ins Gespräch mit ihr. Wir trafen uns dann öfter und machten ausgedehnte Spaziergänge. Sie war wirklich ein Traum für mich, vielleicht verließ mich deshalb der Mut, weiter zu machen. Den genauen Hergang, warum die junge Beziehung auseinander ging, vermag ich heute nicht mehr zu beschreiben. Aber nach dem nichts umsonst im Leben ist, konnte ich auch in dieser Beziehung etwas Positives gewinnen und wenn es nur der Mut war, wenigstens mit ihr Kontakt aufzunehmen und eine schöne, wenn auch kurze Zeit zu erleben. Vielleicht wollte ich einfach nur Ihre Weiblichkeit spüren, in die eine gewisse Zärtlichkeit und Wärme lag, die mir zu Hause fehlte oder instinktiv zu meiner inneren weiblichen Identifikation. Manchmal stellte ich mir vor, dass ich auch gerne so ein hübsches Mädchen wie sie sein wollte. Ich schloss die Augen und fühlte im Geiste meine innere Weiblichkeit. Es war und ist ein Wechselbad der Gefühle, die Zugehörigkeit zu einem Geschlecht.

Das zweite „Ich", die Weiblichkeit

„Ich konnte mich kaum den Sog zum Sinnlichen und Feinen entziehen."

Ich fing dann auch langsam und heimlich an, immer mehr weibliche Kleidungsstücke zu tragen. Hauptsächlich Damenkniestümpfe und Söckchen, sowie Höschen und Blusen. Bei den Blusen achtete ich noch, dass sie nicht zu weiblich wirkten, man könnte auch Unikleidung dazu sagen, was heute immer mehr üblich ist. Die Scham war damals einfach noch zu groß und der Mut fehlte mir auch noch, um öffentlicher aufzutreten, das sollte sich erst viel später realisieren.

„Freiheit bedeutet Verantwortlichkeit.
Das ist der Grund, weshalb sich die meisten Menschen
davor fürchten."
(George Bernard Shaw)

Es ist mir ohnehin dermaßen unverständlich, dass man im einundzwanzigsten Jahrhundert immer noch so ein Theater um die Damen-und Herrenwelt macht. Ich finde das noch übliche Rollenklischee zwischen den Geschlechtern für vollständig überholt und hemmt aus meiner Sicht viele Entwicklungspotenziale für die gesamte Menschheit. Meine Hausärztin hat mal erwähnt, ich wäre meiner Zeit wohl voraus und ecke deshalb immer wieder mal an. Nun ich ecke halt dann eben an, was soll's. Insbesondere stören mich die Ungleichheiten zwischen den Geschlechtern. Nach meiner Ansicht und bestimmt vieler anderer auch, sollte sich jeder nach seinen Fähigkeiten und Neigungen frei entwickeln dürfen. Die Entlohnung sollte dafür auch keinen Unterschied aufweisen. Die Praxis sieht leider anders aus und hinkt meiner und vieler anderer den Erwartungen weit hinterher. Wie ich in Erfahrung bringen konnte, ist man in manchen asiatischen Ländern da oft schon weiter.

Eine banale Angelegenheit ist der Gang zur Toilette. In manchen Ländern gibt es teilweise auch Toiletten für Transgender. Später wird es hier in Deutschland dann Toilette für „Diverse" heißen. Jedoch finde ich, sollte man mit den Toiletten wie in der öffentlichen Beförderung wie Eisenbahnverkehr etc. die Toiletten einfach zusammenlegen, da klappt es ja auch und das schon seit ewigen Zeiten? Hintergrund für die Trennung der Toiletten begründet sich in der Tatsache, dass sich manche Leute, meist Männer, leider nicht benehmen können und die Situation ausnützen würden, weil sie ihrer Neugierde nach dem Weib nicht bändigen können. In der Bahntoilette ist man ja automatisch allein für sich, da ist es einfach. Ich denke es wird so bleiben wie gehabt.

Meine Persönlichkeit und Auswirkung

Gelte als sehr guter Beobachter, mir fallen die kleinsten Details auf, ich bin übersensibel und sehr verkopft, reflektiere zu viel und denke zu viel nach. Ich bin oft sehr mit mir selbst beschäftigt. Hinzu kommen noch meine Mimosenhaftigkeit und mein Fell ist nicht sehr dick. Streiterei und Konflikte sind für mich schwer zu handhaben, knicke zu schnell ein und gebe zu schnell nach, liegt wohl am übermäßigen Harmoniebedürfnis. Wurde in der Kindheit oft deswegen als Feigling bezeichnet. Viel Mut bei harten, vor allem körperlichen Auseinandersetzungen habe ich leider nicht. Ich ziehe mich dann meist zurück und setze dann erst später nach, da kann es leider zu spät sein. Dafür habe ich viel Mut, für meine Ziele zu kämpfen und da entwickle ich ungeahnte Kräfte. Das ist wiederum eine Eigenschaft, die mir später zum Erfolg zur *„Frau"* verhelfen wird. Was soll man machen, man ist halt so, wie man ist. *„Sein, wie man ist"*, irgendwie muss man ja sein. Diese hier beschriebene Schwäche oder Eigenschaft soll mir im Leben noch einige Unannehmlichkeiten bereiten. Mitunter ärgere ich mich oft selber über mein eigenes Verhalten, meine Wesenszüge und meine Schwächen. Es ist nicht immer einfach, damit zurecht zu kommen und für meine Mitmenschen sicher auch nicht immer. Manchmal habe ich die Befürchtung, dass es zu einem Zwangsfall kommen könnte, wo meine Schwächen in Stärken überschnappen - wer weiß, was dann passiert. Ich hoffe es kommt nie dazu. Ich denke das jeder Mensch im Grenzfall unberechenbar wird. Eine durchaus positive Stärke ist meine Hilfsbereitschaft und meine Offenheit, auf alle Menschen zuzugehen.

Der Dialog ist mir sehr wichtig, denn er ist der Schlüssel für das Weiterkommen in vielerlei Dingen. *„Leute, sprecht miteinander".*

Man entwickelt sein Leben oft anhand der Vorstellung anderer, anstatt sich Gedanken zu machen, wie man selbst eigentlich leben will, gerne auch mit einem offenen Dialog mit dem Partner und / oder Freunden, Verwandten und Bekannten. Die Dunkelziffer im grauen Strom der Gesellschaft, die ihre Vorstellungen nicht verwirklichen, ist sicher sehr hoch. Bequemlichkeit und Angst vor Veränderung spielt hier eine wesentliche Rolle. Es ist halt mit Mühen verbunden, aber es gibt auch den Erfolg, den es zu erarbeiten gilt. Ich kann nur jeden ermutigen, den Kopf mal hoch zu strecken und nach Neuem Ausschau zu halten.

Nach dem ich für die Gesellschaft ohnehin nie richtig funktioniert habe, werde ich jetzt gänzlich nach meinen Vorstellungen und Neigungen leben, das ist zwar mit viel Schwierigkeiten verbunden, aber es macht innerlich frei und eröffnet neue Perspektiven. Was nicht zwangsläufig heißt, dass man deswegen alles aufgeben muss, vielleicht kann man das eine oder andere mit einbinden und etwas modellieren. Mut zur Veränderung. Mittlerweile weiß ich aus Erfahrung, da es meist ein einsamer Weg ist. Habe mich damit im positiven Sinne abgefunden. Man lernt damit umzugehen.

Jedoch muss ich sagen, dass ich auch neue Leute für mich gewinnen konnte und zwei davon wage ich auch als Freundin zu begreifen. Das gibt mir wieder Mut und Zuversicht.

In der Umbruchphase müssen viele Entscheidungen getroffen werden, das ist nicht immer einfach und für einige Leute eine Qual. Wenn man zu viele Möglichkeiten hat, fällt es schwer, sich zu entscheiden. Meistens entscheidet man sich gar nicht.

Mir hilft da meist das Sitzplatzsyndrom im Zug oder BUS weiter. Man geht hinein und sieht einen Sitzplatz, aber nach dem man ja immer gerne was Besseres hätte, sucht man meist vergeblich nach dem vermeintlich guten Platz. Wenn man Pech hat und nichts Gutes gefunden hat und man zum ersten Platz zurückkommt, ist der auch belegt und man steht eine geraume Zeit. Was ich damit sagen will, ist, dass man lieber öfter spontan Handeln sollte und nicht immer auf was Besseres warten oder suchen sollte.

Meine wesentlichen Charakterzüge

„Narzisstische-histrione Akzentuierung"

Narzissmus: Selbstverliebtheit, in sich gekehrt, entsteht meist im frühkindlichen Stadium. Empfindlichkeit gegenüber negativer Kritik. Hohe Anspruchshaltung an sich selbst.

Ichbezogenheit.

Histrionie: Schauspielerisch, aufmerksamkeitssuchend, andauerndes Verlangen nach Anerkennung, theatralisch und affektiert.

Persönlichkeitsakzentuierung (leichtere Ausprägung einer Persönlichkeitsstörung)

Wobei ich schon mal festhalten will, was ist denn wirklich eine Störung, vielleicht ist es ja nur eine Intoleranz einer Gesellschaftsschicht mit einer bestimmten Anschauung. Ich habe da schon meine Zweifel über so manche Beurteilung. Nun wie dem auch sei, ich nehme es mal als eine Leitlinie und mach mir meine eigenen Gedanken dazu. Je mehr ich das Thema durchleuchte, muss ich feststellen, dass es keine einfache und einzige Schublade für meine besagte Norm gibt. Es ist ein Sammelsurium aus fast allen Aspekten. Manche Aussagen treffen fürchterlich genau auf mich zu, andere wieder weniger. Letztlich sind es ja Anteile meines Charakters, was mich als Mensch ausmacht. In meiner Selbsterkenntnis sehe ich eine Chance, mich zu verbessern, ganz umkrempeln kann ich mich aber nicht mehr, dann würde ich ja nicht mehr die Person sein, die ich bin.

„Hier eine Beschreibung der Waage

aus einem Horoskop.

Es gehört zu Ihren Stärken, dass Sie den kleinsten gemeinsamen Nenner finden und diesen für ein gutes und harmonisches Miteinander nutzen. Privat und beruflich. Sie sind für jedes Team ein Gewinn. Sie brauchen Ihre Individualität jedoch nicht zu verbiegen! Sie haben den Mut, offen Ihre persönlichen Ansichten und Ideen mitzuteilen – so können Sie erleben, dass Sie so, wie Sie sind, absolut gemocht und akzeptiert werden".

Die Bundeswehrzeit in München

Ein paar Zeilen möchte ich noch meiner Bundeswehrzeit in der Funkkaserne in München widmen, da es auch hier erwähnenswerte Episoden gab. Erwartungsgemäß war auch dieses Pflaster für meine Psyche zu rau, der barsche Umgangston ist schon schlimm genug, aber die teilweise Sinnlosigkeit in den angeordneten Befehlen machten mir die größeren Probleme. Dies hatte dann auch zur Folge, dass ich später zur psychiatrischen Behandlung musste. Doch das ist eigentlich schon eher das Ende meiner Bundeswehrkarriere. Die Zwangslage der Konformität in der Bundeswehr lies mein diplomatisches Geschick, um als Einzelgänger dennoch in der Gruppe zu bestehen, weiter ausprägen. Es entwickelte sich ein weitgehender Automatismus darüber. Im weiteren Verlauf der Bundeswehrzeit hatte ich in München ein paar Liebschaften, aber nichts Tiefgründiges. Es war ohnehin eine verrückte Zeit mit vielen Hochs und Tiefs. Die Willkür der Bundeswehr ausgeliefert führte dann zu einer Versetzung nach Krailing. Das war so eine Absteigerkaserne, ich kam mir vor wie in einem Internierungslager. Von da an fingen die Dinge an, sich negativ zu entwickeln. Die Stimmung war unglaublich brutal und gemein. Wurde von dem sogenannten Kameraden gemobbt und teilweise bedroht. Es gab auch Anspielungen von sexueller Belästigung. Strahlte ich damals schon tendenziell weiblich ab und war wohl als leichtes Opfer auszumachen. Ich möchte gar nicht so genau schildern, was da alles abging. Nun, ich bin halt kein harter Hund. Die negativen Eindrücke lasten noch heute auf mir. Ich habe bis heute nicht verstanden, warum ich in diesem Moloch versetzt worden bin.

„Sinnlosigkeit ist kein Förderer von Verständnis"

Einen Gefallen haben Sie mir jedenfalls damit sicher nicht getan. Ich versuchte mich, so gut es ging, zu etablieren. Durch Zufall kam ich mit dem Rechnungsführer in Kontakt, im Gespräch bot er mir an, für ihn als Unterstützung zu arbeiten. Doch dazu kam es nicht mehr, denn ich wurde wieder in die Funkkaserne nach München zurückversetzt. Aber so richtig Fuß fassen konnte ich in diesem Verein nie. Letztlich war der militärische Drill teilweise nur noch mit Alkohol zu kompensieren. Es ist ohne hin viel zu viel beim Bund gesoffen worden. Aber das war wohl schon immer so und wird sich kaum ändern.

„Der Zwang zu Etwas war noch nie ein guter Begleiter im Leben."

Als es dann brenzlich für meine Gesundheit wurde und ich psychisch in einer Sackgasse landete, zog ich die Reißleine, organisierte schnell einen Notfalltermin. Fuhr mit meinem Auto im desolaten und eigentlich unverantwortlichen Zustand quer durch Münchens Verkehrschaos zum Psychiater. Der schrieb mich dann erst mal krank und später dienstunfähig. Das war wirklich fünf vor Zwölf. Ich war froh, dass ich vorzeitig aus dem Laden rauskam.

Beim Bundeswehrsozialdienst wurde mir noch angeraten, eine Umschulung beim Arbeitsamt zu beantragen, da ich körperlich für das Heben und Tragen von schwereren Lasten dauerhaft eh nicht mehr geeignet bin, so ein weiterer Facharztbefund und die Stellungnahme vom Truppenarzt.

Das führte dann zu meiner neuen und weiteren beruflichen Laufbahn, die mich dann wieder mal weiterbringen wird, aber dazu später mehr.

Kleidungsschieflage / Emanzipation

Ist Ihnen schon aufgefallen, dass es für Damen deutlich mehr Artikel und Kleidung zu kaufen gibt als für Herren? Das Verhältnis ist meist 90:10. Viele schöne bunte Seiten mit farbenfrohen Artikeln für Damen und ein paar labbrige Seiten für die Männerwelt mit wenigen Farbnuancen. Grau und schlabbrig. So manches Hosenteil soll ja der Gefängniskleidung nachempfunden sein. Ja, geht's noch? Anscheinend kann man den Leuten jeden Mist verkaufen. Ich habe schon oft gesagt, so lange Leute für kaputte Hosen mehr Geld ausgeben, als für ganze, brauch ich mich für nichts zu schämen und zu verstecken.

„Manchmal hatte ich das Gefühl, als würde ich vom dunkeln Keller ins helle Wohnzimmer gehen, wenn ich die Abteilung im Kaufhaus wechselte."

Die schier unendliche farbenfrohe Auswahl und Variationen an Artikeln in der Damenwelt, das hat mich fasziniert und magisch angezogen.

„FRAUen dürfen einfach mehr"

und vor allem auch so gut wie alle männlichen Artikel verwenden. Warum stellen sich die Männer immer in die Ecke und fristen ihr tristes Dasein? Das ist ja schon fast eine gefängnishafte Haltung. Vielleicht liegt es teilweise an den Urinstinkten. In grauer Vorzeit musste der Mann jagen und brauchte funktionelle und robuste Kleidung und die Frauen waren die Nestpfleger und konnten sich schon etwas mehr den schöneren Dingen hingeben. Wie auch immer, was mal war, muss ja nicht immer so sein.

„Mut zur Veränderung, sag ich da nur!"

Es zeichnet sich jedoch ein Wandel ab. Neuzeitlich gibt es immer mehr Farben und Formen auch für das männliche Fashion. Ich hoffe, dass der Trend anhält und die Unterschiede sich relativieren. Das Tragen von Damenstrümpfen ist für mich ein tolles Gefühl, schade, dass dies nur für Frauen sein soll. Ich trage sie gern und oft und fühle mich wohl und weiblich dabei. Im Zuge meiner Entwicklung wurde es immer normaler, Damenbekleidung zu tragen. Aus der anfänglichen Verkleidung (Crossdressing) wurde es alltäglich und normal. Ab einem gewissen Stadium ist es die passende Kleidung.

Im Berufsleben zeichnet sich ebenfalls eine Trendwende ab und die Rollenklischees weichen allmählich auf, von Gleichberechtigung sind wir aber noch Lichtjahre entfernt. Je nach Berufs- oder Tätigkeitsfeld grassieren noch große Differenzen. Wenn eine Frau Busfahrer ist, wird das bewundert oder bestaunt, wie mutig usw. sie ist. Leider muss sich eine Frau immer mehr beweisen, als ein Mann in einem dominierenden Männerberuf. Ich weiß gar nicht, ob es männliche Hebammen gibt. Die würden dann vermutlich ebenfalls als exotisch eingestuft. Wann begreift endlich der Mensch, dass nicht das Geschlecht entscheiden soll, wer was macht, sondern was ein Mensch zu leisten vermag und was ihm gefällt. Natürlich gibt es Berufe und Tätigkeiten, die ein bestimmtes Geschlecht am besten ausführen kann, das macht auch Sinn und dagegen ist auch nichts einzuwenden. Des Weiteren ist es mir bis heute unverständlich, warum für die gleiche Arbeit unterschiedliche

Entlohnungen gibt. Ich finde das nicht gerecht. Nun man kann sich nur wünschen, dass es hier bald fortschrittlicher vorangeht. Das würde die Menschheit wirklich weiterbringen. Aber die Realität ist leider eine andere. Der Erlass von Gesetzen und Verordnungen folgt nicht immer der Erfolg.

„Ich habe meinen Gute-Laune-Tee acht statt vier Minuten ziehen lassen.
Heute eskaliere ich mal richtig!"
(Zitat aus „Brigitte Newsletter")

Berufliche und persönliche Entwicklung

In den 80er und 90er Jahren spielte sich die meiste berufliche Neuorientierung und Fortbildung ab. Die Zeit brachte mich auch in die Ferne, was für meine persönliche Lebensbildung eine Bereicherung war. So konnte ich viel Erfahrung für das Leben sammeln und hatte Zeit für mich. Im späteren Verlauf sollte sich dies als Vorteil erweisen.

Die Birkenfelder Zeit

Am 1.Dez.1980 begann ich die berufliche Umschulung in
Birkenfeld / Nahe am Fuße des Hunsrücks. Die Erlebnisse
und Erfahrungen aus dieser Zeit wirken noch heute nach
sowie in positiver und negativer Hinsicht, wobei die positiven überwiegen.

In diesem Lebensabschnitt machte ich wichtige und einzigartige Erfahrungen für meine Persönlichkeitsbildung,
besonders auch in sexueller Hinsicht. Entscheidend waren
die Begegnungen von drei jüngeren Frauen, wobei eine
davon noch eher ein Mädchen ist. In den ersten vier Monaten sollte ich jedoch davon noch nichts ahnen. Zu Anfang
lernte ich erst mal einen wirklich guten Schulkameraden
kennen, dessen Freundschaft zu mir viele Jahrzehnte hielt.
Jedoch sollte sich diese Freundschaft im späteren Verlauf
meiner transsexuellen Entwicklung auflösen, wie so viele
andere auch. In fortgeschrittenen Kapiteln erfahren Sie
mehr. Mit ihm genoss ich die neu gewonnene Freiheit und
Eigenständigkeit fernab von meinem Elternhaus. Das Ganze spielte sich Anfang der 80er Jahre ab. Auch mein
Freund macht zu der Zeit eine Umschulung in Birkenfeld.
Er war mir in jeder Hinsicht ein guter Freund, durch ihn
lernte ich viel in meinem Leben dazu. Durch ihn stärkte
sich mein Selbstvertrauen und Selbstwertgefühl. Nach dem
er aus der näheren Umgebung war, seine Heimat war das
angrenzende Saarland. So hatte ich die Möglichkeit die
nähere Umgebung ortskundig kennen zu lernen. Wir fuhren relativ oft zu ihm nach Hause. Da er mit seinen drei
Brüdern gerade ein Haus baute, bot ich mich an, daran mit-
zuwirken. Nach kurzer Zeit wurde ich in den Familienkreis

mit aufgenommen. Auch in der sonstigen Freizeit waren wir viel zusammen und teilten Freud und Leid, auch gelegentlich das Leid mit dem anderen Geschlecht.

Das Leben im Berufsförderungswerk war sehr komfortabel und angenehm. Das Zimmer war funktional und praktisch, strahlte aber dennoch Gemütlichkeit aus. Ich machte es mir noch etwas heimeliger mit einigen Accessoires, die eher der Damenwelt zuzuschreiben sind, da zeigte sich auch in solchen Dingen meine weibliche Ader. Dies wurde mir auch von Schulkameraden oft bestätigt. Ich habe mich nie deswegen geschämt und versuchte mich nicht deswegen zu rechtfertigen, so bin ich halt nun mal und stehe zu mir. Oft lenke ich mein Augenmerk auf Mädchen und Frauen, beobachte, was sie anhaben, wie sie sich geben und ahme dies dann gelegentlich, wenn es mir gefällt oder praktisch ist, nach. So begleiteten mich weibliche Kleidung, Schmuck und andere Gegenstände von den frühkindlichen Jahren bis heute durch das ganze Leben. Viele Dinge und Verhaltensweisen wurden dann im Laufe der Zeit zur Gewohnheit, wie zum Beispiel das Tragen von Damenkniestümpfen, Blusen und Halstücher etc. Letzt und Endlich waren dies alles Wegbereiter für die spätere Wandlung zur „Frau“, aber davon ahnte ich damals noch nicht viel, wo die Reise hingehen sollte.

Nach ca. drei Monaten lernte ich in Birkenfeld eine junge Frau Namens Selina kennen und es entwickelte sich nach wenigen Wochen eine Freundschaft. Sie machte in Birkenfeld gerade ihr Abitur und wohnte in einem Nachbarort ca. 5 Km außerhalb von Birkenfeld. Gelegentlich blieb ich auch über Nacht bei ihr in der Wohnung. Nach geraumer Zeit kam es zu intimen Zärtlichkeiten. Dabei erwähnte sie, dass sie bei mir nichts spüre und meinte mein Glied. In der Tat hatte ich überwiegend in meinem Leben Erektionsprobleme. Schon früh plagten mich die Versagensängste in sexueller Hinsicht. Das könnte mit meiner frühkindlichen Entwicklung zu tun haben, da in Sachen Sexualerziehung so gut wie nichts passierte. Ganz im Gegenteil, ich hatte Mühe, mich bei der angehenden Selbstbefriedigung von meiner Mutter nicht erwischt zu werden, das wollte sie nicht. So lernte ich eine andere Methode, ich legte mein Glied zwischen die Oberschenkel und erigierte durch zusammenpressen der Oberschenkel, dabei musste das Glied nicht steif sein. In meiner Fantasie stellte ich mir dann immer vor, ich wäre eine „*Frau*" und werde genommen. Ich musste also umlernen, um später mal eine Frau glücklich zu machen. Fortan übte ich heimlich. Jedoch kam es bei meiner Freundin nie zu einem Geschlechtsakt. Das sollte erst viel später passieren. Es blieb bei einer platonischen Freundschaft. Sie war auch vom Charakter her eher ein schwieriger Mensch, jedoch ehrlich, liebenswert und mitunter sehr nett. Wir machten ausgedehnte Spaziergänge und unterhielten uns über Gott und die Welt. Auch zum Essen gingen wir hin und wieder gerne mal aus, dabei war ihr wichtig, dass es ein gutes und meist vornehmes Lokal war. Das kam mir sehr entgegen, denn ich habe auch gerne ein gepflegtes Ambiente und den vorzüglichen und höfflichen Umgang mit Niveau. Da zeigte sich auch der Sinn für das vorzüglich Feine in meinem Leben.

Etwas später lernte ich durch einen anderen Klassenkameraden auch dessen Familie kennen. Das war eine verrückte, aber interessante Partnerschaft. In dem Haushalt lebte auch noch der Hausfreund. Mit der Zeit kam heraus, dass zwischen meinem Klassenkameraden und seiner Frau sexuell nicht mehr viel passierte, die Arbeit scheint der Hausfreund zu erledigen, wir nennen ihn mal Herbert. Die Frau, nannte sich Gerlinde und ihn taufen wir mal Roland, so schreibt es sich leichter. Sie war eine Nymphomanin und suchte sich ständig irgendwelche Leute um ihre Sehnsüchte zu befriedigen, da kam ich als unabhängige neue Person gerade recht und wir bandelten an. Durch Sie lernte ich eine einfühlsame Art kennen, das mit dem Thema Sexualleben zu tun hat. Sie nahm sich Meiner an und versuchte meine Versagensängste nebst Erektionsproblem in den Griff zu bekommen. Das Ganze lief leider nicht ohne Tiefpunkte, seelische Probleme und Tränen ab, aber sie gab nicht auf. Ich muss sie bewundern, mit welcher Energie und Hingabe sie dennoch sanft an mir wirkte. Ihre sexuellen Praktiken weichten stark von den üblichen Vorgehensweisen ab. Sie hatte wohl offensichtlich wesentlich mehr Erfahrung als ich. Die Details überlasse ich der Fantasie des Lesers bzw. der Leserinnen.

In vielen gemeinsamen Freizeiten, auch mit der gesamten Familie, verbrachten wir schöne Zeiten. Gerlinde bracht mir auch das Stricken und Häkeln bei, dass ich sogar einige Zeit überall in meiner Freizeit ausführte. Dabei wurde ich oft bestaunt. Ja, die „Frau" in mir!

Zu Silvester fuhren wir mal zu Rolands Eltern nach Saarbrücken. Sie wohnten im Stadtteil Burbach, eine Arbeitersiedlung aus der Frühgeschichte des Bergbaues und Schwerindustrie. Einfache Leute ohne Schnickschnack. Nach dem wir schon ein paar Tage vorher da waren, gingen wir mal in einem Lokal aus. Gut gemeint suchten sie ein Lokal aus, wo eigentlich keine Grobheiten passieren sollten, da sie ja wussten, dass ich mit Gewalt nichts anfangen kann und mich das sehr abschreckt und auch beängstigt. Leider kam es nach ca. einer halben Stunde zu Streitereien zwischen anderen Gästen, das dann sogar in eine Schlägerei ausartete. Ich kann mich noch gut erinnern, dass mir dabei übel wurde. So was schlägt sich bei mir sofort auf dem Magen. Diese leidvolle Erfahrung hatte ich schon öfters im Leben machen müssen. Gewalt war und ist für mich ein Graus. Das tat den beiden echt leid und ärgerten sich selbst über die Streithansel. Nun, was soll man machen, Idioten gibt es halt leider überall. Gerade, wenn man ausweichen will, gerät man dazwischen. Das Silvesterfest war dafür umso schöner, man muss sagen, dass gerade oft die einfachen Leute gut zu feiern wissen. Nach den Ferien ging es dann wieder zurück zum Berufsförderungswerk nach Birkenfeld.

Später fuhren Gerlinde und ich sogar mal zusammen in Urlaub und Ihr Mann gab Ihr noch zu meinem Erstaunen Taschengeld mit. So ging es für eine Woche nach Bayern in meine Heimat. In Garmisch-Partenkirchen mieteten wir uns in eine Ferienwohnung ein. Ich zeigte ihr mein schönes Oberbayern und natürlich fuhren wir auf die Zugspitze und genossen zusammen den wunderbaren Ausblick und unsere gemeinsamen Stunden. Danach kehrten wir am Fuße der Zugspitze in einem gemütlichen Lokal ein und ließen uns angenehm verköstigen, dabei erzählte sie mir, dass die Bande mit Roland eher wirtschaftlich sei und ehe mehr Mittel zum Zweck sei. Nun, den Verdacht hatte ich eh schon lange. Sexuell sei eh nie viel gelaufen, er betrachtete den ehelichen Sex eher als lästige Pflicht. Vermutlich brauchte er nur jemand für den Haushalt. Wie dem auch sei, so suchte sich Gerlinde natürlich andere Möglichkeiten, wie den Hausfreund, der mit den beiden zusammenlebte, und mich. Ich ahnte damals nicht, dass es mir mal ähnlich gehen sollte wie Roland in Sachen ehelichen Sex. Aber bleiben wir mal in Garmisch. An den Abenden liebelten wir viel miteinander. Trotz ihrer sanftmütigen und einfühlsamen Art gelang es ihr nicht, einen funktionierenden Geschlechtsakt zu erwirken. Nachdem sie kaum Druck ausübte, konnten wir beide die Zärtlichkeiten dennoch genießen. In einem vertraulichen Gespräch erzählte ich ihr von meinen Vorlieben weiblicher Kleidung. Mit heutigen Kenntnissen kann ich mir vorstellen, dass eventuell meine innere Weiblichkeit das Mannsein blockierte. Damals ahnte ich noch nicht, dass ich mich mal als Transfrau wandeln werde und nur so glücklich werden kann. Nun, der weitere Verlauf mit den drei Leuten verlief in ähnlichen Bahnen ohne große Neuerungen. Die Verbindung hielt sogar noch einige Zeit nach der Birkenfelder Ära. Ich besuchte sie sogar mal in Saarbrücken und blieb ein paar Tage bei ihr. Von Robert hatte sie sich mittlerweile getrennt und lebt mit ihrer Tochter und dem Hausfreund zusammen. Später erfuhr ich auf Umwegen, dass Gerlinde bei einem Haushaltsunfall ums Leben gekommen sei. Die genauen Umstände habe ich nie erfahren, man munkelte was von Suizid. Schade, sie war ein guter Mensch, der wohl viel Pech im Leben hatte.

Zu Anfang des Kapitels hatte ich ja erwähnt, dass es drei weibliche Wesen waren, die mein Geschehen hier in Birkenfeld beeinflussen werden. Im weiteren Verlauf meiner Umschulung in Birkenfeld lernte ich eine sehr junge Frau kennen, man kann fast sagen, dass es gerade noch ein

Mädchen hätte sein können. Sie lernte in einem Supermarkt den Beruf der Fachverkäuferin und war kurz vor der Abschlussprüfung. Leider weiß ich Ihren Namen heute nicht mehr, aber das ist ja auch nicht relevant. Die Beziehung war nur von kurzer Dauer, dennoch gab es ein prägnantes Ereignis. Nach kurzer Kennlernphase besuchte Sie mich mal im Berufsförderungswerk in meinem Zimmer, was eigentlich streng verboten war und eventuell große Problem mit sich gebracht hätte, wenn es publik geworden wäre. Nun, ein bisschen habe ich ja schon immer gerne mit dem Feuer gespielt, eine kleine Prise krimineller Energie gehört eben zu meiner Person. Wir machten es uns gemütlich, tranken Tee und aßen Feingebäck dazu und hörten leise Musik. Eine Kerze rundete das Ganze noch etwas romantisch ab. Zu Anfang dachten wir beide nicht daran, was für einen Verlauf der Abend - vor allem in der zeitlichen Ausdehnung - nehmen sollte. Es hat sich einfach so auf natürliche Weise ergeben. Man könnte fast sagen, dass es automatisch ablief. Während der Unterhaltung begannen wir uns verliebt anzusehen und tauschten erste Zärtlichkeiten aus. Es tat sich ein Reich der Glückseligkeit auf. Irgendwann in den frühen Morgenstunden viel von ihr die Bemerkung, dass sie mit mir „schlafen" will, dabei überkam mich mein altes bekanntes Angstgefühl, dass es nicht klappen könnte. Neidvoll dachte ich, warum bin ich nicht ein Mädchen und könnte mich einfach hingeben ohne Leistungsdruck. Leider empfand ich es so. Ich sagte Ihr, dass es noch etwas früh sei für einen solchen Schritt der kurzen Bekanntschaft und strich ihr zärtlich über die Wangen. Ein sanftes Lächeln reflektierte meine Worte. Ohne viel zu reden kehrten wir nach geraumer Zeit in die reale Welt zurück. Ein anderer Mann hätte sie vermutlich glücklich gemacht, mit welchen Folgen auch immer. Ich vermute die meisten Männer denken bestimmt nicht darüber nach, was Sie anstellen (jagen und erlegen). Irgendwie schmuggelten wir uns anschließend an der besetzen Pforte vorbei und begleitete Sie noch nach Hause. Ich lief im Rückweg noch eine geraume Zeit durch die Stadt und versank in Gedankenflut, denn an Schlaf war nicht mehr zu denken. In den nächsten drei Wochen verflachte sich die Beziehung und führte dann leider zu einem Ende. Gut möglich, dass es ihr im Nachgang wegen weiterer Intimitäten dann doch mulmig wurde, denn Sie war ja noch jung und hatte bestimmt noch sehr wenig, oder gar keine Erfahrung in partnerschaftlichen und die damit einhergehenden Dingen. Nun, das ist nur eine Vermutung, aber durchaus denkbar. Ich dachte oft daran, was geworden wäre, wenn es geklappt hätte und wir zusammengeblieben wären. Ja, womöglich es mit dem Sex geklappt hätte und eventuell Nachwuchs daraus entstanden wäre, juhu, das wäre was gewesen! Eine junge Familie mit so gut wie keiner Lebenserfahrung. In dieser Verantwortung schwindet die Liebe schnell dahin. Jedenfalls war es eine weitere Erfahrung für meinen Lebensweg. Ich dachte viel über meine sexuelle Verhaltensweise nach, waren meine Versagensängste tieferer Natur? Erst viel später sollte sich das für mich erschließen. Professionelle Hilfe wäre gut gewesen, aber damals nicht üblich.

Letztlich schämte man sich viel zu sehr, eigentlich dumm. Nun, damals war das halt so und teilweise leider auch heute noch.

Im September ´83 war die Birkenfelder Zeit Geschichte und ich ging zurück nach Bayern. Als frisch gebackener

Informationstechniker machte ich mich auf die Suche nach einer Arbeitsstelle. Leidvoll musste ich erfahren, dass ich zwar super Noten hatte, aber leider keine Berufserfahrung vorweisen konnte. Dementsprechend schwierig war die Stellensuche. Ich ließ mich aber nicht entmutigen und machte mich auf. Irgendwann wird sich der Erfolg schon einstellen.

Die erste Kur und das Leben danach

Im Herbst 1983 absolvierte ich meine erste Kur in meinem Leben und ich ahnte noch nichts von einem markanten Intermezzo, das mich ereilen sollte. Wie heißt es immer so schön, erst mal ankommen und dann weitersehen. Genau so machte ich es auch. Hauptsächlich wurde ich wegen der vegetativen Erschöpfung und meiner Rückenprobleme hier in Bad Windsheim Frankenland-Klinik behandelt. Schon in der ersten Woche machte ich nähere Bekanntschaft mit einer jüngeren Frau. Sie war attraktiv und sehr umgänglich. Man konnte sich gut mit ihr unterhalten, auch mit den anderen Tischnachbarn kam ich gleich in Kontakt und wir verstanden uns gut. Nachdem wir uns gleich zu Anfang mit Vornamen ansprachen, war schon mal das Eis gebrochen und schaffte eine zugängliche Atmosphäre. Es entwickelte sich relativ schnell eine engere Beziehung zu ihr. Wie ich später erfuhr, bröckelte ihre Ehe gerade. Wenn eine Partnerschaft nicht mehr in Ordnung ist, so ist sie von außen leicht angreifbar und störanfällig. So auch in diesem Fall. Wie eine offene Wunde, in die Keime leicht eindringen können. Nun mir war es vorerst egal, denn ich hatte aktuell keine Partnerin. So war ich frei für das Abenteuer mit Erika, so nannte sich die junge Dame. Das Wort Abenteuer sollte sich noch öfters in der Beziehung bewahrheiten, doch davon ahnte ich vorerst noch nichts. Lesen Sie gespannt weiter.

Eines Abends besuchte ich sie auf ihrem Zimmer, eigentlich nur zum Plaudern. Es sollte jedoch ganz anders kommen. Nach einer kurzweiligen Unterhaltung und einem kleinen Imbiss kamen wir uns intim näher. Die nächsten

Momente liefen nach naturgegebenen Gesetzten ab: eine Art Unterprogramm aus der Uhrzeit, das am Verstand vorbei agiert, letztlich im Endeffekt der Fortpflanzungstrieb. Ich begnüge mich mal mit der angenehmen Seite zu dem Ablauf. Fast unbemerkt landeten wir im Bett und schmusten innig miteinander. Sie war sehr zärtlich und zugänglich. Ich vermute mal, dass sie in ihrem Eheleben nur den Standardsex mit wenig Zärtlichkeit und Zuneigung von ihrem Mann bekam. Sie genoss meine ausufernden Liebkosungen und Schmusereien. Zu einem Geschlechtsakt kam es aber nicht, meine Erektion ließ leider zu wünschen übrig. Aus heutiger Sicht weiß ich, dass ich damals schon mehr „Frau" als „Mann" war und deshalb die übliche männliche Verhaltensweise und die Erektionen schwach ausgeprägt waren. Schmusen und Zärtlichkeiten waren hingegen sehr intensiv. Wir genossen in endloser Zeit unsere Zweisamkeit. Umso mehr war es ein Schreck und eine Überraschung, als sich plötzlich die Tür öffnet und uns die Nachtschwester überrascht. Erika versuchte mich noch zu verstecken, aber die liebe Schwester hat vorher mein Zimmer durchsucht und so kamen wir aus der Nummer nicht mehr raus. Die zauberhafte Stimmung zerplatzte, wie ein Luftballon, der von einer Nadel gepikst wurde. Sie meldete die Angelegenheit dem Direktor. Am nächsten Tag musste jeder einzelne von uns bei ihm vorsprechen. Zu unserem Glück war er sehr verständnisvoll und der Vorfall blieb für uns folgenlos. Jedoch mussten wir Ihm versprechen, dass dieses Intermezzo im Kurhaus kein Crescendo erfahren darf. Das war dann der Grundstein für eine weitere spektakuläre Aktion. Im weiteren Verlauf werde ich dann davon berichten. Jetzt war erstmal Entspannung angesagt. Für mich wäre es ja nicht so folgenreich gewesen, wie sollte aber Erika ihren Mann die vorzeitige Beendigung der Kur rechtfertigen. Das war schon eine brenzliche Situation. Vorerst begnügten wir uns mit Ausflügen, Spaziergängen sowie endlosen Plaudereien und kleinen Zärtlichkeiten. Obwohl Erika schon drei Kinder hat, war ihr Erfahrungshorizont in Sachen Liebe und Sex nicht besonders groß. Sie entstammte aus einem Dorf in der Nähe von Ansbach, ich nehme mal an, dass ihr Mann auch aus der Gegend ist, also eine sogenannte Dorfromanze. Nun dies soll keine Wertung sein, wer oder was besser oder schlechter ist, eben anders. Wo kämen wir hin, wenn es keine Unterschiede gäbe, das wäre bestimmt langweilig! Vermutlich hatte sie die Hoffnung, durch mich mehr Erfahrung in Liebe, Sex und Zärtlichkeiten zu bekommen. Leider war ich selber noch grün hinter die Ohren. Obwohl ich in Sachen Sex keine Sportskanone war, hielt sie an mir fest. Sie mochte meinen Charme, Einfühlungsvermögen und die Liebeleien. Nun, es muss ja nicht immer das Standardprogramm ablaufen, man kann Zweisamkeit auch anders genießen und das taten wir auch. Dazu zählten auch Tanzen und endlose Spaziergänge, sowie auch gemeinsame Unternehmungen mit anderen Mitpatienten aus unserer Tischrunde. Wir waren ein illuster Haufen, wie man so sagt. In den kommenden Wochen verdichtete sich unsere Beziehung. Etwas getrieben von Neugierde und Tatendrang wollte ich es nochmal wissen und mietete ein Hotelzimmer und ließ mich mit Erika per Taxi dorthin chauffieren. Am späteren Nachmittag lief die Aktion an, mir war schon ganz schwindelig und aufgeregt war ich auch. Erika war fasziniert von meiner Organisation und dieser Aktion. Mitten im Ort am Hotel „Rotes Ross" stiegen wir ab. Ich nahm meine Erika fest an die Hand und führte sie mit mir zusammen ins Hotel. Ihr Herz raste und der Kopf war etwas von Schamröte überzogen. Nun mir ging es nicht anders. An der Rezeption ließ ich mir den Zimmerschlüssel mit dem Hinweis auf meine telefonische Reservierung geben. Der Wirt wusste genau, was gespielt wurde, das sah man an seinem dämlichen Grinsen in seiner schmierigen Visage. Offensichtlich bin ich nicht der erste und einzige, der hier gelegentlich einen Kurschatten entführte. Mit schwindelnden Gefühlen gingen wir auf unser Zimmer. Ich hatte zwei Prosecco und eine Rose bereitstellen lassen. Zärtlich nahm ich sie in den Arm und drückte sie sanft an mich. Ich spürte, wie wild ihr Herz schlug. Sie brachte keinen Ton heraus. Ihre verbale Kommunikation war vollständig zusammengebrochen und gab ihren Gefühlen freien Lauf. Wir beide weinten vor Glück und ließen uns langsam auf das Bett sinken, die Welt um uns herum verschwand gänzlich. Wir waren im siebten Himmel. Nach gefühlter endloser Zeit der Schmusereien kam es zur Berührung unserer Geschlechtsmerkmale. Meine Erektion kam einfach nicht richtig in Schwung, eine innere Kraft steuerte dagegen. Heute weiß ich, dass meine Weiblichkeit das Seine dazu beigetragen hat, dass es nicht klappte. Ich musste weinen, dass ich Erika nicht glücklich machen konnte. Irgendwann viel uns ein, dass wir ja zurück zur Klinik mussten, wir wussten ja mittlerweile aus leidlicher Erfahrung, wie streng das Regiment dort war. Den Rückweg traten wir zu Fuß an, um im Spaziergang die kürzlichen Ereignisse zu verarbeiten. Sie flüstert mir ins Ohr, dass Sie mich trotzdem sehr mag, vielleicht mehr, als einen potenzstrotzenden Lover.

Anstatt dass es auseinanderging, wuchsen wir eher zusammen.

Einmal war sie mit ihrer Familie im Park Café Nähe der Klinik und stellte mich ihr sogar vor. Da war schon ein leichtes Bauchkitzeln zu spüren. Was sich ihre Leute dabei gedacht haben, kann ich nur ahnen. Sie waren sehr nett und zuvorkommend zu mir. Die weiteren Tage verliefen in relativ normalen ruhigen Bahnen. Hin und wieder schnitten wir das Thema Sex an, das wir beide nicht immer für das Wichtigste hielten. Vielleicht verstanden wir uns deshalb so gut. Die „Frau" in mir war schon mehr präsent als ich überhaupt wahrnahm. Alternativ gingen wir oft ins Kino, zum Tanzen und auch in die Disco. Es war ein bunter Strauß an Erlebnissen, dass unsere gemeinsame Freizeit mit Leben füllte. Irgendwann kam der Tag des Abschiedes, der uns Beide nicht leichtfiel. Wir beschlossen aber den Kontakt über die Kur hinaus weiter zu pflegen.

Die Bande hielt noch gut zwei Jahre. In verschiedenen Erlebnisabschnitten waren noch einige markante Episoden dabei. In dieser Zeit spulte ich einiges an Kilometer ab, denn ich besuchte sie so oft ich konnte entweder bei Ihr zu Hause, wenn ihr Mann und die beiden älteren Kinder nicht da waren, oder wir trafen uns an verschiedenen Örtlichkeiten in der Umgebung, um ungestört zu kuscheln. Die innere Anspannung dabei war ungemein. Mit dabei hatte sie meist dann ihren jüngsten Sohn, der gerade mal 1 1/2 Jahre alt war. Den Blutdruck zu messen bei diesen Treffen hätte bestimmt einige Rekorde eingebracht. Mir fehlen fast die Worte, solche Momente zu umschreiben, sie waren jedenfalls voller Glückseligkeit. In den vielen Monaten, die ich auf der Strecke pendelte, kannte ich schon fast jedes

Schlagloch. Ich fuhr fast schon wie ein Autopilot. Ja nach Fahrtrichtung waren die Gefühle unterschiedlicher Natur, zu ihr meist mit Sehnsucht und beflügelten Erwartungen. Auf der Rückfahrt von ihr empfand ich meist eine gewisse Leere und Orientierungslosigkeit, aber ich hellte meine Gedanken mit Erinnerung an das Erlebte auf. Aus heutiger Sicht staune ich nicht schlecht, wie ich das Ganze logistisch hinbekommen habe. Immerhin waren es einfach gut 220 Km und das manchmal zweimal die Woche. Damals gab es auf der Strecke keine Ortsumfahrungen sowie Schnellstraßen, die dies leichter gemacht hätten. Mein Auto war wirklich gut eingefahren. Für die Liebe ist offensichtlich kein Weg zu weit. Ganz schön verrückt, aber so ist das mit einer Liebe, es ist kein rationales Erleben. Man wird am Verstand vorbeidirigiert und hat dabei wenig Einflussmöglichkeiten. Gelegentlich sprachen wir über unsere Wesenszüge. Mir schrieb sie einen höheren weiblichen Anteil zu, das macht mich daher nahbarer, weil die Barriere, die Männer üblicherweise unbewusst haben, durchlässiger ist. Sie empfand es jedenfalls als sehr angenehm. Man könnte fast sagen, ohne den üblichen Fortpflanzungstrieb kann man die anderen Zueignungen wesentlich intensiver genießen. Damals ahnte ich noch nicht, wo ich mal viele Jahre später landen sollte, aber das erzählt das Buch von ganz allein. Seien Sie gespannt, wie die Entwicklung einer Transfrau weitergeht.

Ich lasse es mal dabei bewenden und erzähle kurz den endgültigen Abschied von Erika. Eines Tages erhielt ich Nachricht von ihr, dass sie mich in meiner Gegend für drei Tage besuchen wird und das offiziell unter Zustimmung ihres Mannes. Ich ahnte schon unterschwellig, dass was im

Busch ist, wie man so sagt. Wir trafen uns an einem neutralen Platz und begrüßten uns erstmal recht herzlich. Im Anschluss beichtete sie mir, wie die Tage ablaufen sollen und den Hintergrund des Treffens. Sie hat mit ihrem Mann vereinbart, dass wir uns in den kommenden Tagen und Stunden für immer trennen und sie wieder zu ihrer Familie und Mann zurückkehrt. Ist zwar hart, aber ehrlich. Es flossen reichlich Tränen. Auch wenn wir nie einen Geschlechtsakt vollzogen haben, war die Bindung mehr als ungewöhnlich intensiv sowie vertrauensvoll. In den beiden Nächten liebelten wir und tauschten reichlich Zärtlichkeiten aus. Am letzten Tag des Abschieds war ich kurz vor dem Zusammenbrechen. Ihr ging es nicht anders. Sie sagte noch, wenn sie nur den jüngsten Sohn hätte und Sie nicht schon angefangen hätten ein Haus zu bauen, wäre sie bei mir geblieben. Es wäre sicher nicht einfach gewesen, eine Frau mit drei Söhnen zu nehmen. Vernunft und Liebe kämpften recht aufrührerisch miteinander. Letztlich gewann die Vernunft. Es hat einige Zeit gedauert, bis ich mich wieder gefangen hatte. Was bleibt, sind die schönen Erinnerungen und die markanten Erkenntnisse, dass in mir etwas schlummerte, das mich in einigen Jahren sehr intensiv beschäftigen wird und mein Leben komplett umkrempeln wird.

Die Ludwigsburger Zeit

Meine neue berufliche Herausforderung brachte mich wieder in die Ferne. Nach ca. acht Wochen hatte ich ein erstes Vorstellungsgespräch in Ludwigsburg ca. 15 Km nördlich von Stuttgart. Die Firma nennte sich TC-Studios: TC für Technische Communication. Es war eine Spezialfirma für Messe- und Präsentationsservice, die weltweit agierte. Die Anfahrt war schon keine leichte Sache. Es lag Neuschnee und bitter kalt. Trotz aller Widrigkeiten war ich pünktlich um 10 Uhr im Chefbüro. Der äußere Eindruck war erst mal etwas ernüchternd und eher befremdlich, ich stand vor einem alten Lagerhaus, dessen Bausubstanz etwas zu wünschen übrig ließ. Die Eingangstür mutete eher einem dubiosen Nachtclub zu. Nun, was soll's, erst mal rein und dann weitersehen. Ich war überrascht, von innen wirkte das Ganze tatsächlich studiohaft. Ich wurde freundlich begrüßt und man bot mir erst mal einen Kaffee an. Das Gespräch verlief überaus positiv und ich bekam meine Chance. Um den Einstieg zu erleichtern, wurde mir für die ersten zehn Wochen ein Hotelzimmer bezahlt. In der Zeit war man angehalten, sich um eine Wohnung umzusehen. Zurück in Peiting traf ich alsbald meine Vorbereitungen für die Abreise, denn ich sollte so schnell wie möglich anfangen zu arbeiten. Tja, schon wieder unterwegs, damals ahnte ich noch nicht, dass ich noch oft und viel in meinem Leben unterwegs sein werde und das bis ins hohe Alter. Offenbar liegt es auch ein bisschen an meinem Naturell und meist packte ich so manche Gelegenheit einfach beim Schopf und ging gerne unkonventionelle Wege. Wenn man was erreichen und erleben will, muss man des Öfteren über seine Schatten springen. Der Anfang in der Firma war vielversprechend und interessant. Nach kurzer Zeit wurde ich ins Chefbüro gerufen und ich hatte schon Bammel, ob irgendwas Negatives anliegt, aber weit gefehlt: ich bekam die Chance mit einem Kollegen zusammen auf Weltreise zu gehen. Mit vier Tonnen Marschgepäck ging es über Karatschi, Singapur, Bangkok, weiter nach Tokio, später dann noch nach Anchorage, Alaska. Unser Marschgepäck bestand aus jeder Menge technischer Geräte und anderes Equipment. Wir hatten die Aufgabe, an den Orten Messe- und Präsentationstechnik nach Kundenwunsch zu den gegebenen Veranstaltungen aufzubauen und zu betreuen. Am besten hat mir die Deutsche Leistungsschau in Tokio gefallen, dort waren wir auch am längsten. Mein Kollege trieb sich in der Freizeit meist in irgendwelchen Spelunken und Rotlichtvierteln herum. Nun, das war aus bekannten Gründen eh nicht mein Ding und mich zog es auch nicht zu den leichten Damen, wie man so sagt. Ich glaube, dass meine innere „Frau" schon damals viel Einfluss auf mich hatte und vieles unbewusst steuerte. Warum ich hier so ein wenig aushole, hat folgende Bewandtnis. Ich sollte noch die Frau meines Lebens in Sachen intimer Angelegenheiten hier in Ludwigsburg kennenlernen. Ein markantes und für mich einzigartiges Erlebnis möchte ich hier noch gerne erwähnen. Auf der deutschen Leistungsschau in Tokio wurde alltäglich eine Modeschau aufgeführt. Dort holte ich mir einige Anregungen für weibliche Kleidung und Accessoires. Man konnte sich mit den Damen gut unterhalten, sie waren gewandt und weltoffen. Ich staunte nicht schlecht, wie schnell ich meine spärlichen Englischkenntnisse auf- forstete und relativ gut zurechtkam. Nun, wenn keiner mehr Deutsch mit einem spricht und nur noch Englisch übrigbleibt, geht es recht schnell das man damit zurechtkommt. Was ich damals noch nicht ahnte war, dass auf der Modeschau das Lied „*Joanna*" von Cool & The Gang gespielt wurde und dieser Name mal mein weiblicher Vorname werden sollte. Wenn ich heute das Lied höre, bin ich immer etwas verzückt und denk an die schöne und ereignisreiche Zeit in Tokio zurück.

Nach meiner großen Reise hatte ich ein wenig Zeit, mir die nähere Umgebung in Ludwigsburg in Augenschein zu nehmen. Mir fiel auf, dass in dem Gebäude noch eine andere Elektronikfirma untergebracht war und ich dort etwas später gelegentlich elektronische Bauteile besorgte, wenn im TC-Studio etwas gebraucht wurde. Mit der Zeit lernte ich verschiedene Mitarbeiter der Firma kennen, insbesondere baute sich allmählich ein Kontakt zu der Frau in der Lagerverwaltung auf. Noch ahnte ich nicht, was daraus erwuchs. Sie befand sich gerade in einer Trennungsphase von ihrem alten Freund. Ich ließ mir Zeit mit dem anbandeln. Erst mal sehen, ob sie von Ihrem alten Lover tatsächlich loskam nicht, dass es noch eine komplizierte Dreierbeziehung wird. Darauf hatte ich wirklich keine Lust, denn in der Vergangenheit hatte ich ja schon öfters solche Erfahrungen gemacht. Ich war eh skeptisch, ob das was wird. Es vergingen noch einige Wochen, bis das neue Glück etwas Fahrt aufnahm. Nach dem Motto „*Jedes Feuer braucht seine Zeit, bis es richtig brennt*". Oft war ich auch wieder mal auf Tour von der Firma aus. Da ging es immer rund und Leute wussten teilweise nicht, wenn man morgens ins Geschäft kam, ob man abends wieder zu Hause ist. Eigentlich kein Nährboden für feste Beziehungen. In der Firma war auch nur einer verheiratet und selbst der lebte in Scheidung: der gute Ralf, einer meinen mittlerweile befreundeten Leuten aus dem Studio. Später wohnte ich sogar kurze Zeit bei ihm in seinem Elternhaus. Auch nach der Zeit in Ludwigsburg hielt die Freundschaft noch einige Jahre, jedoch seit geraumer Zeit ist der Faden doch gerissen. Letztlich kam die Kontaktpflege meist von meiner Seite, aber irgendwann geht einem dann doch die Luft aus, wenn es zu einseitig wird.

Nun, wie es im Leben halt so ist, wurde das gegenseitige Interesse für eine Freundschaft zwischen der jungen Frau aus dem Lager der anderen Firma doch größer und so entwickelte sich langsam aber sicher eine anfangs lose Beziehung mit gelegentlichen Treffs und Freizeitgestaltung, die sich dann doch später verfestigte.

An einem abendlichen Besuch kam es dann zu meinem ersten sexuellen Erfolg in meinem Leben, d.h. tatsächlich der erste Geschlechtsakt - kaum zu glauben und doch wunderbar für mich. Sie hatte einfach das richtige Händchen dafür bzw. die nötige Erfahrung und Einfühlungsvermögen, um dies zu ermöglichen. Es geschah einfach vollautomatisch, für mich ohne viel Gedankengut. Vielleicht gerade deshalb, weil ich an nichts dachte, klappte es. Sie sagte später mal zu mir, dass meist alles vom Kopf aus geht, ob was klappt oder nicht - da könnte durchaus was dran sein.

Nach diesem wunderbaren Erlebnis erzählte ich meiner Freundin - ich denke, ich kann sie jetzt mal so bezeichnen - dass ich noch nie einen Geschlechtsverkehr hatte, das konnte sie kaum glauben. Wir verlebten noch einen schönen Ausklang an diesem Abend und unterhielten uns noch über mein früheres, anfänglich missliches Sexualleben, das jetzt glücklicherweise ein Ende gefunden zu haben scheint. Fortan lebte ich förmlich in dieser Beziehung auf, ich konnte es selbst kaum glauben, was da mit mir passierte. Zu meiner Freude konnte ich meine Vorliebe zum Fuß auch in sexueller Hinsicht mit ihr ausleben. Sie bemerkte auch das gelegentliche Durchschimmern meiner weibischen Züge und ließ es einfach zu. Ein sehr toleranter Mensch, muss ich bemerken, und das tat gut. Damals ahnte ich noch nicht, dass es einer der wenigen Abschnitte in meinem Leben sein würde, wo ich verhältnismäßig männlich und potent unterwegs war und ein erfülltes Sexualleben als Mann haben sollte. Es drängt sich fast der Verdacht auf, dass es eine Bestimmung sei?

Im weiteren Verlauf bezogen wir eine gemeinsame Wohnung in Schwieberdingen Nähe Ludwigsburg. Nach geraumer Zeit lernte ich auch Ihre Familie kennen, die in Mühlacker Richtung Pforzheim wohnte. Ihre Schwester und Ihr Freund luden uns mal zu einem bunten Abend zu sich nach Hause ein. Am Anfang war es noch recht nett und lustig, leider kippte die Stimmung nach exzessivem Alkoholgenuss. Die elende Schnapssauferei ist einfach nicht gut. In den tiefen Abgründen meiner Seele wurde der innere Konflikt meiner Weiblichkeit hochgespült und ich glitt in eine Depression und Weinkrämpfen ab. Meine innere „Frau" ist halt immer existent gewesen und schlummerte tief in mir. Ein Faktum, das sich immer öfter beweisen sollte, mir aber nicht immer bewusst war. Wir brachen die Party ab und gingen dann alle in unsere Betten - meine Freundin konnte mich noch etwas beruhigen - und schliefen dann bald ein. Am nächsten Morgen redeten wir noch etwas über den verunglückten Abend und machten aus, dass wir beim nächsten Mal nicht so viele scharfe Sachen zu uns nehmen werden. Ich habe jedenfalls gelernt, dass starke Emotionen gepaart mit Alkohol eine toxische Mischung ergeben.

Ein lustiges Erlebnis möchte ich noch gerne erzählen. Eines Morgens liebten wir uns und keiner von uns wollte so recht in die Arbeit. So rief jeder die andere Firma an und entschuldigte den anderen mit dem Vorwand von Fieber und Unwohlsein. Danach kurierten wir das viele Fieber innig den ganzen Tag aus und waren glücklich dabei. Am nächsten Tag im Geschäft grinsten wir uns gegenseitig an. Nun, wie das Leben halt so spielt. Heute schmunzle ich gerne darüber und bereue es nicht. Spontanität und etwas Risikobereitschaft hat manchmal was Prickelndes.

Hier und da besprachen wir uns auch über eine gemeinsame Zukunft. Ich erzählte Ihr von Anfang an, dass ich irgendwann in näherer Zukunft wieder nach Bayern zurückgehen werde. Sie stimmte dem zu und gab sich zuversichtlich, dass sie dann mit mir mitgehen würde. Das hörte sich erst mal gut an und ich glaubte ihr und verließ mich auch darauf. Doch es sollte- wie so oft im Leben - wieder mal anders kommen. Das Leben ist einfach nicht planbar, auch wenn man immer wieder den Versuch unternimmt.

„Alles, was nicht ewig ist, ist in der Ewigkeit wertlos. Was in der Ewigkeit bleibt, ist vor allem anderen die Liebe."

Später wechselte ich in die andere Firma, die sich ja im gleichen Gebäude befand. Die suchten dringend einen Elektrotechniker für die Entwicklungsabteilung. Nun, für

mich war es eine günstige Lösung, da ich so an berechen-
barere Freizeit komme, des Weiteren konnte ich meine
berufliche Erfahrung ausbauen und mein Verdienst verbes-
serte sich ebenfalls erheblich. Phasenweise dachte ich sogar daran, doch im Stuttgarter Raum zu bleiben, vielleicht
nicht für immer, aber dennoch für einen längeren Zeitraum.
Wer weiß, wie sich dann mein Leben weiterentwickelt hätte, darüber kann man nur spekulieren. Meine Freundschaft
mit Caren war passend zur allgemeinen Situation und rundete das Gesamtbild ab. Man konnte von einem rundum
zufriedenen Zustand sprechen. In so einer Konstellation
geht dann meist was schief.

Was ich bis zum heutigen Tag nicht verstanden habe, war
eine Entwicklung in der Partnerschaft, die vollkommen
schleierhaft war. Im späteren Verlauf nahm sie eine andere
Arbeitsstelle in Esslingen an, den genauen Grund erschloss
sich mir nie. Jedenfalls blieb ich dann meist allein in der
schwieberdinger Wohnung, denn sie wohnte mit jemanden
in Esslingen zusammen, den ich nie kennengelert habe.
Letztlich war es eine Dreierbeziehung mit zwei Unbekannten. Mathematisch durchaus lösbar, aber bei Menschen
eher nicht. Mir war klar, dass dies nicht von langer Dauer
sein würde und es vollzog sich eine allmählich schleichen-
de Trennung den Tod auf Raten, wie man so sagt. Gelegentlich schliefen wir noch miteinander, wobei dies immer
seltener wurde. Nach dem ich eh wieder nach Bayern wollte, orientierte ich mich wieder in diese Richtung und bewarb mich bei verschiedenen elektrotechnischen Firmen.
Zum Schluss hin habe ich sie gefragt, ob sie den jetzt mitgehen würde und sie sagte „Nein", weil sie sich angeblich
um Ihre Großmutter kümmern müsste und sonst niemand

dies machen könne. Ich denke, es waren eher Ausflüchte. Nun ich bin nicht der Typ, der jemanden zu etwas zwingt, das bringt meist auch nichts. Zurück in Bayern besuchte sie mich gelegentlich, jedoch eine Fernbeziehung über eine Distanz von 350 Km aufrechtzuerhalten ist schier unmöglich. Was blieb, war die Erinnerung an eine schöne und verrückte Zeit, sowie ein Abschnitt meines männlichen Höhepunktes in meinem Leben. Vielleicht - oder bestimmt - ein Wegbereiter zu meinen beiden Kindern, die ich später mal zeugen werde.

Neuanfang in Bayern, meiner Heimat

In den ersten Jahren arbeitete ich als Elektroniker in Penzberg (Heimat Landkreis Weilheim-Schongau). Dort bezog ich eine kleine Einzimmerwohnung bei zwei älteren Damen. Nach geraumer Zeit lernte ich eine hübsche Frau in meinem Alter kennen. Sie war Fachverkäuferin in einem Supermarkt, in dem ich öfter zu Mittag eine Brotzeit holte. Mit der Zeit kamen wir uns näher und waren uns recht sympathisch. Am Anfang fragte sie mich, ob es mich stört, dass sie schon eine Tochter von neun Jahren hat und obendrein geschieden ist. Nun, warum nicht, muss ich mal sehen, wie sich das Ganze entwickelt. In der anfänglichen Verliebtheit machte ich mir darüber wenig Gedanken und Sorgen. Später musste ich die leidliche Erfahrung machen, dass es doch nicht so einfach ist, mit einem Menschen umzugehen, der diesen Hintergrund hat. Aber erst mal war die rosa Brille auf und da sieht man die Probleme und Fehler nicht. Die erste Zeit war sehr schön und harmonisch. Viele gemeinsame Unternehmungen inklusive ihrer Tochter rundeten unsere angehende Beziehung ab. Wir machten auch mal einen kleinen Urlaub zusammen in Regensburg und Umgebung. Wir genossen die gemeinsame Zeit sehr. Phasenweise wohnte ich auch bei ihr, eventuell Vorboten einer festeren Beziehung? Ein paarmal schliefen wir auch zusammen und es war sehr bezaubernd, aber den Höhepunkt, wie in der Ludwigsburger Zeit, konnte ich nicht mehr erreichen. Ich fing auch wieder langsam an, mich für Damensachen zu interessieren, was ihr nicht verborgen blieb. Da ich sehr behutsam vorging, schien es ihr nicht zu stören und belächelte dies eher. Auch meine Vorliebe für einen schönen weiblichen Fuß erhielt etwas Vortrieb. Zufällig hatte sie schöne Füße und sie ließ mich damit spielen. Ich bin grundsätzlich ein Fußliebhaber, das rührt aus einer frühkindlichen Erfahrung heraus.

Helene, so hieß meine Freundin. Viele Monate folgten von einem harmonischen Miteinander mit ihr. Eigentlich ging ich schon fast von einer festeren Partnerschaft aus, was sich aber später als Trugschluss herausstellen sollte. Irgendwann war der Wurm drin, wie man so sagt. Ob es um einen anderen Mann ging oder sie kalte Füße bekommen hat und ihr der Kragen zu eng wurde, weil sie ja schon mal verheiratet war, habe ich nie richtig herausbekommen. Die Freundschaft ging dann nach einer Auseinandersetzung leider zu Bruch. Nach diesem Intermezzo ließ ich erst mal von der Frauenwelt ab und genoss mal die Zeit für mich.

Ich wohnte inzwischen in Unterammergau in einem kleinen Apartment, ich verlebte viereinhalb Jahre dort. Ich genoss meinen persönlichen Freiraum und frönte meinen Hobbys, wie Wandern, Schwimmen, Saunieren, Zeichnen und Basteln. Ich machte es mir gemütlich in meinen vier Wänden, pflegte meine anderen sozialen Kontakte und lernte sogar das Reiten. Diese Kenntnisse sollten mir mal in einem Urlaub in Ungarn zum Vorteil gereichen, aber das ist eine gänzlich andere Geschichte. In der Mitte der unterammergauer Zeit lernte ich in der Firma, wo wir Beide beschäftigt waren, eine junge Frau kennen und pflegte mit ihr anfangs eine eher platonische Freundschaft. Ich wollte fürs erste keine feste Bindung. Ich war ja noch etwas vorgeschädigt aus der letzten vermeintlichen Partnerschaft, aber wie so oft kommt es dann doch wieder anders und eines Abends schliefen wir miteinander. Ein paar Tage darauf beichtete sie mir, dass sie bereits von einer anderen Affäre schwanger sei. Grundsätzlich sehr ehrlich, ab diesen Zeitpunkt war dann aber Sendepause. Sie trug ihr Kind aus und gab es zur Adoption frei. Es entwickelte sich später dann mit ihr eine lose Freundschaft ohne sexuellen oder tieferen Hintergrund. Sie wollte dies zwar, aber ich hatte keine Lust mehr darauf. Irgendwann verlief das Ganze im Sande.

Es begann eine weitere Zeit ohne feste Partnerin und meine innere Weiblichkeit witterte die Chance zum auftauchen und ich ließ sie gewähren. Ich kaufte mir Damenstrümpfe und passende Damen Mokassins dazu und für zu Hause Damen Hauschuhe, so fing es langsam wieder an. Es ging aber nur bis zu einem gewissen Stadium, für weitere Maßnahmen fehlte mir noch der Mut. Nur in meiner Wohnung trug ich gelegentlich Damenkleidung und ein Damen Nachthemd. In meiner sexuellen Fantasie mahlte ich mir oft aus, wie es wäre, wenn ich eine biologische Frau wäre und von einem Mann genommen werde.

„Wenn ich meine innere „Frau" aus mir herausziehe, wie ein Messer aus der Wunde, würde ich unweigerlich daran verbluten und sterben."

Zu dem Zeitpunkt ahnte ich noch nicht, in welche Nöte ich noch geraten sollte. In der unterammergauer Zeit traten auch vermehrt wieder meine Selbstverliebtheit und auch eine gewisse Art von Autoerotismus auf. Ich übte mich in stundenlangen Streicheleien an mir und genoss es - ich sog es regelrecht auf. Das beruhigt mein Gemüt und gibt mir inneren Halt. Besonders dabei kommen meine Beine und Füße hier in dem Fokus, aber auch meine Brust ist bei diesen Zärtlichkeiten mit dabei. Ob das jetzt gut oder schlecht ist, wenn ein Mensch so ist, kann ich nicht sagen, ich finde nichts Anstößiges oder Schlechtes dabei. Letztlich ist es mein Privatleben und es geht niemanden etwas an. Sicher bin ich nicht die einzige Person auf dieser Welt, wie ich mir gut vorstellen kann. Viele würden so etwas aus Scham nie zugeben. Schade, dass man sich immer so verstecken und falschspielen muss. Ich möchte, so gut es geht, meine Gefühle ausleben. Nach meiner Meinung hat jeder Mensch ein Recht darauf, so lange es keinem verletzt.

Meisterstudium in München

Ende 1988 begann ich noch von Unterammergau meine Planung für das Meisterstudium in München. Ich dachte, bevor ich zu alt für einen beruflichen Bildungsschub bin und weil ich meine berufliche Laufbahn sowie die Verdienstmöglichkeiten eh festigen wollte, entschloss ich mich für den Bildungsweg des Meisterstudiums. Damit rechnete ich mir die besten Chancen am Arbeitsmarkt aus. Allerdings hieß das, wieder einmal alle Zelte abzubrechen und sich in einem neuen Umfeld etablieren. Aber das ist ja für mich mittlerweile nichts Neues. Ich bin anscheinend doch ein unruhiger Geist. Nach dem ich derzeit keine feste Lebenspartnerin hatte, bot sich die Gelegenheit auch aus der Situation heraus, denn ich wusste aus Erzählungen, dass eine Fortbildung mit Partner/Familie eben schwerer ist. Für die erste Planung sah ich vor, in mein altes Jugendzimmer bei meiner Mutter zu ziehen und von dort aus täglich nach München zu pendeln. Leider erwies sich der Einzug bei meiner Mutter als schwierig, da keiner den anderen mehr gewohnt war. Es kam vermehrt zu Streitereien, was mich bewog, in München eine Studentenbude zu suchen. In recht kurzer Zeit fand ich eine schnucklige Bude, die für die Zeit des Studiums vollkommen ausreichend und auch von den Kosten für Münchner Verhältnisse noch recht günstig war. Somit war die Lage zu Hause entschärft. Fortan fuhr ich dann nur noch sporadisch nach Peiting. Die Kollegialität in der Schule war recht gut, wir hatten trotz des strengen Lehrplanes viel Spaß zusammen.

Die Anforderungen waren nicht von schlechten Eltern, wie man so sagt. Eine Lehrkraft hat mal gesagt: „wir müssen euch so hart rannehmen, schließlich wollt ihr mal in leitender Position erscheinen oder eine eigene Firma gründen!". Da hat er wohl recht. Der Erfolg der Schule war recht gut, leider nicht so in der Damenwelt. Außer ein paar oberflächlichen und kurzatmigen Bekanntschaften ergab sich nicht sehr viel.

Ich spürte einen inneren Zwiespalt, der immer mal stärker und schwächer wurde. In meinen Tiefen tobte ein innerer Kampf ums Männliche und Weibliche. Meist suchte ich als Ausgleich die Selbstbefriedigung und übte mich in narzisstischen Verhalten. Ich war in einer Phase, wo ich nicht recht wusste, wohin mit mir. München bot mir die Gelegenheit, die weibliche Seite etwas mehr auszuleben. Hin und wieder zog ich durch die Fußgängerzone und schaute mir in den vielen Schaufenstern Damensachen an. Damals hatte ich schon einen Blick für Damenschuhe mit höheren Absätzen und fantasierte so vor mich hin, mal damit herumzulaufen. Auch die feinen Blusen, das zarte Gewand der Damenwelt faszinierte mich. Gelegentlich erwischte ich mich beim Kaufen von seiden feinen Damenkniestrümpfen, die ich dann auch heimlich trug. Gelegentlich benutze ich sie auch als Fetisch bei der Selbstbefriedigung und stellte mich als „Frau" vor. Im Tagesgeschäft des Studiums ging die Weiblichkeit aber meist unter. Die Zeit für Mehr schien noch nicht reif.

Heimatzeit mit Fernweh

Nach erfolgreichem Abschluss des Meisterstudiums ging es zurück nach Peiting, in meinem Heimatort und fand auch dort eine neue Anstellung in einer Firma, die Spezialspülmaschinen für Krankenhäuser herstellt. Ich wurde dort als Elektrotechniker und SPS-Anlagenprogrammierer eingestellt. Die Firma war bundesweit und im angrenzenden europäischen Ausland tätig. Das gab mir die Chance, wieder etwas Fernweh zu schnuppern, denn gelegentlich ging ich mit einem Kollegen auf Montage. Ein geiler Job, möchte ich hier mal kurz erwähnen. Wir hatten einen Reparaturauftrag für das Großklinikum Aachen erhalten. Thomas „Deutschland" - so nannten ihn die anderen Arbeitskollegen, weil er so viel in Deutschland auf Montage unterwegs war - nahm mich mit, weil es um die SPS-Programmsteuerung von zwei Taktspülstraßen ging. Ich war der Programmierer und Elektroniker und er der Mechaniker. Gemeinsam mussten wir mehrere knifflige Probleme lösen. Er sagt noch zu mir, bei der Anreise ich soll nicht erschrecken, wenn ich das Klinikum zum ersten Mal sehe. Das Ding sieht aus, wie eine Chemiefabrik oder Raffinerie, aber nicht wie ein Klinikum. Furchteinflößend, sag ich da nur. Abends gingen wir mal etwas aus. Thomas wollte mich nach dem Abendessen ins Rotlichtviertel schleppen. Betreten stand ich da, denn ich konnte nicht so recht etwas damit anfangen. Da war es wieder, das Zwiespältigkeitsgefühl und die Versagensängste. Ich wiegelte das Ganze damit ab, dass wir morgen einen strengen Arbeitstag vorhaben. Meine Begeisterung für solche Etablissements war sowieso nie besonders ausgeprägt. Meine innere „*Frau*" sagte „Nein" und - gepaart mit der Angst, dass es nicht klappen würde mit dem Sex - ließ mich von solchen Exkursen immer abhalten. Außerdem weiß man ja nie so recht, auf was man sich da einlässt und wer da vorher dran war. Vielleicht kommt auch meine Ablehnung daher, dass ich innerlich zu sehr „*Frau*" bin und dies für mich zu sehr kontroverse ist. Untermauert vom heutigen Kenntnisstand tippe ich darauf, dass dies der Grund für die Ablehnung solcher Erotikschuppen ist. Sicher sind mir dadurch gewisse Erfahrungswert nicht zu teil geworden, aber wer weiß, was ich mir für Unannehmlichkeiten damit erspart habe. Für mich hebt sich das auf und ich lass es mal so stehen.

Neue Wohnung / Weibergeschichten

Nach der Meisterausbildung und dem beruflichen Wiedereinstieg fing ich an, mir eine Wohnung zu suchen, denn zu Hause bei meiner Mutter konnte und wollte ich nicht bleiben. Über einen Bekannten wurde ich fündig. Eine nette, kleine Zweizimmerwohnung im Dachgeschoss, inklusive kleiner Küchenzeile. Ich richtete mir die Wohnung gemütlich ein und freute mich über meine neu gewonnene Unabhängigkeit. Ich lebte mich relativ rasch ein und begann mir Gedanken über meine private Zukunft zu machen. Hin- und hergerissen zwischen Mann und Frau keimte doch immer wieder der Wunsch nach einer Partnerin bzw. Freundin auf. Durch Zufall lernte ich eine junge Frau aus Peiting kennen. Schnell funkte es zwischen uns. Wir machten gelegentlich Unternehmungen miteinander und verbrachten ein bisschen Freizeit miteinander. Als Highlight kann man unsere gemeinsame Backaktion in meiner Wohnung kurz vor Weihnachten bezeichnen. Es hat richtig Spaß gemacht! Am Abend saßen wir noch zusammen und schmusten miteinander. Außer zarter Berührungen und anfänglichen Versuchen, mehr daraus entstehen zu lassen, passierte nichts. Irgendwo war eine Sperre, genau erklären kann ich es nicht. Sie war auch vom Wesen und Erscheinungsbild her eher bübisch. Nun, das war wohl der Familie geschuldet, denn von ihrem Vater wurde sie eher so erzogen. Er führte in strenger Manier seine eigene Schreinerei, wo sie auch fest mit eingespannt war. Die späteren Treffs waren dann etwas weniger intensiv. Bei einem ausgemachten Treffen kam ich leider zu spät, das nahm sie mir so übel, dass der Kontakt abrupt endete. Auch eine Entschuldigung änderte daran dann auch nichts mehr. Schade eigentlich, wo ich mir doch schon wieder Hoffnung gemacht habe. Aber wer weiß, denn die Familie war etwas einfach und einfältig gestrickt, da wäre ich als bunter Vogel bestimmt eh bald ausgeflogen.

Etwas später versuchte ich mich über eine Partneragentur Freundschaften zu Frauen entstehen zu lassen. Aber auch diese Unternehmungen brachten keinen wesentlichen Erfolg, so nach dem Motto „Außer Spesen nichts gewesen". Nun, ganz so war es dann doch nicht, eine interessante Begegnung war schon dabei. Mit ihr verlebte ich auch eine turbulente Zeit. Zu einem tiefergreifenden sexuellen Erlebnis kam es aber ebenfalls nicht. Manchmal keimte auch der Verdacht auf, dass sie als Lockvogel der Partneragentur fungierte, bestätigt hat sich der Verdacht aber nicht. Nun, die Beziehung löste sich nach ca. drei oder vier Monaten auf, so genau kann ich das heute nicht mehr sagen. Ich verbuchte es einfach mal als Erfahrungserlebnis mit phasenweise schönen Erlebnissen. Nach ihr hatte ich dann nochmal eine kleine Romanze über die Agentur, aber auch hier war die Halbwertszeit sehr kurz. Nach diesen Intermezzi besann ich mich auf meinen Narzissmus und blieb vorerst für mich allein. Es war ein kleiner Auftakt für meine weiblichen Züge, ich kaufte mir ein paar Damensachen und lebte sie außerhalb von Peiting aus und genoss es förmlich. Ich schmiedete ernsthafte Pläne, ins Ausland zu gehen. Nach einigen Recherchen fokussierte ich mich auf Mauritius. Ich besorgte mir Informationen und fing an, finanzielle Mittel anzulegen. Beinahe hätte ich ein Angebot angenommen, als Entwicklungshelfer nach Afrika zu gehen. Keine Ahnung, was dann aus mir geworden wäre. Nun, es ist halt - wie so oft im Leben - wieder mal alles ganz anders gekommen, aber dazu mehr im nächsten Kapitel.

Partner, Ehe und Familie

Durch einen Stellenwechsel, der mich nach Weilheim führte, lernte ich nach geraumer Zeit über eine Arbeitskollegin meine zukünftige Frau kennen. Die Anfangsphase war, wie üblich, durch die rosarote Brille verschleiert, nun so ist es halt und durchaus in Ordnung. Nach dem sie in München arbeitete bei der HypoVereinsbank und ich in Weilheim, beschlossen wir irgendwann, dass ich zu ihr nach Weilheim zog. Es kamen viele harmonische und schöne Monate. Von meiner inneren *„Frau"* spürte ich kaum noch etwas. Ich denke, es war auch einfach der Wunsch, einen festen Partner zu haben, vor allem nach dem Fiasko der letzten Jahre mit dem anderen Geschlecht. Manchmal überkommt mich das Gefühl, dass ich etwas haben wollte, das über meinen Tod hinaus lebt und diese Erfüllung mündet in den eigenen leiblichen Nachkommen.

Irgendwann kam es zu einem Zwischenfall, an dem ich mich noch bildhaft erinnern kann. Wir hatten einen Disput und jeder fuhr danach mit seinem Auto an einer Kreuzung in die andere Richtung. Es keimte der Gedanke auf, die Beziehung zu beenden. Das ist wieder so ein Moment, wo man sich denkt, warum tut man das Gegenteil, obwohl man merkt, dass es falsch ist. Die Aussage habe ich schon mal in meinem Buch beschrieben, passt aber genau hierher. Aus heutiger Sicht wäre es sicher besser gewesen, tatsächlich das Handtuch zu werfen. Denn es sollte sich immer wieder herausstellen, dass wir nicht gerade ideal zusammenpassten. Nun, irgendwie hat es sich wieder eingerenkt und die Beziehung ging weiter, sogar weit über 25 Jahre, wie man heute feststellen kann. Nach ein paar Monaten kam es dann zur Verlobung mit einer kleinen Feier bei den Schwiegereltern in Spe. Kurz danach sind wir dann mit der ganzen Familie von ihr in Urlaub nach Ungarn gefahren. Von nun lief es recht gut und zufriedenstellend. Nach dem das kleine Startup Unternehmen in Weilheim finanzielle Probleme hatte, wurde ich und ein weiterer Kollege entlassen. Ich machte mich mit meiner kleinen Firma für Kommunikation „AV-Technik" selbstständig. Leider bin ich nicht der geborene Unternehmer und die Umsätze und Auftragslage blieben hinter den Erwartungen zurück. So hing ich buchstäblich am Tropf meiner Verlobten, was mir nicht besonders gefiel. Es gab aber trotzdem wenige Probleme deswegen, sie hielt zu mir. Die gegenseitige Verlässlichkeit hielt sich auch während der vielen Ehejahre. Im Sexualleben profitierte ich noch aus den Erfahrungen meiner Ludwigsburger Zeit, so klappte es meist recht gut. Jedoch hatte ich durch sie des Öfteren eine bedrängte Situation und sie war leider sehr grobmotorisch und wenig einfühlsam, was sich in späteren Ehejahren immer mehr zum Problem entwickeln wird. Auch der Wunsch nach Sex und die Häufigkeit differierten immer mehr. Meine immer schon schlechte Potenz wurde mit den Jahren immer weniger, was die Lage im Sexualleben unangenehmer werden ließ. Nun, wie sage ich da meist, „für ein bisschen Spaß und zwei Kinder hat es gerade so gereicht". Der große Einbruch kam mit der Entscheidung ob wir noch weitere Kinder haben wollen. Wir entschlossen uns, es bei zwei Kindern zu belassen. Da kam dann die Frage auf, wer sich sterilisieren lassen will. Ich sagte, wenn ich das bei mir machen lasse, ist es ganz vorbei mit der Potenz und dem Sex, so meine Befürchtung. Wir beschlossen einhellig, dass sie den Eingriff machen ließ. Sie sagte dann einmal, seit dem Eingriff ist der Ofen endgültig aus und damit hatte sie auch Recht behalten. Für mich war es genug und ich wollte auch nicht mehr, egal mit welcher Frau. Ich merkte auch den inneren Drang meiner eigenen Weiblichkeit langsam, aber sicher wieder aufkeimen.

Der Prozess meiner Verweiblichung nahm seinen unaufhörlichen Lauf. Was das Ganze noch hemmte, war die Familienverantwortung und der gesellschaftliche Druck, so zu sein, wie es sich gehört. Der Tag wird kommen, dass auch ein tausend Tonnen schwerer Deckel die Explosion nicht verhindern kann. Mehr darüber in den nächsten Kapiteln.

Kindererziehungs- und Familienzeit

Unser erster Sohn wurde am 2. Mai. 1994 um 3:42 Uhr im Weilheimer Krankenhaus geboren. Zwei Ereignisse werde ich sicher nie vergessen, das gilt für beide Kinder. Zum einem die Zeugung und zum anderen die Geburt, bei der ich im vollen Umfang mit dabei war. Besonders prägnant war der Moment, wo mir der Arzt die OP-Schere gab und ich die Nabelschnur durchtrenne durfte. Als Mann steht leider meist hilflos und ratlos umher, man ist verwirrt. Wenn ich das Rad der Zeit nochmal zurückdrehen könnte, würde ich meinen Sohn sofort nach der Geburt in den Arm nehmen. Leider kannte ich mich ja mit dem ganzen Prozedere nicht aus. Da lag das kleine Würmchen ganz allein auf dem Tisch und wurde etwas später von der Hebamme gesäubert und - aus meiner heutigen Sicht nach zu langer Zeit - erst den Eltern zurückgegeben. Gerade die ersten Momente sind entscheidend für das Leben. Vielleicht ist er deshalb heute etwas verschlossener und zurückhaltender Mensch. Ich kann es nicht mehr ändern. Auch bei der zweiten Geburt war ich mit dabei. Leider war ich bei dieser Geburt nicht so standhaft wie bei der ersten und hatte einen schwachen Moment und mir stand das Wasser in den Augen. Ich war zu keiner Handlung fähig. Ich muss irgendetwas im Affekt gesagt haben, dass angeblich meine Frau zutiefst verletzt hat. Leider hat sie es mir nie mitgeteilt und für sich behalten. Später Ende 2011 wird sie mir das vorwerfen. Da sind wir wieder mal bei einem grundsätzlichen Problem unserer Partnerschaft. Reden über intime und persönliche Dinge fallen meiner Frau sehr schwer und das gibt mir kaum eine Chance, mich zu wehren, um etwas wieder gut zu machen. Dies führte dann leider unweigerlich zu ernsten Trennungsäußerungen meiner Frau. Vielleicht wäre es besser gewesen, dem stattzugeben, aber hinterher ist man immer gescheiter. Denn in nicht allzu ferner Zukunft wird es dann tatsächlich zur Trennung kommen, aber lesen Sie gespannt weiter und erfahren Sie mehr!

Die Kindererziehungszeit war für mich ein wunderbares Erlebnis. Ich nahm meine Vaterrolle sehr ernst und füllte sie auch gerne aus. In Sachen Erziehung zogen wir als Eheleute in die gleiche Richtung. Auch sie kümmerte sich sehr um die Beiden. Ich denke, unser Einklang in der Erziehung ermöglichte eine gute Entwicklung unserer Kinder. Später wird sich zweifelsfrei erweisen, dass aus ihnen ordentliche Menschen geworden sind, die mit beiden Beinen fest im Leben stehen und zielstrebig an ihrer Zukunft bauen.

Im späteren Verlauf fiel auch meinen Kindern auf, dass ich gelegentlich weibliche Kleidung, Schuhe oder andere Accessoires trug. Das führt unweigerlich immer wieder zu Schwierigkeiten, das sich später noch verstärken wird. Dieses Thema werde ich etwas später noch genauer beschreiben.

Sicher die Kinder wollen natürlich einen Vater und keine zweite Mutter. Das verstehe ich voll und ganz. In den kommenden Jahren wird es immer wieder zu bewegenden Momenten kommen. Später werde ich die Erkenntnis erlangen, dass es für meine Familie leider sehr schwer ist, mir wenigstens etwas Anerkennung zuzugestehen. Das ständige dagegentreten wird dann immer wieder zu depressiven Stimmungen führen und zeitweise sehr massiv ausfallen, die dann sogar Klinikaufenthalte nötig machten. Aber all dieser Schmerz auf beiden Seiten wird wenig helfen, die Entwicklung ist nicht mehr aufzuhalten und hat eine gewisse Eigendynamik erfahren. Klar, mich beschäftigt das Thema schon länger, jedoch gibt es auch für mich immer wieder Neuerungen und Vorstöße. Meine innere Triebkraft arbeitet unaufhörlich an der Weiterentwicklung meiner Wandlung. Ich kann und will es gar nicht stoppen. Es ist meine Bestimmung. In wie weit sich meine Gefolgschaft an meinen geänderten Umstand gewöhnen wird, ist fraglich. Es gibt Tendenzen, die eine Annäherung versprechen. Leider gab es in verschieden Lebensabschnitten hoffnungslose Phasen, die teilweise zum Abbrüchen der Beziehungen zu meiner Familie führten. In neuzeitlichen Abschnitten kommt es glücklicherweise zu zögerlichen Annäherungen, wobei sich die Verbindung zu meinen Söhnen gedreht hat. Der jüngere hat jetzt mehr Probleme mit mir, als der ältere Sohn. Nun, auch sie durchlaufen Lebensphasen und sammeln ihre Erfahrungen. Die Zeit wird auch hier einige Wunden heilen. Zu Gesprächen zum Thema Transgender kommt es leider nicht, für sie ist das Thema einfach unfassbar.

Impressionen und Erfahrungen

Zu einem anderen Kapitel: Im Zug herrscht meist Totengräberstimmung, jeder stirbt für sich allein, so mein Eindruck. Gemeinsam einsam. Nun, da lasse ich mich nicht anstecken und gehe meinen Weg und wage doch immer wieder eine Kontaktaufnahme - hin und wieder klappt das auch. Gelegentlich kommen sogar interessante Gespräche dabei zustande. Also nicht miesmachen lassen. Man ist auch als Transgender nicht unbedingt immer allein, wie man oft meint, es ist halt eben anders. Hier muss man auch die Betrachtungsweise des Gegenübers in Erwägung ziehen. Wie wirke ich denn auf die anderen, lasst das mal auf der Zunge zergehen und macht euch Gedanken darüber.

Man könnte es auch als eine selbstkritische Auseinandersetzung sehen.

„Eines der größten Geschenke, das uns transsexuellen Menschen machen, ist, dass sie uns helfen zu erkennen, dass Geschlechter nicht streng binär sein müssen. "

Im Zug habe ich gelegentlich die Fantasie, in eine andere Zeit zu fahren mit unbestimmtem Ziel, besonders in den alten Waggons der Line ALEX auf der Strecke München-Lindau. Hier strahlt noch etwas Bahnnostalgie. Ich nutzte diese Aura oft zum schreiben meiner Autobiografie. Da laufen die Finger fast von allein über die Tastatur und schreiben mein Leben nieder.

„Wir sind alle Kinder des Universums! Wir sollten uns gegenseitig lieben, unterstützen und annehmen, so wie wir sind, denn nur gemeinsam sind wir stark. Gemeinsam werden wir der Welt zeigen, dass Liebe stärker ist als Hass. Liebe überwindet alle Grenzen."

Meine Gefühle und Fantasien wandern oft durch Raum und Zeit und versuche ein Bild meiner Zukunft zu erstellen. Ob dieser Eindruck Wirklichkeit wird, ist spekulativ. An der Realisierung aus Traum und Fantasie sollte man nicht unbedingt festhalten. Besser ist es, den Traum zu belassen und die Realität bewusst im Hier und Jetzt zu gestalten.

„Lass die Leute Leute sein, es geht um deine Gefühle, lebe sie!"

Was macht einen Menschen aus, zu was ist er für welche Konditionen bereit. Sind es hauptsächlich die Charakterzüge, die mentale Stärke, das Risikoverhalten oder sein Verhalten in verschiedenen Lebenslagen? Nun, ich denke, es ist ein Sammelsurium aus allen Bereichen, gepaart mit seiner persönlichen Lebenserfahrung. Nicht zu vergessen, seine Leidenschaft, seinen Erfahrungsschatz zu bereichern.

Selbsterkenntnis

Die Selbsterkenntnis und die Unfähigkeit zur Änderung.
„Man spürt, dass es falsch ist und trotzdem macht man es, warum?"

Dafür gibt es sicher vielschichtige Beweggründe, ist wohl eine menschliche Eigenschaft. An zwei gravierende Ereignisse und Entscheidungen kann ich mich noch sehr gut erinnern, obwohl ich sie oft verdrängt habe. Ich habe zu lange meine wahren Gefühle unterdrückt und nicht gelebt, insbesondere mein Wunsch und Bestimmung, weiblich zu sein. Zweitens wäre es besser gewesen, meine biologische Frau damals nicht zu heiraten. Ich war einfach nicht hundertprozentig bei ihr, denn da schlummerte ja noch meine innere *„Frau"* in mir, aber davon spürte ich damals sehr wenig. Ich denke, es war einfach der Wunsch, einen Partner zu haben und eine Familie zu gründen. Wie ehrlich oder unehrlich die Entscheidung war, kann man streiten – nun, ich bin auch nur ein Mensch. Grobfahrlässigkeit möchte ich mir aber nicht nachsagen lassen und war es auch nicht. Die Quittung kommt irgendwann unweigerlich und muss beglichen werden. Vielleicht sollte man sich auf gar nichts einlassen, zumindest würde man so niemand verletzten, aber das Leben wäre dann eben langweiliger. Es reift im Laufe seines Lebens die Erkenntnis, dass man einfach nie alles richtig machen kann und immer mal in ein Schlagloch fährt. Teilweise wird man oft unmerklich kollektiv geführt und beeinflusst, dem kann man sich auch wohl kaum entziehen da muss man schon sehr extra Leben und einen besonderen Charakter haben. Meine beiden Söhne habe ich nie verleugnet oder bereut, ich bin sehr stolz auf Sie. Gerade seine eigenen Nachkommen geben einem in der Regel eine Bestätigung für sein eigenes Dasein und dem Leben auf dieser Welt. Ich finde, dass dies durch nichts zu ersetzten ist. Leider ist nicht jeder mit einem leiblichen Nachkommen gesegnet und viele schätzen dies auch nicht. Das liegt an vielerlei Dingen und Lebensumständen, die nicht immer beeinflussbar sind. Mehr möchte ich zu diesem Thema hier nicht äußern.

Selbstverletzung

Leider kam es während meines Lebens immer wieder zu
Selbstverletzungen an unterschiedlichen Körperstellen.
Aus emotionalen Gründen und zum Schutze meiner selbst,
möchte ich hier nicht zu sehr ins Detail gehen. Da es aber
doch ein wesentlicher Bestandteil meiner Psyche ist, werde
ich ein paar Zeilen dazu schreiben. In der Selbstverletzung
stecken viele Ängste und Nöte, die ein Mensch zu verarbeiten hat. Zum Glück hatte ich immer so viel Vernunft
in mir, um mir keine bleibenden körperlichen Schäden zu-
zufügen. Jedoch war ich oft nur wenige Millimeter davon
entfernt. Stand Heute wende ich solche Praktiken kaum
noch an und wenn, dann nur noch sehr abgemildert oder
eher symbolisch. Von diesem Gedankengut bin ich weitgehend befreit, ich hoffe, dass es so bleibt. Später wird sich
das so beweisen. Hintergrund solcher Taten waren meist
unverarbeitete Konflikte auch aus den Kindertagen sowie
Jugendzeit. Hin- und wieder kam es auch zu Übergriffen
auf meine Genitalien, das rührt daher, weil ich mich nie so
recht mit meinem männlichen Geschlecht anfreunden
konnte. Ich wollte einfach nur „Frau" sein, aber das ging
eben nicht so einfach. Schön ist das alles nicht, aber ich
denke, dass es manchmal wie ein Überdruckventil gewirkt
hat und so eventuell Schlimmeres verhindert hat. Dies hat
mir sogar später einmal eine Psychiaterin bestätigt. Sie
sagte damals, lieber mal ein paar Schmerzen und blaue
Flecken, als das Leben zu verlieren. Ich glaube, sie hat ins
Schwarze getroffen.

Crossdressing und Rollenklischees

Das Rollenklischee ist der größte Hinderungsgrund, sich frei zu entfalten. Beide Geschlechter haben Wesenszüge des anderen Geschlechtes, nur tun sich Männer schwer, dies zuzugeben und auszuleben.

Aus psychologischer Forschung weiß man, dass der Unterschied zwischen Mann und Frau wesentlich kleiner ist, als die Unterschiede der Menschen im gleichen Geschlecht.

„Von einem Mann wird Stärke erwartet. Warum darf ein Mann nicht auch mal schwach sein, ohne das Gesicht zu verlieren?"

Kaum mach ich etwas, was außerhalb der Norm lag, so wird sofort versucht, eine passende Schublade zu finden. Dieser Schubladensammlung aus Normen und Anschauungen kam mir vor, wie ein Niemandsland. In den Schubladen fanden nämlich keine Berührungen mehr statt. Sie waren isoliert, fein säuberlich voneinander getrennt. Befand man sich nicht in einer solchen Zone, bestand die Gefahr, durchs Raster zu fallen. Nur weil ich Damenkleidung trug und versuchte, offen dazu zu stehen.

Meine Frau und Kinder waren nicht gerade begeistert, als sie merkten, dass ich vermehrt Damenkleidung und Schuhe mit hohen Absätzen trug. Aus heutiger Sicht kann ich das - nach der so genannten Außenwirkung, die man gerne vergisst und unterschätzt - besser verstehen. Es musste für sie befremdlich gewirkt haben. Es fand leider kein oder zu wenig Dialog über dieses Thema statt, dass das Verständnis fördern hätte können. Wobei ich bemerken muss, dass mein jüngerer Sohn noch den besten Zugang zu mir hat und mit mir gelegentlich darüber sprach.

Und immer wieder kreisten meine Gedanken dabei um die Frage: Warum dürfen sich Frauen wie Männer kleiden, Männer aber nicht wie Frauen? Wäre der Mann dann weniger Mann? Warum macht man so viel an Äußerlichkeiten fest? Nun, es ist halt sehr einfach und wirkungsvoll.

Meist heißt es, dass sich die Frauen mehr befreien sollen. Aber was ist mit dem anderen Geschlecht? Sollen sich doch einfach alle befreien und leben, wie sie sind! Ich muss meiner Zeit voraus sein, was mir mal meine Hausärztin bestätigt hat.

Wissenschaftlich erwiesen ist, dass eine solche innere „Frau" in jedem Mann existiert. Je nach Verdrängungsgrad bzw. Akzeptanz nehmen die Männer sie mehr oder weniger wahr. Ich denke, die meisten verdrängen es, sie haben womöglich Angst davor, man könnte ja sein Gesicht verlieren. Schade eigentlich, ich finde nichts Schlimmes daran. Ich möchte hier noch was anmerken. Verschiedene Leute fragen mich immer wieder mal, ob ich je als Mann Tendenzen zum gleichen Geschlecht hatte. Dies beantwortete ich zweifelsfrei für mich immer als nichtzutreffend „Nein".

Warum mach ich das? Ich will meine weibliche Seite kennenlernen. Außerdem reizt es mich, mehr über das spannende Gefühl an weiblichen Sinnen herauszufinden. Es muss damit zu tun haben, endlich kein Mann sein zu müssen.

Ich finde die weibliche Kleidung praktisch und wunderbar, es gibt einfach mehr Auswahl. Ich kann nicht verstehen, dass Männer keine weiblichen Sachen tragen sollen. Das gefällt nicht allen Frauen, aber was ist daran so anstößig? Ich finde, dass man beide Kleidungsarten durchaus sinnvoll und stielvoll mischen kann. Mehr Mut zum Experiment!

Da fällt mir spontan ein kleiner Zeitungsartikel ein. In einem südamerikanischen Land wurde männlichen Werktätigen verboten, im Sommer kurze Hosen zu tragen, aber Röcke waren erlaubt. Der Mann entschloss sich kurzerhand und zog fortan einen Rock in der Arbeit an. Die Unternehmensleitung war machtlos und ließ ihn gewähren. „Cool", würde man heute sagen.

Eine Geschlechtsumwandlung? Darüber muss ich mir noch extra Gedanken machen, aber das liegt noch in weiter Ferne. Ich schwebe gerne zwischen den Welten und lebe gerne beide Seiten meiner Persönlichkeit aus. Ich sehe darin keinen Widerspruch. Ich fühle mich als Mann nicht falsch. Es ist die Männerrolle, die mich nervt.

„Zehn Zentimeter Absatz, „kannst du mit so was laufen?", das fragen mich oft viele Leute und meine Antwort ist: Ja, es ist ein himmlisches Gefühl"

Ich habe zwei Paar High Heels und kann damit wunderbar laufen. Ich muss ein Naturtalent darin sein. Ich habe nie dafür geübt, sondern bin einfach damit losgelaufen. Begonnen hat dies folgendermaßen: Aus Neugier habe ich mir mal ein Paar High Heels bestellt, erst mal zur Ansicht und dachte, mit den Dingern kannst du eh nicht laufen. Beim Auspacken überkam mich ein solches Glücksgefühl und innere Spannung, dass ich es einfach mal versuchen musste, mit den Schuhen zu laufen. Zu dem Zweck fuhr ich an einen ruhigen einsamen Ort, wo ich ungestört einen Versuch wagen konnte. Zu meinem Erstaunen passten mir die Schuhe ausgezeichnet und nach ein paar Metern stellte ich fest, es klappt wunderbar. Seitdem trage ich diese Schuhe immer öfter und bekam gute Übung darin, auch auf unebenes und sonstiges Terrain. In der Folgezeit kaufte ich mir mehrere verschiedene Damenschuhe mit unterschiedlich hohen Absätzen. Langsam, aber unaufhörlich gewann meine innere *„Frau"* immer mehr an Fahrt.

„Ich begann zu ahnen, dass dies der Anfang einer großen Rebellion war."

Ich lebe die *„Frau"* in mir aus. Die meisten Männer tun das heimlich und verstohlen, oder gar nicht. Immerhin gibt es ca. 1,8 Millionen Crossdresser (tragen gegengeschlechtlicher Kleidung) in Deutschland und da sind bestimmt viele dabei, die den Drang zum Transfer verspüren.

Ich will das Weibliche erforschen, das weibische in mir. Vielleicht werde ich das mehr mögen, als ich es mir jetzt vorstellen kann. Es entstand eine regelrechte Sehnsucht danach.

Meine weibliche Seite verbiet nicht die Liebe und Zuneigung zu meinem Lebenspartner. Ich sehe das eher als Bereicherung einer Partnerschaft. Es geht nicht darum, jemanden zu ersetzen, sondern zu ergänzen. Aber dafür muss der Partner natürlich bereit sein und das ist in meinem Fall leider nicht so. Ganz im Gegenteil, sie sieht es als Frontalangriff auf ihr einfältiges Weltbild und Ehe.

Obwohl wir so sehr unsere hoch entwickelte Kultur betonen und welche Freiheit wir heutzutage erreicht haben, die Starrheit unserer gesellschaftlichen Rollenerwartungen steht dazu aber im Widerspruch. Es gibt aber Lokationen wie Kalifornien, wo man als Transgender (-innen) frei leben kann. Es gibt dort auch so genannte „Transgender-Free-Room-WC", da kann jeder einfach reingehen. Mal sehen, was die Zukunft bringt.

Was ich in dieser Zeit aus meiner weiblichen Perspektive sah, bestätigt meinen Überdruss nur noch mehr: Die Männer leben ihre Rolle wie ein altes Stammesritual, ohne frischen Wind aufzunehmen. Die Frauen hingegen hatten sich längst geöffnet und begonnen, sich von den auferlegten Begrenzungen zu befreien.

Das Fatale ist doch: Zum bestehenden Männerbild gehört der Glaube an die Unangreifbarkeit des eigenen Geschlechtes.

Wenn sich Männer ihr Bedürfnis nach einer Befreiung oder wenigstens Weiterentwicklung nur eingestehen würden, müssen viele zunächst erkennen und akzeptieren, dass sie ihre Männlichkeit auf eine unfreie, ferngelenkte Weise leben (falsche und veraltete Vorbilder). Fremdbestimmt, weil sie Männerklischees erfüllen, die nur auf Äußerlichkeiten basieren. Bereits das Eingeständnis, dass wir Männer in einem starren, längst überholten Rollenbild eingezwängt sind, würde dieses stark beschädigen. Es wäre ein Widerspruch zum männlichen Narzissmus. Es besagt: Männer zeigen keine Sensibilität, tragen keine Damenstrümpfe (in etwas früheren Jahrhundert taten sie es). Wollen so viele Menschen nichts Neues mehr erleben, weil sie Furcht davor haben, sie wollten lieber in der Normschiene bleiben. In diesem „genormt sein" ist das nicht schrecklich, dass ständig alles in Stein gemeißelt sein muss? Ich sage nein und breche mit der Norm!

Man hat mich oft gefragt, warum ich diesen Weg beschreite. Nun, ich folge meinem inneren Gefühl und Forscherdrang. Vielleicht habe ich es da etwas leichter, weil es mein Naturell ist, das sich in früher Kindheit so durch besondere Umstände entwickeln konnte.

Meine Ehefrau sagt: „Ich will aber einen Mann und kein schwaches Weibchen". Ich will aber so stark und schwach sein wie ich will, was für mich ein Bestandteil meiner Freiheit ist.

Während Frauen sich längst in den ursprünglich der Männerwelt vorbehaltenen Gefilden ausleben und Hosen anziehen, leben die Männer nur kärglich wenig von ihrer Weiblichkeit. Passt ja auch nicht zum üblichen Männerbildnis.

Auf kreative und kämpferische Weise haben die Frauen ein freieres weibliches Selbstbild von sich entfaltet und alte Vorgaben abgestoßen. Viele Männer verbinden mit solchen Übertretungen aber nicht Fortschritt, sondern einen schmerzhaften Verlust ihrer männlichen Identität. Dabei wäre es gerade in dieser von Überforderung und beruflichen Erfolgsdruck gefolgt von Burn-out geplagten Zeit so hilfreich, wenn das Männerbild noch viel mehr aufbrechen würde.

Leistungsverlust als Mangel und Schwäche. Man meint, gerade Mann müsse bis an Ende seiner Tage volle Leistung bringen, wie berufliche auch privat und sexuell. Man schadet sich nur selbst, was ich später leider am eigenen Leib verspüren werde. Das geht einfach nicht. Letztlich ist es eine natürliche Entwicklung, dass Leistung und Geschwindigkeit mit der Zeit abnehmen. Es ist besser, dies zu akzeptieren, als sich dagegen zu wehren, sonst wird es nur noch schlimmer.

„Loslassen ist leichter als Festhalten, trotzdem ist Loslassen schwerer!"

Unsere Imageidentifikationen manifestieren sich in unseren Kleidungsstücken. Daher kommt dann sicher auch der Spruch „Kleider machen Leute" - dann lieber Leute machen passende Kleidung.

Man möchte fast glauben, dass es Männern verboten sei, aufzufallen. Höchstens im Rahmen des Gruppenklischees, das eine Toleranzbreite von maximal zehn Prozent zulässt.

Jegliche Fantasie über sein Innenleben prallt bereits beim Anblick eines Mannes an seinem uniformierten und geringen Kleidungssortiment ab. Kleidet sich ein Mann zu farbenfroh und ohne jede Assoziation zur Leistung, so würde er an Ansehen verlieren (Anzugzwang). Fällt sein Outfit auch noch zu weich oder gar weiblich aus, so heißt es gleich, er ist Mitglied einer weiblich betonten Freizeitsportvereinigung. Dann gibt es noch das Thema: die Krise in der Lebensmitte. Hier kommt es zu vielen Kuriositäten, könnte man auch als Versuch eines Ausbruchs aus dem gesellschaftlichen Zwängen deuten. Oh Leute, was für ein Mist, befreit euch endlich!

Mein Bruder hat mal gefragt, ob ich schwul sei, weil ich einen Zehenring am rechten Fuß habe. Immer dieses Schubladendenken. Der Horizont mancher Leute reicht oft nur von den Kontaktlinsen bis zur Brille. Er hat mich in der

Vergangenheit auch oft als mädchenhaft bezeichnet. Wie recht er hat, ist ihm gar nicht bewusst!

Mir gefällt es eben, die weiblichen Accessoires und Kleidungstücke in unendlicher Variation auszuprobieren.

Aus meiner Sicht kommt es mir vor, als hätte ich mein Leben lang unter einem inneren Zwang gestanden, mich ständig gegenüber den Frauen beweisen zu müssen, was ich für ein Mann bin. Das ist oder war anstrengender, als meine Weiblichkeit auszuleben und das war auch nicht immer einfach, aber ich werde es schaffen, weiterzukommen.

Brannte das Feuer zwischen Mann und Frau wirklich nur durch die krampfhafte Aufrechterhaltung dieser Geschlechterrollen? Und warum können Männer und Frauen nicht entspannt miteinander umgehen, ohne viele Regeln aufzustellen, wie man sich zu verhalten hat? Was gab es da Gefährliches in Schach zu halten?

Ich fühle mich in meiner Damenkleidung nicht verkleidet, sondern normal - eben Alltagskleidung und keine Verkleidung. Meine lackierten Fingernägel finde ich einfach schön. Beim Lackieren kann ich mich wunderbar entspannen und genieße es sehr! Eine biologische Frau werde ich nie sein können, aber ich werde meine weibliche Seite ausleben und dazu stehen. Ich muss die männliche Seite deswegen nicht aufgeben und werde ich auch nicht!

Die Empathie bei Männern ist leider etwas spärlich ausgeführt, dies verhindert oft wichtige Entscheidungen in friedlichere Hinsicht. Die meisten Männer würden es als Machtverlust empfinden, wenn mehr Frauen in entscheidenden Positionen vertreten wären. Ich würde es eher als Zugewinn verstehen, denn beide Geschlechter haben für bestimmte Aufgaben Vorzüge und es ergäbe einen Synergie-Effekt. Es wäre sehr nutzbringend für die Gesellschaft, hier einen Reformkurs einzuläuten, ja fast schon überfällig.

Männer dürfen nicht einfach nur sein, sie müssen immer erst einmal etwas leisten. Vielleicht scheren Männer deshalb so oft aus und gehen fremd oder lassen sich hängen, laufen den Frauen davon, weil ihnen einfach alles zu viel geworden ist. So erging es mir selbst und scherte aus der Leistungsspirale aus. Vielleicht sollten Männer einfach mehr dürfen, auch mal weich und empfindsam sein, deswegen ist man doch nicht gleich ein Weichei. Leider wird es dann so ausgelegt und meist dann von den Männern selbst. Dabei wäre es die wahre Stärke, Gefühle zu leben und zu zeigen.

In der Schule wird alles Mögliche gelehrt. Nichts aber über das Leben und die Liebe beigebracht, über das Zusammenleben, über das Seelenleben, der Psyche der Menschen. Wie Jungen und Mädchen miteinander umgehen sollen. Oder was für Worte und Gesten dabei eine wichtige Rolle spielen. Wie man in Krisensituationen miteinander umgeht. Wie man auf fremde Leute zugeht. Wie man sich selbst öffnen kann. Das sind wichtige Themen, die mehr Gewicht im Unterricht benötigen, um in der zukünftigen Gesellschaft besser bestehen zu können. Über die Schieflage der Vermögenswerte und Einkünfte, die auch schuld an die fehlerhafte Entwicklung unserer Gesellschaft sind, werde ich vermutlich eine eigene Publikation schreiben.

Über Sex spricht man heute auch noch nicht so wirklich. Sexuelle Befreiung hin oder her. Vieles von dem, was sich einst befreit hatte, ist ziemlich rückläufig geworden. Sex ist die schönste Sache der Welt. Sie ist aber auch immer noch die verklemmteste. Die Angst vor unserer Sexualität ist eine der Hauptursachen für unsere unterdrückten Gefühle.

Man hat mich öfters gefragt, ob ich ein Transvestit sei. „Nein", sagte ich und erklärte mich wie folgt: Ein Transvestit zieht nur zeitweise Kleidung des andern Geschlechts an, um sich daran zu erfreuen. Er kehrt aber immer zu seinem angestammten Geschlecht zurück. Ich selbst empfand mich erst mal allerdings weder als Transvestit noch als transsexuell. Das Transsexuelle sollte sich erst später einstellen und manifestieren. Ich wollte nur einfach ein freier Mensch sein, nicht mehr. Nur warum sollte ich mich nicht so wohl mit dem *Frausein* fühlen, wenn es nicht auch ein Teil meines Wesens ist? Man hat ja beides in sich, nur mit unterschiedlichen Neigungen und Ausprägungen. Ich werde jedenfalls meine männliche Seite nicht unterdrücken, auch wenn ich mal so weit als möglich zur *„Frau"* konvertiert bin. Es reicht schon, dass es umgekehrt so war.

Durch das Tragen von Frauenkleidung verändert sich tatsächlich allmählich das Verhalten. Ich nehme diese Veränderung an und empfinde sie als normal und angenehm.

Ich hatte es satt, dass man mir diktieren wollte, wie ich herumzulaufen und zu leben hatte, nur damit man sich mit mir zeigen konnte. Das führte dazu, dass mein innerer Widerstand wuchs. Sicherlich war das auch einer der Gründe, warum ich mein Frausein immer mehr ausbaute: aus Rebellion gegen dieses *„Und wie lange machst du das noch"*, nach dem Motto: *„Wann wirst du wieder normal"*. Nein, mich nervte dieses Abchecken. Mit Männern, Freunden und Bekannten kann man schlecht über das Thema innerer Weiblichkeit reden, die sagen dann halt, das ist mir zu fremd und suspekt. Ein Armutszeugnis ist das, kann ich nur sagen, Rollenklischee halt.

Schade, dass die meisten Partner(-innen) nicht mal in der Lage sind, über das Thema Crossdressing und innere Weiblichkeit / Männlichkeit allgemein und / oder einer bestimmten Person zu reden. Das ist sehr schade und sorgt für schlechtes Klima in der Beziehung. So geht dann halt oft jeder seinen eigenen Weg.

Ich war traurig, dass sich aufgrund meiner Frauenrolle in meinen Beziehungen zu den Menschen, die ich mochte, so viel verändern würde, das hatte ich so in dieser heftigen Form nicht erwartet.

„Der sensible Mensch leidet nicht aus diesem und jenem Grund, sondern ganz allein, weil nichts auf dieser Welt seine Sehnsucht stillen kann.“
(Jean-Paul-Sartre)

Es war meine innere *„Frau“*, die sehnsüchtig nach mir rief. Meine jahrelang verdrängte Weiblichkeit.

Hierbei fiel mir auf, wie absurd das Phänomen der Normalität eigentlich war.

Thema Frauenquote: Ich habe die Befürchtung, dass dieses nicht dazu beitragen wird, dass die Männer sich bewegen. Man wird versuchen, die Frauen so anzupassen, dass sie in das Berufsbild der Männer passen.

Doch wenn Frauen gegen ihren eigenen Willen ihr wunderbares Schillern aufgeben müssen, ihre lebendige Offenheit nur, weil sie sonst in der Männerwelt nicht überleben können, empfinde ich das nicht als eine gelungene Befreiung oder Emanzipation, sondern eher als Rückschritt.

Wann endlich lernt die Menschheit, die Aufgaben unter den Geschlechtern nach ihren besten Eigenschaften zu verteilen und sich nicht am Geschlecht zu orientieren? Das hängt wohl mit der Befürchtung von Kontroll- und Machtverlust der Männer zusammen und alten eingefahrenen Gewohnheiten.

Schon von frühester Kindheit an werden wir angehalten, richtige Männer zu sein. Dieses Schablonenpressen halte ich für den falschen Weg, versperrt Gefühle und Neigungen auch zum anderen Geschlecht. Lasst doch die Leute so leben, wie sie sind! Im Grundgesetz steht, dass die Würde des Menschen unantastbar sei. Das ist wohl die graue Theorie, die Praxis sieht immer anders aus.

Weiblichkeit hat wenig mit Klischees wie schwach, sensibel oder weich sein zu tun, sondern mit dem gesamten Spektrum der vollen und unkalkulierbaren Lebendigkeit. Die Ausgrenzung dieser Lebensqualität, nur um ein Rollenbild intakt zu halten, grenzt - finde ich - an Totalitarismus im wahrsten Sinne. Viele Verhaltensweisen stammen noch aus der Uhrzeit, da waren sie angebracht, aber in unserer heutigen Welt sollte es eigentlich möglich sein, sich zu verändern und den moderneren Gegebenheiten anzupassen. Das bleibt aber ein Wunschgedanke und wird sich aus meiner Sicht nie erfüllen. Ich weiß, das liest sich pessimistisch. Ich nenne es realistisch, aber das ist meine persönliche Ansicht und Meinung.

Ich hatte auf die Stimme meiner inneren *„Frau"* zu hören begonnen. Sie fordert von mir immer wieder und mit Nachdruck, meine Weiblichkeit anzuerkennen und zurückzuerobern.

Grundsätzlich können die angestammten Identitäten bei-
behalten werden, aber mit der Freizügigkeit der Wahlmög-
lichkeit beider Seiten.

Depression als Warnsignal

Im November 2014 hatte ich meine erste schwere Depression mit Klinikaufenthalt. Es war eine Kombination aus Burn-Out im Beruf und Verzweiflung, weil meine Familie vehement bezüglich meines Crossdressing und weiblichen Zügen gegen mich mauerte. Immer diese Anfeindungen, sowie Missfallen, das macht mich kaputt und seelisch krank. Zwei Tage vor der Einlieferung in die Psychiatrie hat es sich schon angebahnt. Ich kann mich noch gut erinnern, ich kam spät von der Arbeit nach Hause und ziemlich geschafft. Beim Abendessen wurde die Unterhaltung zwischen mir, meinem jüngeren Sohn und meiner Ehefrau immer emotionaler. Ich gab es zu verstehen, dass ich mich nur noch als Kostenträger für das Haus und die sonstigen Rechnungen fühle. Für meine Belange hat niemand etwas übrig. Dann die Streiterei mit den Weiberklamotten. Schließlich endete alles in einer Vorstufe einer schweren Depression, die mit heftigen Weinkrämpfen einher ging.

Zwei Tage später, am Freitag hatte ich einen Termin bei meiner Psychologin in Weilheim. Während der Sitzung wurde es dann richtig heftig mit Weinkrämpfen. Es entlud sich mein ganzer Frust auf einmal. Sie sagte, ich solle sofort nach Peiting zurückfahren und mich über meine Hausärztin krankschreiben lassen, denn in dem Zustand kann ich auf keinen Fall mehr arbeiten. Ich schaffte es irgendwie nach Peiting und fuhr ohne Zwischenhalt dorthin. Beim Gespräch verfiel ich in eine schwere Depression, ich heulte, was das Zeug hielt. In dem Zustand ließ sie mich nicht mehr aus der Praxis und setzte mich in ein Nebenzimmer. Sie organisierte eine Einweisung in die Psychiatrie nach

Landsberg. Ich sagte immer den gleichen Satz „*Ich will einfach nur meine Ruhe haben*". Ich ahnte noch nicht, was für ein Potenzial hinter dieser Äußerung steckt! Warum kann man auf dieser verdammten Welt nicht einfach seine Ruhe haben? Gut zwei Stunden später war ich schon unterwegs nach Landsberg in die Psychiatrie. Ich kann gar nicht mehr genau wiedergeben, was ich bei der Fahrt dorthin empfand, irgendwie war ich einfach nur leer. Den Aufnahmetag und die nächsten Tage nahm ich eher schemenhaft war. Ich wurde erstmal ruhiggestellt. Hatte suizidale Überlegungen und konnte keine geordneten Gedanken fassen. Wurde engmaschig überwacht und das war auch gut so, denn ich unternahm tatsächlich einen ersten Versuch, mich des Lebens zu berauben, ich wurde aber rechtzeitig aufgefunden, der Versuch endete also glimpflich. Im weiteren Verlauf besserte sich aber dann meine Lage und durfte dann mal für eine Nacht nach Hause, um zu prüfen, wie belastbar ich bin. Der Chefarzt meinte mal in einer Sitzung, dass ich zu viel von meiner Familie und Mitmenschen fordere, bezüglich Crossdressing und weibliches Erscheinungsbild. Der Toleranzbereich sei deutlich überschritten, meint er. Nun, aus heutiger Sicht ist es keine Forderung, sondern ein fester Zustand meiner Person, meine ureigene Weiblichkeit. Die lackierten Fingernägel fand er besonders prägnant und herausfordernd. Nun was soll ich sagen, ich habe eben einen starken Drang hin zum Weiblichen. Ist ja kein Fasching für mich, sondern eine ernste Angelegenheit, aber das scheint niemand kapieren zu wollen, allen voran der Herr Chefarzt der Psychiatrie. Die Stationspsychologin war einer der wenigen Personen, wo ich mich verstanden fühlte. Aus heutiger Sicht weiß ich, dass es für mein Umfeld sicher nicht einfach war, mit meinem Umstand zurecht zu kommen. Damals sah ich nur mein Leid - es braucht halt alles seine Zeit. Nach gut fünf Wochen wurde ich entlassen. Nun, geheilt bin ich sicher nicht, nur wieder einigermaßen Lebensfähig. Zu Hause angekommen fremdelte ich ein bisschen. Von meinem Wunsch, eine *„Frau"* zu sein, kann man mich auch nicht heilen. Ich wag fast zu behaupten aus heutiger Sicht, dass ich schon weiter von Familie, Haus und Hof entfernt war, als es mir bewusst war. Im übertragenen Sinn könnte man sagen, ich habe die Umlaufbahn bereits verlassen und bin in Richtung einer neuen Zukunft unterwegs. Im Januar erhielt ich den Bescheid für meine Reha in Bad Grönenbach. Hier sollte hauptsächlich mein Tinnitus- und Hörproblem angegangen werden, ich sollte aber auch psychologisch betreut werden.

Reha in Bad Grönenbach

Schon am ersten Tag gab es ein kleines Problem. Das zugewiesene Zimmer war für mich unbrauchbar, da ein ständiges Brummen aus dem Keller zu vernehmen war und das in einer Klinik, wo genau der Umstand Geräuschüberempfindlichkeit, sprich Hyperakusie, behandelt wird! Kurzerhand zog ich um und war dann zufrieden. Der Umzug sollte ein Glücksfall für mich werden. Nichts ahnend bezog ein Patient neben mir das Zimmer, mit dem ich mich im Laufe der Reha anfreundete und jede Menge Spaß und Freude hatte. Am nächsten Tag klopft er an meiner Balkontür mit zwei Flaschen Bier in der Hand. Ich hatte auch noch was Brennbares und so hatten wir einen geselligen Abend. Später erzählte ich ihm auch von meinem Crossdressing. Er gab mir zu verstehen, dass es in Ordnung ist und dass er keine Probleme damit hat. So war ich froh, einen liebsamen Zimmernachbarn zu haben, der mich so akzeptierte. wie ich bin - das war wunderbar für mich! Die Bekanntschaft hielt dann noch einige Monate nach der Reha-Maßnahme. Ich kam mit meinem Umstand der Weiblichkeit gut zurecht und hatte kaum Schwierigkeiten dadurch. Jedoch gab es einen Zwischenfall in der Öffentlichkeit. Eines Nachmittags ging ich ins Dorf zum Einkaufen. Unterwegs stieß ich auf eine Gruppe Jugendlicher. Sie lachten mich aus und lästerten über mein Outfit. Ich denke, sie konnten damit einfach nichts anfangen. Nun, es ist echt Schade, dass die Gesellschaft in der Breite noch nicht so tolerant ist, wie man ihr oft nachsagt oder wie glaubhaft sie wirken möchte. Hier bestätigt sich auch wieder das Defizit in der sozialen Weiterbildung in den Schulen.

In den zwei Sitzungen pro Woche bei der Psychologin arbeitete ich viele Themen, die mich bewegen, auf. Am Anfang wurde ich depressiv und es kam zu Weinkrämpfen, fast hätte sie mich wieder in die Psychiatrie zurückgeschickt. Mit dem Direktor der Klinik hatte ich auch starke Schwierigkeiten. Er war so ein alter Militärarzt. Der führte die Klinik wie eine Kaserne. In einer persönlichen Unterredung konnte ich einiges mit ihm klären, aber es blieb ein übler Nachgeschmack. In der vorletzten Woche ereilte mich leider ein Wegunfall auf dem Weg zum Zahnarzt. Beim Sturz auf dem Glatteis verletzte ich mir zwei Gelenkkapseln an der linken Hand. Ich habe vor Zorn und Verzweiflung geheult. Ich fing fast an zu glauben, dass ich das Unheil förmlich anziehe. Nun, ich hoffe, es ist nicht so! Endet meine Pechsträhne denn nie? Ich schaffte es trotzdem pünktlich zu meinem Zahnarzttermin. Dort schilderte ich den Unfall und er meint, ich solle es bei der Gemeindeverwaltung und der Klinik melden, um eventuelle Spätfolgen zu begegnen und Ansprüche sicherzustellen. Da ging sie los, die Maschinerie! Noch ahnte ich nicht, was für ein Leidensweg das wieder werden wird und wie umfangreich und aufreibend die rechtliche Verfolgung sein wird. Ich wollte aber die Verletzung der Räum- und Streupflicht gegenüber der Gemeinde nicht ungesühnt lassen. Letztlich bekam ich nach zwei Jahren Kampf doch Recht und eine kleine finanzielle Entschädigung. Wobei es mir mehr um das Recht ging und das habe ich ja bekommen. Man könnte beinahe sagen, ich befinde mich auf Grund fortlaufender negativer Ereignisse in einer Art Dauerdepression mit schwankender Amplitude. Nach der Reha wurde ich über eine Wiedereingliederungsmaßnahme der beruflichen Welt und den Anforderungen allmählich in verschiedenen Stufen wieder herangeführt, jedoch mit einem anderen Aufgabengebiet. Mein damaliger Chef hielt sein Versprechen, dass ich mit einer anderen Aufgabe betraut werde. Letztlich führt es auf das berufliche Abstellgleis, aber dazu später mehr.

Der Fall Rothenburg

Was macht mich eigentlich krank, was treibt mich immer wieder in die Depression? Die klare Antwort fand ich in einem dramatischen Ereignis, während eines Kurzurlaubs in Rothenburg o.d.T. im Oktober 2015. Zum Verständnis möchte ich an dieser Stelle noch etwas ausholen und kurz erzählen, wie sich die Dramatik angebahnt hat, denn das Ganze ist sehr eng mit meiner Transsexualität verbunden.

Ich machte meiner Frau nach einem Gespräch den Vorschlag, dass wir zusammen eine Woche Relax-Urlaub machen in Linden bei Rothenburg und ich mal ohne Weiberklamotten und anderen weiblichen Accessoires mitfahre, so wie früher eben. Gesagt getan. Bei der Abfahrt merkte ich schon im Inneren eine gewisse Unruhe und Widerstand, aber gut, ich habe es versprochen, also los. Nach drei Tagen im Urlaub war es dann doch wieder so weit. Ich fuhr unter einem Vorwand nach Rothenburg und kaufte mir Kleidung aus der Damenabteilung, die man universell interpretieren kann, so glaubte ich beide Eigenschaften zu befriedigen. Als Weiteres erwarb ich noch ein paar Artikel aus der Kosmetikabteilung. Ich kann einfach nicht den weiblichen Vortrieb in mir unterdrücken - fast schon wie ein Suchtkranker. Im Verlauf des Urlaubes konnte keine unverfängliche Stimmung aufgebaut werden. Es ist halt doch nicht, wie früher! Tatsachen und Fakten lassen sich nicht einfach mehr wegwischen. Ich bin einfach schon zu weit in meiner Entwicklung fortgeschritten.

Am vorletzten Urlaubstag kam es dann zum Showdown. Wir schlenderten durch Rothenburg und genossen die dürftigen Sonnenstrahlen. Nach dem wir kurzweilig unsere Zeit in einem Café verbrachten, gingen wir anschießend an der Stadtmauer entlang an kleinen Verkaufsbuden vorbei und bei einer erwarb ich für meine Ehefrau ein Halstuch und überraschte sie damit. Einige Meter weiter überkam mich, wie aus heiterem Himmel, eine schwere depressive Episode mit heftigen Weinkrämpfen so, als würde man einem Aufzug das Seil durchschneiden und der Korb rast dann ungebremst nach unten. Im Affekt rannte ich auf die Stadtmauer zu und wollte tatsächlich darüber springen. Meine Ehefrau riss mich im letzten Moment an meiner Jacke zu Boden, sonst wäre es um mich geschehen gewesen. Die Depression hielt noch Stunden an. Erst am späten Abend beruhigte ich mich etwas. Wir sprachen über den Zwischenfall. Eines der seltenen Augenblicke, wo sie etwas redseliger war. Sie gab mir aber zu verstehen, dass sie meine Weiblichkeit wohl nie akzeptieren werde können. Sie ist eben auf das übliche Eheleben eingefahren und möchte nicht davon abweichen. Es kam dann leider immer wieder zu kleineren depressiven Episoden, fast wären wir in die Psychiatrie nach Ansbach gefahren. Wir einigten uns aber darauf, die Nacht abzuwarten. Am nächsten Tag fuhren wir über einen kleinen Abstecher in die Therme nach Bad Windsheim, um uns etwas zu entspannen. Im Anschluss fuhren wir dann mit gemischten Gefühlen nach Hause. Zu Hause kam dann leider kein Gespräch mehr mit ihr zustande. Gerne hätte ich die Ereignisse der letzten Tage mit ihr noch mal besprochen. Meine Hoffnung, dass sie durch den Zwischenfall einsehen würde, wie dramatisch mein Leidensdruck ist und etwas einlenken würde, löste sich nicht ein. Ich denke, ihr wird immer mehr bewusst, dass der Graben zwischen uns tiefer und weiter wird und dass das Band der Ehe irgendwann zerreißen wird. Was die Kinder von dem Ganzen halten, weiß ich nicht, man hat hier nichts erörtert. Das war es dann wohl. Ich muss meinen Weg weitergehen samt den ganzen Verlusten und Widrigkeiten.

Partnerschaftsprobleme

Meine Frau steht dem Crossdressing sehr negativ, ja geradezu feindlich gegenüber. Ich kann sie sogar verstehen, sie will einfach gerne den Mann zurückhaben, den sie vor vielen Jahren geheiratet hat. Eine gewisse Berechtigung hierzu kann ich ihr nicht mal absprechen. Ignoranz und Intoleranz gegenüber meiner Persönlichkeitsveränderung sowie die Unfähigkeit meiner Familie, über das Thema offen zu sprechen, ist einer der Auslöser für viele Depressionen. Das spüre ich genau. Ich habe immer schon gesagt, wenn die Kommunikation abreißt, ist es meist vorbei mit einer Beziehung, egal welcher Art. Mit Bestimmtheit verlange ich auch aktuell zu viel von meinen Leuten. Das bekomme ich auch immer wieder von anderen Stellen gesagt. Auch, dass meine Leute Zeit brauchen, um das zu verstehen. Mal sehen, was die Zeit so mit sich bringt. Mich selbst beschäftigt das Ganze natürlich auch sehr intensiv, wie man mir sicher glaubhaft abnehmen kann. Natürlich habe ich einen Vorsprung, da ich mich ja schon in meinem ganzen Leben mit dem Thema beschäftigt bin.

„Was willst du mit einem Mann, der sich als „Frau" fühlt und die Gefühle dafür so stark sind, dass es zum Suizid führt, wenn sie nicht gelebt werden dürfen?" - sagte ich zu meiner Ehepartnerin. Eine Antwort darauf ist sie mir bis heute schuldig geblieben. Sie hofft, dass die „Krankheit" - wie sie immer zu sagen pflegt - mal vorbeigeht und alles so wird, wie früher. Ich frage mich, wie war es denn, nebeneinander her leben, funktionieren nach der Gesellschaftsnorm. Ein Außenstehender kann das leider kaum nachfüh-

len, ihm fehlen meist die Fakten und Erfahrungen zu unserem Fall.

Natürlich mache ich mir auch Gedanken über meine Frau und Kinder, wie es Ihnen dabei geht, mich in der Veränderung zu erleben. Es ist sicher nicht einfach, wenn man viele Jahre ein anderes, aber gewohntes Bild seines Partners und Vaters hatte. Des Weiteren kommt auch die Konfrontation mit deren Bekanntenkreis hinzu. Hier hätte ich mir ein besseres Standing meiner Leute gewünscht, ich sage extra: gewünscht, denn verlangen kann ich es nicht. Dazu fällt mir eine Situation ein. Eines Abends klingelt es an der Haustüre und ich öffnete sie ohne Bedenken, obwohl ich zu dem Zeitpunkt lackierte Fingernägel hatte. Es hielt ein Auto vor der Tür, in dem drei Freunde meines älteren Sohnes sich befanden, die ihn abholen wollten. Später erfuhr ich, dass sich mein Sohn für die Situation schämte, weil seine Freunde nachfragten, warum sein Vater lackierte Fingernägel hat. Er sagte, dass sie sich vermutlich geirrt hatten und überging die Situation. Schade, dass er nicht ehrlich dazu stehen kann und nach Ausflüchten suchte. Nun vielleicht verlange ich wirklich zu viel von einem jungen Menschen und gehe meist von mir aus, wie ich in so einer Lage reagieren würde. Nach meiner Kränkung kam aber Verständnis für meinen Sohn auf und legte die Sache auf die Seite, wie man so sagt.

Aus vielen Gesprächen mit Psychologen, Psychiatern und anderem Fachpersonal weiß ich, dass es die nahestehenden Leute sind, die es am schwersten damit haben. Sie müssen sich ja unmittelbar damit auseinandersetzten und vor außenstehenden Personen den in ihren Augen offensichtlichen Missstand zu rechtfertigen. Nun, da bleibt nur der

Rückzug wohin auch immer, oder man geht in die Offensive und kämpft um seinen Platz. Ich habe mich für die Offensive entschieden. Auch wenn ich mir viele Schwierigkeiten aufgehalst habe, komme ich jetzt besser zurecht. Ich habe endlich wieder Boden unter den Füssen und das tut gut. Mein Umfeld wird sich weiter verändern. Leute, kämpft und lasst euch nicht unterkriegen, das gilt für viele Bereiche des Lebens! Mit dem Kampf kommt auch der Respekt, da die Leute erkennen, welche Ernsthaftigkeit dahintersteckt. Mit der Zeit wächst auch das Verständnis. Der Druck lässt nach. Wer sich hingegen zurückzieht, wird in der Versenkung verschwinden. Wie letztlich Eine(r) den Kampf aufnimmt und wann, muss jeder selbst herausfinden.

„Schau nicht zurück - in die Richtung
geht's du ja eh nicht"!
(unbekannter Verfasser)

„Ich will leben und nicht nur funktionieren.
Man muss sich irgendwann entscheiden, wer man ist.
Sonst zerbricht man daran."

Die Outing-Phasen und ihre Folgen

Nach meinen beiden Aufenthalten in der Psychiatrie der Kbo-Klinik in Landsberg und der psychosomatischen Klinik Windach in den Jahren 2015/16 verfestigte sich der Wunsch, endgültig als *„Frau"* zu leben. Ich machte mir Gedanken über das *„Outing bzw. Coming-out".* Der Zeitpunkt war noch nicht so recht klar, wann welches Outing stattfinden sollte. Im Wesentlichen ging es um das familiäre und berufliche Outing. Ein Outing gegenüber meinen Eltern war nicht mehr notwendig, da sie bereits seit langem verstorben sind. Wie sie meine Veränderung bzw. Angleichung verarbeitet hätten, liegt im rein spekulativen Bereich. Meine Mutter - denke ich - hätte es auf die Reihe bekommen. Bei meinem Vater kann ich gar nichts sagen, ihn habe ich ja schon im frühen Alter von 8 ½ Jahren verloren, ich weiß nur noch, dass er sehr herzlich war.

Gemessen daran, was ich von anderen Leidensgenossinnen erfuhr, muss ich fast schon froh sein, dass meine Eltern tot sind. Von meiner verwandtschaftlichen Seite hat sich das Thema schon von Anfang an erledigt. Für sie bin ich einfach nur schwer krank, als hätte ich eine ansteckende, schlimme, unheilbare Erkrankung. Solche Leute, also wie ich, sollten aus er Öffentlichkeit weggesperrt werden. Man verleugnet mich und ignoriert mich. Sie wollen weder was davon erfahren noch sich damit auseinandersetzen. Die Ignoranz hält bis heute an. Das ist eine grobe Diskriminierung. Arme Teufel, wie eng mancher Horizont doch ist. Ich beschäftigte mich immer mehr mit dem Thema, las Artikel und holte mir Rat. Die Selbsthilfegruppe VIVA-TS in München zog ich später als Ratgeber ebenfalls hinzu. Mir wurde immer bewusster, dass es ein schwieriger, aber wichtiger Schritt werden würde. Es geht ja nicht nur um mich, sondern auch um meine Familie.

Durch Zufall kam mir ein Artikel in die Finger, der genau den Sachverhalt schilderte, in dem ich mich befand. Der Artikel erzählt von einem Mann mit ähnlichen familiären Verhältnissen und Umständen, wie ich sie gerade erlebe. Ich zeigte einmal meiner Frau den Bericht, um sie mal von anderer Stelle zu informieren, was in mir vorging. Sie nahm den Bericht kommentarlos hin - wie Schade. Ich bin mir gar nicht sicher, ob sie ihn überhaupt je gelesen hat. Sie kann einfach nicht mit mir über diesen Sachverhalt reden, das macht es besonders schwer für mich. Ob sie es je begreifen wird, vermutlich eher nicht und wenn, dann in späterer Zeit mit einem gewissen Abstand, weil sie es zutiefst verabscheut, was da vor sich geht. In beruflicher Hinsicht mach ich mir weniger Sorgen. Als Crossdresserin in der Firma habe ich auch meine Einschränkungen, die mich stören. Die Entfaltungsmöglichkeiten, als „Frau" zu sein, sind auch hier Grenzen gesetzt und kann mich nicht so geben, wie ich gerne möchte. Letztlich war dies ein s.g. Brandbeschleuniger zur Entscheidung, mich vollständig als „Frau" zu etablieren mit allem, was möglich ist. Ich machte einen Schritt nach Vorne und stellte einen Antrag für den Ergänzungsausweis beim „dgti" Deutsche Gesellschaft für Transidentität und Intersexualität (siehe Glossar). Mit dem Ausweis konnte ich mich dann endlich und einfacher in meiner Angleichungsphase legitimieren und musste als solches akzeptiert werden. Das ist eine wesentliche Erleichterung und kann es nur jedem empfehlen, der in ähnlicher Weise unterwegs ist.

Mein Outing vor der Familie

Mein vollständiges Outing in der Familie fand am
4.Dez.2016 statt. Der innere Leidensdruck war einfach
nicht mehr auszuhalten, ich musste klare Verhältnisse
schaffen. Mir war durchaus bewusst, dass es schwer werden wird, aber es sollte schlimmer kommen als ich dachte.
Ich bat meine Frau sich für ein Gespräch Zeit zu nehmen.
Meine ersten Worte waren:

„Ich werde eine Johanna werden"

Danach war es erst mal still. Der tausend Tonnen schwere
Deckel, der mein Leben lang auf mir lag, war gesprengt.
Nach der Maulsperre nahm ich das Gespräch wieder auf
und versuchte den Sachverhalt zu erklären. Kurz darauf
zog meine Frau die Kinder hinzu. Ich begann auch ihnen
meine Situation zu erläutern. Ein wenig überraschte mich
das Unverständnis und die Fassungslosigkeit, denn es war
ja schon seit langem für jeden sichtbar, dass ich mich verändert habe. Wahrscheinlich hatte meine Familie immer
noch die Hoffnung, dass es nur eine vorübergehende Ma-
rotte ist, aber mit dem *„Outing"*, dem endgültigen Schritt
war die Hoffnung zerplatzt. Aus vielen Gesprächen mit
psychologischen Fachpersonal und anderen Leuten weiß
ich, dass es schwer ist, dies zu begreifen. Aber ich bin bis
heute überzeugt, den richtigen Schritt gewagt zu haben.
Daraus resultiert auch mein Leitspruch:

„Ich habe es gewagt so zu sein, wie ich bin"

Nun im weiteren Verlauf wurde die Stimmung immer schlechter und ich rutschte in eine depressive Episode. Zeitweise verließ ich die Küche und setzte mich weinend auf die Gangtreppe. Mein jüngerer Sohn kam als Einziger zu mir um zu sehen, wie es mir geht. Das hat mich ein wenig getröstet. Ich hatte an diesem Tag das schmerzende Gefühl, meine Familie verloren zu haben. Letztlich war es dann ja auch so. Zu einem viel späteren Zeitpunkt werden wenigstens die Kinder zurückkommen.

Nach gefühlter Ewigkeit ging ich zurück in die Küche und versuchte das Gespräch nochmal aufflammen zu lassen, aber es kam nichts mehr Vernünftiges dabei heraus, der Schock saß bei meiner Familie einfach zu tief.

Die nächsten Tage und Wochen waren für beide Seiten sehr unangenehm. Man ging aneinander vorbei als wenn man Meilenweit weg wäre. Die wenigen Worte, die noch gewechselt wurden, waren pragmatisch und klangen monoton, automatisch und hohl.

Meine Frau scheint nicht die Kernessenz einer Partnerschaft zu erkennen, sie besteht doch mehr, als nur aus Äußerlichkeiten und alten Ritualen, sondern aus Verlässlichkeit, Zuversicht und Vertrauen an den Menschen an sich. Umso mehr tut es mir in der Seele weh, dass es so weit gekommen ist und unsere Beziehung an meiner Veränderung zerbricht. Trotz allem nehme ich keine Schuld auf mich und gebe auch keine weiter. Ich denke, dass ich aus ihrer Sicht „das heilige Band der Ehe" zerrissen habe. Jeder scheint in seinen Umständen gefangen zu sein. Es gelingt Wenigen, aus ihnen auszubrechen. Ohne anmaßend zu wirken möchte ich mich mal dazu zählen, zumindest teilweise. Zum größten Teil habe ich mich damit abgefunden, dass einige Leute meine Veränderung nicht verstehen können oder akzeptieren. Man muss auch die Meinung und Anschauung anderer hinnehmen und verstehen lernen. Wir befinden uns alle in ständigen Veränderungsprozessen, das Problem kann manchmal die Geschwindigkeit darstellen. Jeder hat eben andere Verarbeitungsweisen, was zu unterschiedlichen Laufzeiten führt. Ich denke, dass viele Menschen - so auch meine Frau - sich nur in eingefahren Gleisen sicher fühlen und nicht abbiegen wollen und können. Lassen wir das, ich schreibe mal weiter an meinem Buch und lasse die Ereignisse einfließen. Wichtig ist, dass man sich selbst treu bleibt, das gibt auch Sicherheit und Berechenbarkeit für die anderen Menschen.

Weihnachten im Nachtexpress

Da es langsam auf Weihnachten zu ging, überlegte ich mir eine Alternative, denn ich konnte mir das Weihnachtsfest mit Familie nicht mehr vorstellen und kam auf den Plan über die Weihnachtsfeiertage zu verreisen. Gesagt, getan, ich suchte mir als Ziel Hamburg aus, denn ich wollte mir schon lange die Elbphilharmonie ansehen.

Gegen 20 Uhr ging ich am Heiligabend ohne Worte aus dem Haus zum Bahnhof und fuhr nach München. Nach einer kurzen Wartezeit stieg ich in den Nachtzug in Richtung Norden. Das war mein erstes Weihnachten ganz allein und das im Nachtexpress nach Hamburg. Es war ein Wechselbad der Gefühle, im Schlafwagenabteil allein Weihnachten zu verbringen. Mir ginge es überraschend gut in der Situation, denn ich musste mich keinem erklären und konnte die Ruhe genießen. Nach einem Schlummertrunk schlief ich bald ein und wachte erst ein paar Kilometer vor dem Zielbahnhof auf. Ich war erstaunt, wie gut ich im Schlafwagen die Nacht verbrachte. Rasch machte ich mich etwas zurecht und genoss das spartanische Frühstück im Zugabteil.

Weihnachtsfeiertag in Hamburg

Gegen 6:45 Uhr kam ich am Hamburger Hauptbahnhof an. Da es noch recht früh war, machte ich einen kleinen Erkundungsbummel durch den Bahnhof und dem Vorplatz. Anschließend ging ich in die DB-Lounge und genoss mein zweites Frühstück. Etwas nachdenklich saß ich da und sinnierte über die Situation. Mir ging vieles durch den Kopf, auch an meine Familie zu Hause dachte ich und beschloss mich, später zu melden. Die Gefühlslage war gut, nach dem Motto „sein, wie man ist", ist befreiend und so fühlte ich mich auch, befreit von gesellschaftlichen Zwängen und Auflagen.

Zwischendurch meldete ich mich fernmündlich zu Hause, an den Zeitpunkt kann ich mich nicht mehr genau erinnern. Die Familie war natürlich überrascht und etwas konsterniert, jedoch verhalten in der Reaktion. Ich versuchte mich zu erklären, was mir teils gelang. Den genauen Inhalt der Unterhaltung kann ich nicht mehr wiedergeben. Ein bisschen Traurigkeit schwang durchaus mit, dass es so weit kommen musste. Aber das Leben besteht nicht nur aus Sonnenseiten und ohne Gegensätze würden wir ja die Unterschiede nicht wahrnehmen.

Nach einer angenehmen Unterhaltung in der DB-Lounge machte ich mich auf um zu sehen, wo mein Hotel ist, um mein Gepäck eventuell schon dort zu deponieren, so dass ich etwas befreit meinen Ausflug in die Elbphilharmonie antreten konnte. Da ich ja schon öfter hier unterwegs war, fiel es mir nicht schwer, mich zu orientieren. Ich staunte nicht schlecht über das Gebäude. Zu meiner Überraschung war der Eintritt zur Besucherebene frei. Über eine ewig lange Rolltreppe ging es hinauf. Die Aussicht in 42 Meter Höhe über das Hafengelände ist grandios. Auch im Inneren des Gebäudes erlebte ich schöne und erstaunenswerte Eindrücke. Ich kann nur jedem empfehlen, sich das mal anzusehen. Nach dem Rundgang genehmigte ich mir einen kleinen Imbiss in einem der Restaurants in der Elbphilharmonie. Zu meiner Zufriedenheit und auch etwas Erstaunen wurde ich im Restaurant als *„Frau"* angesprochen, das tat mir in der Seele gut. Ich betrachtete mich in meinem kleinen Kosmetikspiegel und war rund um *Johanna*. Ich genoss es, *„Frau"* zu sein und es leben zu können.

Nach der Elbphilharmonie schlenderte ich an den Landungsbrücken entlang. Dort kaufte ich mir eine Kaffeetasse mit der Aufschrift meines weiblichen Vornamens *„Johanna"*. Diese Tasse habe ich schon lange gesucht und hier in Hamburg gefunden, was für ein schöner Zufall. Ein paar Stationen weiter war eine Fischbraterei. Na wenn man schon am Wasser unterwegs ist, sollte man auch einen guten Fisch essen. Gegen 22 Uhr ging ich ins Hotel und machte es mir gemütlich. Es war zwar keine Luxusherberge, aber für eine Nacht ausreichend und günstig. Ein kleiner Schlummertrunk und ein bisschen Fernsehen rundeten den Abend angenehm ab und ich schlief bald zufrieden ein.

Nach einem ausgedehnten und guten Frühstück machte ich mich auf zum Hauptbahnhof. Mir blieb noch etwas Zeit bis zur Abfahrt und genoss in der Zwischenzeit noch einen Cappuccino in der DB-Lounge und ging dann im Anschluss noch im Bahnhof etwas Reiseproviant einkaufen. Gegen Mittag stieg ich in den ICE nach München. Die Fahrt war sehr angenehm und kurzweilig, ich hatte immer Leute zum Ratschen gefunden. Gegen 22 Uhr war ich dann wieder zu Hause. Relativ gelassen betrat ich unser Haus. Somit war mein kleiner Ausflug zu Ende. Doch das Leben geht weiter und es hat sich merklich einiges verändert. Einige Veränderungen werden sich erst später auswirken.

Zwischen den Jahren

In den nächsten Tagen erfuhr ich, dass sich meine Ehepartnerin bereits anwaltlich beraten ließ und eine Wohnungs-
ausweisung nebst Scheidung gegen mich über ihren An-
walt beantragt hat. Um den Schein zu wahren, wollte sie
Weihnachten noch mit der Familie feiern, also auch mit
mir, ohne mich über die neuen Umstände und Vorhaben zu
informieren. Diese Scheinheiligkeit konnten sogar die Kinder nicht verstehen und waren bestürzt. Die Stimmung war
denkbar schlecht und in mir bahnte sich eine Depression
an. Am 27.Dez. hatte ich eine Sitzung bei meiner Psychiaterin in Peißenberg. In deutlich gedrückter Stimmungslage
mit immer wiederkehrenden Weinkrampfen erzählte ich ihr
die Ereignisse der letzten Wochen. Sie wollte wissen, ob
ich über Sylvester unter Leuten oder allein bin. Sie entließ
mich mit der Auflage, eine Lösung für die Feiertage zu
finden, andernfalls werde sie mich vorsorglich in die Psychiatrie einweisen, denn es trieb ihr die Sorge, dass ich
eventuell suizidal werden könnte. Damit hatte sie nicht
ganz unrecht. Ich fühlte mich in meinen Gefühlen sehr
verletzt. Ich konnte es immer noch nicht fassen, dass mein
Ehepartner hinter meinem Rücken solche Schritte eingelei-
tet hatte. Nun, das war und ist immer schon unser Problem,
dass die Kommunikation einfach nicht stimmt und viel zu
wenig gelebt wird. Ich habe mich oft gefragt, mit wem ich
da eigentlich verheiratet bin und dachte oft daran, ob es
nicht besser gewesen wäre, allein zu bleiben. Nun „acta est
fabula" - „vorbei ist vorbei". Es müssen einfach tragfähige
Lösungen erarbeitet werden.   Nun mit einem Partner, der
wenig mit einem kommuniziert, ist das leider schwierig,

aber es muss irgendwie gehen. Mir schwant, dass es schwierig werden wird und längere Zeit in Anspruch nehmen wird, als mir lieb und recht sein wird.

Ich machte mich daran, eine Lösung für Sylvester zu finden und kontaktierte einige Leute. Wie durch ein Wunder bekam ich das Angebot, mit einem guten Bekannten auf eine organisierte Silvesterparty mit zu gehen. Ich war froh, dass es so schnell geklappt hat und ich nicht in die Psychiatrie musste. Es war eine illustre Gesellschaft und Silvester verlief in einer angenehmen und unterhaltsamen Bahn. Die Leute akzeptierten mich in meiner weiblichen Rolle. Erstaunt und erfreut nahm ich die Situation so an und das machte mir Mut. Ich tanzte sogar mit einer Frau und es hat Spaß gemacht. Sie sagte, dass sie es kaum glauben kann, mit einer Transgenderin zu tanzen. Ja, warum denn nicht? Nach dem Motto *„Jeder ist für sich individuell normal"*. Gegen Mitternacht fuhren wir mit landwirtschaftlichen Fahrzeugen auf eine Anhöhe zu einem großen Lagerfeuer, dort wurde dann auf das neue Jahr angestoßen. Zu meinem Erstaunen meldete sich mein jüngerer Sohn und wünschte mir alles Gute zum neuen Jahr. Ich denke, er war froh, dass ich in guter Gesellschaft war und nicht allein. Gegen 2 Uhr fuhren wir nach Diessen am Ammersee, um dort bei der Freundin meines Bekannten zu nächtigen. Nach einem ausgedehnten Frühstück ging es dann später zurück nach Hause und die Reise ins neue Jahr begann. Mal sehen, wie viele Überraschungen es für mich bereithält, spannend wird es allemal!

Planung einer neuen Zukunft

Die nächsten Tage machte ich mir Gedanken, wie es weitergehen soll. Um den Druck vom Kessel zu nehmen und Streiterei zu vermeiden, entschloss ich mich, eine Wohnung zu suchen. Es stand ja aktuell 3:1 und zog erst mal den Kürzeren, außerdem tat ich mich am leichtesten mit einer räumlichen Trennung, da ich ja in München arbeitete und nicht so viele Verbindungen in Peiting hatte und meine Familie eher ortsgebundener ist. Ein wenig fühlte ich mich auch schuldig und das machte mir stark zu schaffen. Mir wurde ja immer wieder von vielen Seiten vorgeworfen, dass ich an dem ganzen Desaster schuld sei und das nur, weil ich so sein wollte, wie ich bin. Das wird sicher einige psychologischen Sitzungen kosten, um das Gleis wieder gerade zu biegen.

In meiner Landsberger Zeit von 2014 bis 2016 der Psychiatrieaufenthalte hing schon des Öfteren bei Spaziergängen in der Stadt den Gedanken nach, dort einen kleinen, überschaubaren Wohnraum zu mieten. Auch in Hinblick, weil mir der Aufwand und die Arbeitsanforderung im Haus allmählich zu viel wurde. Im zunehmenden Alter und meiner mannigfaltigen Krankheiten lässt unweigerlich und nachvollziehbar die Leistungsbereitschaft nach. Ich denke, dass es vielen anderen älteren Personen ebenso geht, das dürfte nichts Ungewöhnliches sein. Nur gesteht es sich nicht jeder ein.

Es ist schon ein seltsames und auch trauriges Gefühl, seine angestammte Heimat zu verlassen. Immerhin bin ich waschechter Peitinger und habe weit über zwei Jahrzehnte in dem Haus gelebt und gewirkt. Das ist ohnehin bis jetzt der größte zusammenhängende Abschnitt meines Lebens an einem Fleck, ausgenommen meine Kind- und Jugendzeit. Mit der Verkündung meiner Wohnungssuche besserte sich das Klima zu Hause, klar, wenn der „Alte" endlich weg ist. Selber schuld, was muss man sich auch noch mit achtundfünfzig Jahren einbilden, eine „Frau" zu werden, so der Tenor meiner Ehefrau. Ja, der Graben zwischen uns ist sehr tief geworden und seit langem unüberwindlich. Ich kann nicht zurück und sie nicht vorwärts, da bleibt nur die Trennung.

Es begann eine kleine Odyssee zwischen Landsberg und Augsburg. In den kommenden drei Wochen schaute ich mir einige Wohnungen an, sogar bis Augsburg führte mich der Weg. In den Wirren der Wohnungssuche kam ich auch viel zum Nachdenken, was nicht immer zum Vorteil war. Aber ich hatte den Mut, mich gleich als „Frau Johanna" zu präsentieren, ich dachte mir: „wenn schon, denn schon", gleich, wie es mal sein wird oder ja eigentlich schon größtenteils ist. Ich vernahm keinerlei Ablehnung und hatte ein gutes Gefühl dabei. Meine Rolle als „Frau" festigte sich zunehmend. Das innere Gefühl leitete mich wie an einer Leine immer weiter in Sachen Weiblichkeit und ich ließ es einfach geschehen. Mein Auftreten wurde immer sicherer und normaler in meiner „Frauenrolle".

Ich fand in Rekordzeit von nur sage und schreibe drei Wochen eine Wohnung und sogar mit den Parametern, die ich gewünscht hatte, in Landsberg. Zentrumsnah mit Bahnanbindung und trotzdem ruhig, sowie bezahlbar. Schon am 28. Jan. 2017 konnte ich vorzeitig einziehen. Somit begann mein neues Leben in Landsberg als „Frau Johanna Baader".

Fortan organisierte ich meinen Umzug. Man kann es kaum glauben, was sogar eine einzelne Person für einen Aufwand produzieren kann! Nun, ich musste auch einiges neu kaufen, da ja nicht alles teilbar und somit mitnehmbar ist. Die Stimmung war trotz meiner freiwilligen und schnellen Lösung recht verhalten zu Hause. Ich bin bis heute das Gefühl nicht losgeworden, aus dem Haus gedrängt worden zu sein, was mir bis Dato ein merkwürdiges und schlechtes Unbehagen in der Magengrube verursacht. Ich hätte auch streiten können und sie ausziehen lassen. Ich wollte jedoch wegen der Kinder keine harte Auseinandersetzung. Später sagt mir mal mein Sohn, dass es ihnen lieber gewesen wäre, wenn ich geblieben wäre und sie das Haus verlassen hätte. Ich frage mich oft, ob es jemals wieder einen unbelasteten Tag geben wird. Das hängt sicher auch davon ab, wie sich mein Leben in Landsberg entwickeln wird. Es war ein Gemisch aus Vorfreude, Aufbruchsstimmung und gewissen Ängsten.

Ich dachte, dass sich im Laufe des Lebens eine gewisse Routine ergibt, aber weit gefehlt. Es ist doch immer wieder eine neue Erfahrung, da man sich selbst und das Umfeld ständig ändert und man findet neue Gegebenheiten vor.

Ende Januar war es dann so weit. In zwei Tagen vollzog sich der Umzug. Meine beiden Söhne halfen mir dabei. Mit einem Kleinlaster konnte das Meiste transportiert werden. Notdürftig richtete ich mich ein, denn am Montag ging es ja schon auf der neuen Strecke Richtung München in die Arbeit. Am Anfang ist man wie betäubt von den ganzen Wirren des Neuanfangs. Zwischen Koffer und Tüten machte ich es mir soweit als möglich gemütlich. In der Zeit kommt man kaum zum Nachdenken, das sollte noch kommen, aber davon später mehr. Jetzt musste ich hier zurechtkommen und ein neues Leben aufbauen. Die Wohnungsaufteilung war sehr praktisch und gut geschnitten. Auffallend war die Ruhe. Mein Sohn wagte es kaum, Krach zu machen und hämmerte so leise wie möglich die Nägel in die Schrankrückwand. Nachdem das wichtigste aufgebaute war, fuhr ich mit meiner Gefolgschaft zurück nach Peiting. Später ging es dann mit unserem ehemaligen Familienauto nach Landsberg und nahm erstmals endgültig Abschied von meinem alten Zuhause. Etwas beklemmend war es schon auch für den Rest der Familie, denke ich. Viele Worte fielen jedenfalls nicht, das weiß ich noch heute. Nun, was soll man da noch groß reden... Ich glaube mich zu erinnern, dass wir uns sogar zum Abschied noch kurz umarmten, wohl einer der letzten körperlichen und geistigen Berührungen. Nun schließlich ist am 7. Mai. 2017 unser 25ster Hochzeitstag, den werden wir noch schaffen, aber nicht mehr feiern. Die Schieflage ließ sich kaum mehr wegdiskutieren und unsere Wege werden sich unweigerlich trennen.

Der Ausweis des Dgti

Ein weiterer Schritt in Sachen weiblicher Identität vollzog ich mit einem kurzen Attest meines Psychiaters aus München und stellte einen Antrag für einen Ergänzungsausweis beim „dgti" (deutsche Gesellschaft für Transidentität und Intersexualität e.V.). Dieser gilt im Zusammenhang mit dem amtlichen Personal- oder Reisepass. In ihm ist der weibliche Vorname vorrangig genannt und der Weg und Umstand zur Wandlung ins andere Geschlecht gut erklärt. Somit muss man sich nicht immer umständlich rechtfertigen, wenn man sich ausweisen muss, sondern zeigt einfach den Ausweis vor. Ich kann nur jedem empfehlen, der auch diesen Weg beschreitet, sich so einen Ergänzungsausweis ausstellen zu lassen. Die Kosten belaufen sich auf ca. 20 Euro plus Passfoto und ist in der Regel in zwei bis drei Wochen verfügbar. Ich habe mir das Ding einfach auf einer freien Seite in den Reisepass geklebt, sieht fast so aus, als wenn es so von Amtswegen so gehört. Ob das statthaft ist, kann ich nicht sagen, ich lasse es mal darauf ankommen. Ist ja eh nur ein Übergang bis zur gerichtlichen Personenstands- und Vornamensänderung, dessen Antrag ich in Bälde stellen werde. Doch darüber später mehr.

Die Anfänge in Landsberg

Die ersten Wochen verbrachte ich mit Umgebungserkundungen und amtlichen An- und Ummeldungen. Ich merkte sehr deutlich, wie sich meine innere Weiblichkeit und offiziellen Auftreten an weiterer Fahrt gewann. Die Selbstsicherheit und Selbstbewusstsein wuchsen stetig. Hier konnte ich mich endlich vorbehaltlos von früh bis spät als *„Frau"* bewegen und weiterentwickeln. In den ersten Wochen kam öfters mal mein älterer Sohn vorbei und half mir bei vielen Dingen in der Wohnungseinrichtung. Hier und da gingen wir auch abends dann mal zum Essen aus. Ich erzählte ihm einige Geheimnisse und Tatsachen aus dem Eheleben und der verschiedenen anderen Problematiken, die jetzt so gesehen nicht immer was mit meiner Transgeschichte zu tun hatten, sondern dass es auch noch andere Trennungsgründe gab.

Mein neues Leben nahm langsam Gestalt an. Ich versuchte Kontakt zu knüpfen und bestehende wieder vermehrt zu aktivieren. Das wird sicher noch eine große Aufgabe und Herausforderung in naher Zukunft. Nun, nach dem ich ein aktiver Mensch bin und selbstständig unterwegs, sehe ich gute Chancen, mich in Landsberg und Umgebung zu etablieren. Als Vorteil erwies sich die Tatsache, dass ich schon in der Vergangenheit auch in der Jugend- und Jungerwachsenenzeit viel in Landsberg unterwegs war, somit war mir die Ortschaft und Umgebung nicht gänzlich fremd. Landsberg bot mir die Möglichkeit der zentralen Lage und auch den Kontakt und Wirkungskreis meiner alten Heimat nicht gänzlich zu verlieren. Der Pendelweg nach München war sogar etwas kürzer und günstiger. Ich stellte auf meinen Zugfahrten fest, dass hier auf der Strecke ein anderes Publikum unterwegs war. Nicht so offen und kontaktfreudig, wie auf der alten Route München-Garmisch, vermutlich sind hier mehr Urlauber und internationale Leute unterwegs. Ich merke schon, dass die Leute auf der Lindauer Strecke etwas konservativer sind und ich als Transfrau anders wahrgenommen und bewertet werde. Ich nehme es mal sportlich und stelle mich der neuen Herausforderung. Aufhalten oder ändern kann mich eh keiner mehr, das wäre auch ein völlig sinnloses Unterfangen. Eine gewisse Forderung fördert einem ja auch. Man muss sich einfach etablieren und nach vorne gehen. Ich sage mir immer, dass ich ja anderen Leuten auch keine Vorschriften mache, wie sie daherkommen. Am liebsten habe ich meine Ruhe, jedoch gelegentlich entzückt es mich, die Leute zu beschäftigen. Bei manchen merkt man, wie die Zahnrädchen im Gehirn rattern. Wenn ich zu meinen früheren Zeiten zurückdenke, wie verschämt ich mich da oft bewegt habe, ist es jetzt schon alltäglicher geworden. Letztlich werde ich in nicht mehr allzu ferner Zukunft einfach nur noch „*Frau*" sein und so leben. Das ist mein erklärtes Ziel, dafür kämpfe ich und stehe dazu ein.

Allmählich wurde ich immer vertrauter in Landsberg. Ich mischte mich als „*Frau*" unters Volk, wo es nur ging. Oft werde ich im Dialog auch als „*Frau*" angesprochen, das tut mir richtig gut und treibt mich voran. Ich bin ohnehin sehr verblüfft, wie schnell und scheinbar automatisch viele Dinge ablaufen und vorangehen. Als wenn man neben sich steht und sich selbst beobachtet. Die ganze Entwicklung zur Transfrau hat eine starke Eigendynamik entwickelt. Der innere Antrieb ist enorm gewachsen, ich denke, daher kommt auch die Kraft, diese Lebensphase zu meistern. Wichtig dabei ist der unabdingbare Wille, den Weg immer weiter zu gehen. Ich habe das Vertrauen, das mein Geist weiß, wie weit man gehen kann und wann Halt geboten ist. Im Moment jedenfalls geht es ganz schön turbulent zu und die Geschwindigkeit ist berauschend. Ich denke, spätestens nach der geschlechtsangleichenden Operation wird sich der Steigflug abflachen und verlangsamen. Irgendwann erreicht man seine normale Flughöhe und dann geht es einfach nur noch voran.

Partnerschaft, Einsichten und Ansichten

Eine Partnerschaft ist keine einfache Sache, egal wie lange man zusammen ist. Im Laufe der Jahre lebten wir uns einfach auseinander. Viele Dinge ändern sich, auch die Menschen unterliegen einem stetigen Wandel. Manche können und wollen die Veränderung nicht immer so dynamisch mitmachen und verarbeiten. Die Geschwindigkeiten sind dabei sehr unterschiedlich, manche bewegen sich fast gar nicht. Und da ist das Problem, wenn die Geschwindigkeiten zu unterschiedlich sind, driftet das Ganze so weit auseinander, dass die Lebenslinie abreißt. Ich denke, dass sich das klassische Modell der Ehe in Zukunft stark ändern wird und sich den geänderten Verhältnissen anpassen muss oder löst sich ganz auf. Die Frage der Sinnhaftigkeit des ewigen Zusammenseins wird sich immer öfter stellen. Traditionalisten werden an den alten Rollenbildern festhalten wollen, andere werden neue Weg einschlagen und den Zeitenwandel mitgestalten. Von der Evolution ist es eigentlich nicht angedacht, sich nur einen Partner zu widmen, sondern der Mann sollte möglichst viele verschiedene Partner haben, dies soll die Vielfältigkeit und den Fortbestand der Population sichern. So ist es eigentlich von Natur aus vorgesehen. Unser Gesellschaftssystem und die Kirchen schränken den natürlichen Vorgang drastisch ein. Ich denke, daher rühren die vielen Trennungen und Ausbrüche einer Ehe oder anderweitiger Partnerschaften. Man spricht in dem Zusammenhang ja oft vom so genannten *„goldenen Käfig"*. Ein bisschen Wahrheit ist wohl zutreffend. Bequemlichkeit, Eifersucht und Besitztum sind wohl die geläufigsten infektiösen Leiden, das in vielen Partnerschaften Probleme aufwirft. Man kann doch einen Menschen nicht besitzen, das käme ja einer Sklaverei gleich. Es ist aber leider Gang und Gäbe. Über häusliche Gewalt will ich mich hier erst gar nicht auslassen und ist auch nicht Thema dieses Buches. Nur gut, dass es in unserer Familie damit nie ein Problem gegeben hat. Ich persönlich verabscheue Gewalt, für mich ist das das Ende der fortschrittlichen menschlichen Kommunikation.

Die heutigen Zeiten erfordern es geradezu, dass man nicht mehr nur funktioniert, aufbegehrt und den Erwartungen nicht entspricht. Dass man neu denkt und einen Weg geht, der zu einem passt, auch wenn er steinig und voller Hindernisse ist. Nur so wird man wachsen und seine Erfüllung finden.

Man muss sein Ändern bzw. Veränderung leben, nicht im *„eigentlich"* versinken. Ein vorübergehend darf nicht in einem *„niemals"* enden. Wage etwas, bevor das Wort *„hätte"*, *„wenn"* und *„aber"* das Leben ersetzt, denn dann hat man sich aufgegeben.

„Das Erfolgsgeheimnis jeglicher Beziehungen liegt in der Toleranz, Weitsicht und Verzeihen."

Die Reha in Isny

Am 9. Mai. 2017 trat ich meine Reha in Isny (Allgäu) an. Das Haus wurde mir durch einen Leidensgenossen aus der VIVA-TS Selbsthilfegruppe für transsexuelle Menschen empfohlen. Nun, nach meiner eigenen Recherche sah die Bude nicht schlecht aus und der Leistungskatalog entsprach meiner Anforderungen des Krankheitsbildes. Frohen Mutes machte ich mich auf, um endlich und umfassend mich von den vielen Krankheiten und Krankenhausaufenthalten zu erholen und frische Kraft zu tanken. Noch ahnte ich nicht, welche Überraschungen dort auf mich lauerten. Von der Umgebung wusste ich ja Bescheid, denn es waren ja gerade mal gut 100 Km von Landsberg nach Isny. In der ersten Woche gab es leider schon eklatante Differenzen mit meinem Zimmernachbarn. Nachdem er seine mobile Telefonzelle auf den Balkon verlegte und weit über das erträgliche Zeitmaß hinaus lauthals dahinkrakelte, platzte mir der Kragen und es kam zu einer Auseinandersetzung, die beinahe nonverbal zu entgleiten drohte. Am nächsten Tag erörterte ich den Zwischenfall bei der Stationsärztin. Sie meint, dass ich das selbst regeln muss. Ich war darauf und dran, das Handtuch zu werfen und wieder nach Hause zu fahren. Die Koffer legte ich schon mal vorsorglich ins Auto. Am darauffolgenden Tag unternahm ich noch ein Schlichtungsversuch, kurzum wir einigten uns und gelobten Frieden.

In der zweiten Woche sollte ich eine folgenreiche Bekanntschaft machen. Am Dienstag - so glaube ich mich zu erinnern - war Schichtwechsel und neue Leute sollten anreisen. Mal sehen, was das wieder wird. Die beiden neuen

Damen fragten mich, was das „*Fr.*" vor meinem Nachnamen auf dem Namenskärtchen zu bedeuten hat, da ich ja sichtlich nach außen hin eher als männlich einzustufen sei. Ich sagte spontan Fr.(ei) Frau von Baader. Schmunzelnd gab ich dann meine Standarderklärung ab und zog meinen Ergänzungsausweis vom „*dgti*". „*Ah.*" stand in den Gesichtern geschrieben. Die Frau neben mir sagte dann: „*so einen bunten Vogle können wir am Tisch brauchen, der bringt Leben in die Bude!*". Somit war das Eis gewissermaßen gebrochen. Wieder einmal hatte ich mich als Transgender behauptet. Die nächsten Tage und Wochen liefen mit vielen kleinen netten Episoden geschmeidig dahin, die Romanbände füllen könnte. Allmählich merkte ich auch den Wohlfühlfaktor und den Erholungswert der Reha. Auch die Etablierung in meiner Transgenderrolle lief recht gut, muss ich sagen und stoß auf breite Akzeptanz, sogar von Leuten, wo ich Widerstand erwartet hätte. Da sieht man es mal wieder, das Leben steckt voller Überraschungen und sogar angenehmerer Art! Ich wurde sogar gerne in der Dorfdisco gesehen und fand mich dort zu diversen Tanz- und Gaudi-Veranstaltungen ein, wir hatten einen Heidenspaß! Zu meiner Freude und Überraschung baute sich langsam, aber sicher eine etwas festere Bekanntschaft zu meiner Tischnachbarin auf, die rechts neben mir am Esstisch saß. Der Sympathiefaktor auf beiden Seiten baute sich kontinuierlich auf und wir waren Beide sehr erfreut darüber. Bald begannen wir auch unsere Freizeit vermehrt miteinander zu verbringen. Ich kann mich noch gut an ein für mich sehr schönes und markantes Erlebnis erinnern. Jedenfalls verspürte ich einen inneren Ruck, nur konnte ich damals noch nicht ahnen, wo das mal hinführen wird!

Sabrina lud mich abends auf einen Aussichtshügel nahe der Klinik ein, um die Zeit mit mir dort oben zu verbringen. Etwas später folgte ich ihrer Einladung. Wir saßen geraume Zeit dort oben und genossen das Alpenpanorama, auch die Unterhaltung war sehr angenehm. Mit welchen Gefühlen sie in dieser Nacht einschlief, kann ich nur erahnen. Es kann auch sein, dass sie gar nichts gefühlt hat, sondern nur mit einem beliebigen Menschen die landschaftlichen Eindrücke genießen wollte. Für mich war es einfach wunderbar und verspürte ein inneres Kribbeln. Mit heutigen Erkenntnissen ist mir klar, dass ich schon wieder mal falsch abgebogen bin und dies noch viele Folgen für uns haben wird! Fortan wurde die Bande etwas inniger, wenn auch nur erstmal für mich nach innen. Nach dem es schon sommerlich war, fuhren wir gelegentlich zu einem nahegelegenen Badesee. An alle Unternehmungen kann ich mich nicht mehr erinnern, jedoch an unseren gemeinsamen Schminkkurs, der sehr lustig war! Über die vielen Tage erfreute sie sich über meine rasante Fahrweise mit meinem Fahrrad und dem dahin wedelnden rotgestreiften Sommerkleidchen. Eine fast schon sorglose und angenehme Zeit brach an.

Am 8. Juni erlitt ich während einer Therapiesitzung plötzlich und unerwartet einen Schlaganfall, der eine Erblindung des rechten Auges und eine kurze Ohnmacht zur Folge hatte. Ohne Umschweife führte mich der Weg zum Zentralklinikum Augsburg, dort wurde ich sogleich umfassend behandelt. Die Reanimation des Auges erfolgte umgehend, was sich später als Heilerfolg erweisen sollte. Nach der umfassenden Diagnostik wurde ein zu fast neunzig prozentiger Verschluss der rechten Halsschlagader festgestellt, der schnellstmöglich operiert werden müsse. Nach drei Wochen wurde ich entlassen. Was mich aber total überraschte und außerordentlich freute, war, dass Sabrina mich alsbald im Zentralklinikum Augsburg besuchte. Offensicht war ich ihr schon ein bisschen ans Herz gewachsen. Das werde ich ihr nie vergessen und sollte noch lange nachwirken. Auch nach der Reha und meines Klinikaufenthaltes in Augsburg traf man sich des Öfteren an verschiedenen Örtlichkeiten und fingen an, unsere Zeit miteinander zu verbringen, doch darüber in andere Kapiteln des Buches mehr.

Outing in der Firma / Veränderungen

Am **1.März. 2017** machte ich meine endgültige Wandlung in der Firma publik. Mein Chef hatte mich da schon im Vorfeld unterstützt. Mit viel Widerstand hatte ich ohnehin nicht gerechnet, aber es bleibt doch ein gewisser Nervenkitzel, denn man kann ja in keinem Menschen hineinschauen und weiß nicht, wie der eine oder andere reagiert. Eine wesentliche Unterstützung war hier mein Ergänzungsausweis vom *„dgti"*. Mit ihm - so mein Chef - können wir an die s.g. Öffentlichkeit gehen und er hat dann kein Problem mehr, dies vor anderen zu deklarieren, falls es Probleme oder Fragen geben sollte. Ja, der Ausweis ist echt Gold wert, kann ich nur sagen und jedem zu empfehlen, der ebenfalls auf diesem Weg unterwegs ist. Mit wohlwollender Formulierung und des Ergänzungsausweises als Anhang sendeten wir die Mail an die Abteilung und noch anderen Personen in der Firma, die mir wichtig erscheinen. Prompt kamen die ersten Antworten herein und auch persönlich kamen die Leute auf mich zu. Sie gratulierten mir zu meinem mutigen Schritt. Das gab mir Zuversicht und Auftrieb. Es war angenehm zu spüren, dass einige Leute auf meiner Seite waren und die mich nicht so recht einordnen konnten, muss ich auch akzeptieren. Einige Kolleginnen boten sich sogar an, mit mir mal shoppen zu gehen und mich im Einkauf bei Damenkleidung zu beraten oder mit mir auch mal reden, wenn ich Bedarf hätte. Wie sich später herausstellen sollte, wird manches zur Luftnummer. Ich hatte meine Erwartungen vorsichtshalber nicht zu hochgeschraubt, als wenn ich es geahnt hätte. So sind die Leute nun mal, am Anfang finden sie einem noch interessant, doch später verfliegt das Interesse dann wieder recht schnell.

Später schrieb ich meinem Chef, dass ich noch ein delikates Anliegen habe. Ich kann so ja nicht mehr auf die Herrentoilette gehen, sondern bei den Damen - ob das ein Problem sei und ob er mir bei der Lösung helfen kann. Kurze Zeit später kam die Antwort zurück, dass er mit den Damen gesprochen hat und ich ab sofort bei den Damen auf die Toilette gehen kann. Daraufhin sagte ich, das ging aber schnell und unkompliziert. Er erwiderte darauf: „die Welt ist schon kompliziert genug, da brauchen wir keine weiteren Probleme!". Von nun an fühlte ich mich sichtlich wohler, denn die Sachlage war jetzt eindeutig. Als Crossdresser war das immer ein Zwiespalt und die Leute hatten Probleme. mich einzuordnen und mit mir richtig umzugehen. Jetzt ist es etwas besser! Mein Türschild am Büro wurde auf meinem weiblichen Vornamen geändert, sowie in der Telefonliste und Fotoliste. Später dann auch im E-Mail-Programm. Weitere Personalien können dann aber erst geändert werden, wenn ich die gerichtliche Personenstandsänderung habe. Des Weiteren beflügelte mich der Schritt zum Tragen von Röcken und Kleidern in der Firma, wobei ich mich bei Kleidern leichter tat als bei Röcken, aber das wird schon! Allmählich wird mein Traum wieder ein Stück wahrer. Im weiteren Verlauf entspannte sich das Ganze immer mehr und wurde zur Normalität. Ich kann mich jetzt annähernd als „Frau" in der Firma bewegen. Ein paar komische Begegnungen gab es dennoch immer wieder und hin und wieder beschwerten sich auch Leute bei meinem Chef. Ganz rund wird die Sache wohl nie laufen, den Traum kann man abhaken. Im späteren Verlauf wird sich die Stimmung gegen mich weiter verschlechtern, aber zum gegenwärtigen Zeitpunkt ahnte ich das noch nicht. In späteren Kapiteln erfahren Sie mehr! Ich lasse mich nicht unterkriegen und gehe meinen Weg weiter!

Hormonbehandlung

Mein Psychiater in München, der zum aktiven Behandler-Netzwerk für Transgender gehört, führt mich professionell durch meinen schwierigen Weg zur *„Frau"*. In vielen Sitzungen erörterten wir gemeinsam Lösungswege und er erklärte mir viele Dinge, die mit dem Verhalten von Transfrauen einhergehen z.B., dass man sich in der Zwischenphase äußerlich überzeichnet d.h. auffällig kleidet in seiner gewünschten Geschlechterrolle.

Man will einfach so „sein, wie man ist". In dieser Phase des Lebens ist es einer der wenigen Möglichkeiten, sich überhaupt entsprechend zu präsentieren. Grundsätzlich fehlt einem ja auch die Vollständigkeit des Wunschgeschlechtes, so bleibt einem nichts anderes übrig, äußerlich entgegenzuwirken. Der Psychiater sagte auch, dass sich dies schon nach der gesetzlichen Anerkennung des neuen Personenstands und geänderten Vornamen etwas legt und normalisiert. Das ist verständlich und nachvollziehbar und anderen Personen auch erklärbar. Da es relativ oft vorkommt, dass ich nach dem Verhalten gefragt werde, bin ich froh über diesen Kenntnisstand. Im nächsten Schritt wurde ich durch meinem Münchner Psychiater und Sexualtherapeut zur Endokrinologie überwiesen, um die Hormonbehandlung beginne zu können. Mir war es wichtig, dass die Hormonbehandlung unter ärztlicher Obhut war, denn ich wollte keine eigenen Experimente durchführen, so wie es manch andere schon versucht haben. Nachdem ich auch noch andere Medikamente aus anderen gesundheitlichen Gründen einnehmen muss, ist hier eine genaue Abstimmung erforderlich. Ich kann nur jedem raten, sich ebenfalls ärztlich unterstützen zu lassen. Ein paar Tage darauf hatte ich meinen ersten Behandlungstermin bei der Endokrinologie. Die Endokrinologie ist die „Lehre von der Morphologie und Funktion der Drüsen mit innerer Sekretion und der Hormone". Zu meiner Freude wurde ich mit weiblicher Anrede begrüßt und das schaffte gleich eine angenehme Atmosphäre. Die Ärztin beriet mich erst mal sehr ausführlich über den ganzen Vorgang und wies mich auf alle Eventualitäten hin. Wichtig war die Stelle, dass durch die Hormonbehandlung die Manneskraft der Potenz nachlassen wird. Nun, das war mir klar und ist ja auch gewünscht, denn ich will ja eine „Frau" werden. Ebenso wurde ich über die Wirkungen und Nebenwirkungen aufgeklärt und wie ich das Medikament anzuwenden habe. Die Atmosphäre war sehr herzlich und entspannt, ich hatte ein gutes Gefühl. Mir wurde ein sehr moderater Einstieg in die Behandlung angedacht. Als Wirkung wurden mir Stimmungsschwankungen, Veränderungen im Brustbereich, Empfindlichkeit der Brutwarzen angekündigt. Das Medikament heißt „Gynokadin®". Es ist ein Gel und wird über die Haut absorbiert. Fortan sollte ich mich im sechs Wochenrhythmen zur Kontrolluntersuchung einfinden. Im Anschluss wurde gleich eine große Blutuntersuchung durchgeführt. Etwas erstaunt nahm ich zur Kenntnis, dass mir insgesamt fünfzehn dieser Röhrchen abgenommen wurde. Die Assistentin sagt mir, dies sei nur am Anfang so umfangreich, um ein zytogenetisches Gutachten (mikroskopische Analyse der Chromosomen) zu erstellen. Nach der Prozedur verließ ich die Praxis und ging zur Arbeit. In mir stieg ein gewisses Glücksgefühl auf, ich bin wieder einen Schritt weiter! Meine innere „Frau" legte ein ganz schönes Tempo vor und zog mich einfach mit! Der weitere Tag verlief in guten Bahnen. Meine Kollegen in der Arbeit sind größtenteils tolerant, zumindest scheint es so. Nur leider ein bestimmter Kollege macht mir immer öfters Sorgen. Er scheint sich damit nicht so recht anfreunden zu können. Später sollte die Abneigung noch steigern und ich bin mir fast sicher, dass er auf mich angesetzt war, um mich irgendwann - aus welchen Grund auch immer - abzuservieren. Das ist natürlich rein spekulativ, aber dennoch kann ich es mir gut vorstellen und der Verdacht drängte sich regelrecht auf. Schade, aber so sind die Menschen: sie verkaufen sich gegenseitig, um voran zu kommen. Ein Grundübel, das viel Leid verbreitet und mir schon mal wiederfahren ist.

In den kommenden Wochen und Monaten hatte ich einige Sitzungen bei meinen Psychotherapeuten in München und als Unterstützung habe ich auch meine Psychologin aus Weilheim mit ins Boot geholt. Sie kennt mich seit ca. Mitte 2011 und begleitet mich in verschieden Stadien meiner Entwicklung als Transfrau. Ich kann mich noch gut an eine Sitzung erinnern, wo wir mal den großen Schritt der vollständigen Wandlung angesprochen haben. Sie sagte, *„wenn Sie das vor haben, müssen Sie mit einem hohen Stressfaktor rechnen!"*. Nun, damals keimte das Ganze erst mal so langsam auf und ich wusste noch nicht, was da alles auf mich zukommen würde! Vielleicht ist es auch gut so, dass man am Anfang nicht alles weiß, sonst würde man den Schritt eventuell nicht wagen. Ich merkte damals schon, dass mein langjährig gelebtes Crossdressing irgendwann nicht mehr ausreichen würde. Zunehmend beschäftigte ich mich und informierte mich aus verschiedenen Quellen über Transsexualität und Transgender. Einige Abschnitte habe ich als Glossar diesem Buch angehängt. Ein erklärtes Ziel dieses Buches ist, meine Erfahrungen und gewonnenen Kenntnisse weiter zu geben, um anderen zu helfen und Mut zu machen.

Nicht unerwähnt möchte ich hier auch die Unterstützung einer weiteren Psychiaterin lassen. Sie begleitet mich seit meiner Entlassung am 6. April 2016 aus der psychosomatischen Klinik Windach. Nach dem die Zeit in Windach voll mit Emotionen war und viele schwere psychologische Sitzungen dort stattgefunden haben, musste ich weiterhin professionell versorgt werden. Es kam in den folgenden Wochen und Monaten oft zu heftigen Weinkrämpfen und starken Stimmungsschwankungen. Meist dreht es sich um die schwierige Lage in der Familie, was hier der meiste Zündstoff für Konflikte barg. Des Weiteren war sie für eventuelle Krankschreibungen, Einweisungen und für verschreibungspflichtige Medikation zuständig, weil dies von einer Psychologin nicht geleistet werden darf. So hatte ich drei unterstützende Fachkräfte parallel zur Hand. Es war mal angedacht, dies auf eine Fachkraft zu reduzieren, aber mein Münchner Psychiater konnte nicht umfassend die Betreuung sicherstellen und sah keine andere Möglichkeit, als die Konstellation so zu belassen. Nun, was will ich machen, dann halt eben drei Termine, aber die waren gut verteilt. Die Unterstützung wird sich im Laufe der Zeit - denke ich - eh reduzieren, sobald bestimmte Dinge mal erledigt sind, wie zum Beispiel die Personenstands- und Vornamensänderung am Amtsgericht München und im weiteren Verlauf auch die geschlechtsangleichende Operation. Die werde ich in jedem Fall durchführen lassen, denn nur so kann ich mich vollständig als „Frau" fühlen und bewegen. Der Wille, den Weg bis zum Ende zu gehen, ist sehr fest in mir verankert. Ich vergleiche das so, die Personenstandänderung ist die standesamtliche und die geschlechtsangleichende Operation die kirchliche Trauung. Den Vergleich verstehe ich nach dem Gefühl und finde ihn zutreffend.

Die weitere Hormonbehandlung bewirkte einige Veränderungen, die Brutwarzen sind sehr empfindlich, der Busen wächst langsam und spannt etwas und leider aber auch wechselhaftere Stimmung mit gelegentlichen Tränen in den Augen. Ich fühle mich wie in der Pubertät. Diese Änderungen wurden mir auch von Anfang an so prognostiziert und bin trotzdem glücklich dabei. In der nächsten Phase soll ein weiteres Medikament eine stärkere Veränderung in Richtung Weiblichkeit erwirken, was ich mir auch sehr wünsche. Mein Weg und Richtung, möglichst eine vollständige „Frau" zu werden, ist sehr lebhaft und willentlich in jeder Phase der Veränderung. Ich habe mir geschworen, den Weg zu Ende zu gehen, auch wenn es mir das Leben kostet. Ansonsten koste es mich halt dann auf anderer Weise das Leben. Ich weiß, das sind harte Worte, die aber von vorausgegangen tatsächlichen Suizidversuchen untermauert werden. Ich denke oft, warum ich nicht gleich als „Frau" auf die Welt gekommen bin. Die nachträgliche Anpassung ist schwierig und mit viel Leid verbunden. Aber so ist es eben und muss es akzeptieren. Einige Bekannte aus der Transgender-Selbsthilfegruppe VIVA-TS aus München sind ausgestiegen und stecken ihr Vorhaben aus Rücksicht zur Familie, Partner etc. wieder zurück. Wieder andere realisieren ihr Vorhaben am Rande des Wahnsinns. Leider gab es auch Menschen in der Selbsthilfegruppe, die den Nervenkrieg nicht überstanden haben und weilen deshalb nicht mehr unter uns, auch diese Facette ist leider real vorhanden.

Gerichtliche Personenstandänderung

Im Frühjahr 2017 habe ich den Antrag zur Personenstands- und Vornamensänderung beim Amtsgericht München gestellt. Es ist ein formloser Antrag mit einer Kurzfassung meiner Geschichte und Anliegen. Im Antrag kann man den Wunsch äußern, welche beiden Gutachter mich für das Gericht beurteilen sollen. Meist wird dem Wunsch stattgegeben. Oft sind es die bekannten Gesichter, so viele gibt es in München derweilen nicht. Wichtig, es müssen halt laut Gericht zwei unabhängige Psychiater sein, wobei einer davon schon laufender Behandler sein kann. Es ist jedenfalls jede Menge Schreibkram zu erledigen. Danach erhält man eine Mitteilung vom Gericht, dass die Sache bearbeitet wird und welche Gutachter beauftragt wurden. Im Anschluss muss man dann Termine mit den Gutachtern vereinbaren. Die senden dann dieses zum Amtsgericht und man erhält dann vom Gericht eine Kopie des Gutachtens. Je nach dem kann es schon einige Zeit dauern, bis es zur Anhörung vor Gericht kommt. In meinem Fall waren es ca. acht Monate seit Antragstellung. Also etwas Geduld und Durchhaltevermögen muss man schon mitbringen. Umso erhebender ist dann der Augenblick, wenn man den Brief zur Vorladung in den Händen hält. Die Verhandlung dauert mit Anmeldung und kurzer Wartezeiten ca. eine knappe Stunde. Es werden viele Fragen gestellt, die nochmals bestätigen sollen, ob man standfest ist. Auch die Frage der Vornamensgebung wird nochmal geprüft. Der Staatsanwalt ist auch zugegen und ist meist Beobachter und stellte nur wenig Fragen. Zum Schluss muss er zustimmen oder seine Einwände vorbringen. Danach ergeht der Richterspruch und Entscheid. Man kann dann noch wählen, ob man die Einspruchsfrist wahren will oder das Urteil sofort wirksam sein soll. Mit der Zustellung des Bescheides kann man dann alle Papiere ändern lassen. Unterschätzen Sie hier den Aufwand nicht! In meiner Karriere habe ich es auf knapp vierzig Änderungen gebracht. Die Vorgehensweisen, Laufzeiten, Schwierigkeiten und Kosten unterscheiden sich stark. Dreh- und Angelpunkt für viele amtliche Vorgänge ist der Personal- oder Reisepass, danach kann man auf die anderen Ämter gehen. Der neue Ausweis dauert in der Regel sechs bis acht Wochen. Auch der Führerschein nimmt in etwa solch eine Zeitspanne in Anspruch. Wichtig ist, vorher mindestens acht biometrische Ausweisbilder erstellen lassen, sonst eckt man überall an. Das Standesamt stellte mir sogar eine neue Geburtsurkunde aus, hier erinnert dann nichts mehr an das vorangegangene Geschlecht. Weiter geht's mit den unzähligen Plastikkarten von Institutionen, Warenhäusern, Vereinen, Bankkarten etc. Das Auto muss umgemeldet werden, hier wird ein neuer KFZ-Brief und Schein erstellt, die alten Scheine nicht vergessen, mitzunehmen! Versicherungen sind noch wichtig und eventuell wichtige Zertifikate und Zeugnisse. Ich könnte hier noch endlos weiter eine Aufzählung betreiben. Einen markanten Vorgang möchte ich dennoch nicht unerwähnt lassen. Die längste Laufzeit, für eine neue Versicherungsnummer zu erstellen, hat in meinem Fall der Deutsche Rentenversicherung Bund in Anspruch genommen. Sage und schreibe ist hier ein knappes Jahr ins Land gezogen. An dieser Stelle noch ein Tipp, fangen Sie von Anfang an alle Änderungen in einer übersichtlichen Tabelle zu pflegen, sonst verlieren Sie den Überblick.

Das war jetzt mal der grobe Ablauf. Die Antragstellung ist noch recht einfach, aber die Gutachtertermine sind doch relativ aufwendig. Es müssen viele Formulare ausgefüllt werden, die bis in die tiefste Kindheit reichen. Auch das engere Familienumfeld wird durchleuchtet bis in die kleinsten Ritzen, sowie die berufliche Seite, also Ausbildung, Fortbildung und berufliche Laufbahn. Dann kommen noch die persönlichen Termine, hier wird auch auf den Zahn gefühlt. Dabei kommt es sehr auf das gesamte Bild an, das auch das äußere Erscheinungsbild miteinschließt. Wobei dies so natürlich wie möglich sein soll, also nicht als Schaufensterpuppe hingehen. Die Summe aus den vielen Fragebögen, der Anhörung und dem Gesamteindruck entsteht dann das Gutachten. Letztlich dient alles der Feststellung, dass man richtig gut verankert ist in der gewünschten Geschlechterrolle und diese dann auch nicht mehr ändern will. Nach der Gutachtenerstellung und nachdem diese dann zu Gericht gegangen sind, beginnt die Warterei. Den Glauben schon verloren kommt dann doch die ersehnte Nachricht für die Vorladung bei Gericht. Der große Tag! Ich ahnte es aber dachte nicht, dass er mich doch so bewegt.

Die Verhandlung

Ich zog mich gut, aber nicht übertrieben an, der Eindruck sollte alltäglich und natürlich wirken. Noch etwas aufhübschen und dann kann`s losgehen. In der Verhandlung sind außer mir noch der Staatsanwalt und der Richter anwesend. Mir wurden einige direkte Fragen in Bezug auf meine Standfestigkeit gestellt, sowie über den Verlauf meiner Sozialisierung im Alltag, Beruf und Familie. Die Verhandlung kam mir länger vor als sie gedauert hat. Auch etwas Unbehagen hatte ich in der Magengrube, man kommt sich vor, als hätte man was verbrochen und wird dementsprechend verurteilt. Nun zum Schluss fragte der Richter, ob ich mit dem Beschluss zur Änderung einverstanden bin und die Einspruchsfrist in Anspruch nehmen will oder nicht. In meinem Fall habe ich auf die Einspruchsfrist verzichtet, ansonsten bin ich eher immer vorsichtig und nehme solche Fristen wahr. „Nein", ich habe keinen Zweifel. Mit dem Hammerschlag war die Verhandlung vorbei und das Urteil gefällt. Jetzt bin ich kraft Gesetzes:

„Frau Johanna Baader"

Ja, das hat richtig Kraft gekostet, deshalb war ich nach der Verhandlung vollkommen leer und schien wie ein Stück Holz im Ozean zu treiben. Es dauerte einige Zeit, bis ich mich wieder gefangen hatte. Anschließen ging ich zur Feier des Tages in ein schon vorher angedachtes Lokal zum Essen und genoss ein kühles Weißbier dazu. Allmählich strömte wieder Leben in mir hinein. Ich hing noch

einige Zeit meinen Gedanken nach und fuhr dann gemütlich und voller Freude ins Geschäft.

Dort wurde ich freudig von einer Kollegin empfangen
und für meinen großen Schritt beglückwünscht. Sie über-
brachte mir eine wunderschöne Rose und einen Piccolo,
eine herzliche Umarmung von ihr rundete den Moment
angenehm ab. Ich unterhielt mich noch mit verschiedenen
Kollegen und ließ mich feiern. Es war einfach nur schön
und entspannend. Etwas später fuhr ich glücklich und zufrieden, aber immer noch in meinen Gedanken etwas
durcheinander nach Hause. Leider blieb mir zu Hause
kaum Zeit um etwas zu besinnen, da ich noch meinen Koffer für die morgige Abreise in meinem lang ersehnten und
denke auch verdienten Urlaub zu packen. Mein erster
Urlaub als Transfrau mit einer kleinen Reisegruppe! Aber
dazu mehr im nächsten Kapitel. Nach meinem Urlaub werde ich wohl den schriftlichen Bescheid in Augenschein
nehmen und weitere Schritte unternehmen. Dann heißt es,
viele Papiere ändern lassen. Der Ergänzungsausweis vom
„dgti" hat dann ausgedient. Als Andenken werde ich ihn
aber sicher behalten!

Urlaub als Transfrau

Nach dem ich die letzten Jahre nur Kliniken und Krankenhäuser sowie Ärzte gesehen habe, dürstet es mich nach
einem ganz normalen Urlaub. Im Frühjahr fing die Planung
für einen Segeltörn an die kroatische Küste an, initiiert
durch einen langjährigen Bekannten und Skipper, der die
Touren schon viele Jahre organisiert und durchführt. Spontan sagte ich zu, um endlich mal wegzukommen. Zum
Zweck der Abstimmung und erstmaligen Kennenlernen
wurde ein Treffen vereinbart. Der Skipper sagte den anderen Teilnehmern Bescheid, dass ich als Transgender
unterwegs bin, um somit festzustellen, ob die anderen Leute damit klarkommen und einverstanden sind. Eigentlich
ein Armutszeugnis für eine Gesellschaft, dass man sich
rechtfertigen muss, wie man ist! Es wurde mir versichert,
dass es kein Problem ist und ich mitfahren kann. Etwas
erstaunt, aber froh nahm ich diese frohe Kunde auf. Dem
Anschein nach wurde das Verständnis beim ersten echten
Zusammentreffen aller Teilnehmer in einer Wirtschaft in
Peißenberg erst mal so bestätigt, was sich später als Trugschluss herausstellen sollte, aber davon ahnte ich erst mal
nichts. Zum Schluss wird mir dann Unverstand, Ärger und
Diskriminierungen ins Gesicht schlagen.

Am 23. September 2017 soll es losgehen! Bis dahin werden wir uns nochmal zur Feinabstimmung treffen. Zwi-
schenzeitlich wechselten einige Email zwischen dem Skipper und mir hin und her. Er frage mich, als was ich den
jetzt mitfahren will, als *„Mann oder Frau"*. Ihm ging es
um die Aufgabenverteilung, vermutlich wohl eher oberflächlich. Nach dem ich mir unsicher war, als was ich denn

mitfahren soll und ich mich nicht so recht entscheiden konnte, gab es einige Differenzen zwischen uns, die beinahe zum Abbruch für mich geführt hätten. Ich schrieb ihm dann als Antwort, ich werde mithelfen, wo ich nur kann. Mir fehlt ja auch die Erfahrung, was auf einem Segeltörn alles zu machen ist. Ich ahnte noch nicht, dass diese Problematik in den ersten beiden Tagen beim Segeltörn noch gipfeln sollte!

Der Skipper wollte unbedingt eine Entscheidung, in welcher Geschlechterrolle ich mit dabei sein will, da spürte ich, dass die anfängliche Toleranz zu schwächeln begann und Problem aufwerfen würde. Letztlich ist es doch egal! Hauptsache, die Aufgaben werden ordentlich erledigt. Was denn Leuten immer so wichtig ist? Diese Engstirnigkeit ist fast schon krankhaft! Im Nachgang wäre tatsächlich besser gewesen, nicht mitzufahren, wie sich im Lauf des Urlaubes herausstellen wird. Naja, die Entwicklung ist eben nicht vorhersehbar, hinterher ist man immer klüger. Schon erstaunlich, wie sich Leute im Laufe des Lebens und Geschehnissen sich drehen und andere Richtungen einschlagen! In Zukunft werde ich vorsichtiger sein.

So lang die Zeit bis der Tag der Abreise einem erscheinen mag, wenn er nun mal da ist, denkt man, wie schnell die Zeit dann doch vergangen ist! In meinem Koffer hatte ich ausschließlich pragmatische Kleidung für das Boot und die Tour eingepackt, wissentlich, dass es sinnvoll ist und nicht zu provokant weiblich wirkt, um für beide Seiten den Stresspegel niedrig zu halten. Für die Anreise entschied ich mich sehr spontan für ein Kleidchen, Strumpfhose und Damen-Sommer-Sandaletten mit mittlerem Absatz. Für mich ist solche Kleidung mehr als selbstverständlich, es ist mein normaler Alltag. Außerdem war die Witterung noch sehr sommerlich, warum dann nicht ein Sommerkleid? Ich ahnte nicht, dass ich für die Restlichen - und besonders den Skipper - provokant wirkte und das vor allem am Hafen in Funtana zu Problemen führte. Im harschen Ton wurde ich angewiesen, meine blöden Weiberklamotten und die hochhackigen Schuhe in normale Kleidung zu wechseln! Das hatte ich ja eh schon vor, aber offensichtlich ging es für den Herrn Skipper nicht schnell genug. Am nächsten Morgen soll es losgehen in Richtung Süden. Nachdem ich keine Ahnung über den üblichen Ablauf auf so einer Tour hatte und mir der Abfahrtszeitpunkt nicht genau bekannt war, kam ich zu spät für meine Aufgaben, die ich noch gar nicht kannte. Es gab ja auch keine Einweisung an Board, die ursprünglich im Pflicht des Skippers gelegen hätte, so war die erste Streiterei schon im Gange! Dann wurde ich noch bezichtigt, dass ich zu früh mit dem Frühstück angefangen haben soll, was nicht stimmt! Ich hatte wie die anderen nur eine Tasse Kaffee in der Hand und ein Keks aus meinen privat Beständen. Die Stimmung war für mich im Keller und so zog sich das den ganzen Tag bis in den Abend hin. Nichts konnte ich recht machen! Ich war so verzweifelt, dass ich mich in meine Kabine zurückzog und weinte. Ich bereute, dass ich mitgefahren bin und ich wünschte, ich wäre jetzt lieber allein zu Hause! Am Abend eskalierte die Streiterei mit den Vorwürfen, gar nichts für die Allgemeinheit getan zu haben, was aber nicht stimmte! Ich versuchte, soweit ich konnte, mich zu rechtfertigen. Schließlich sagte ich, sie sollen mich nach Pula bringen und absetzten, damit ich nach Hause fahren kann. Der Skipper sagte, dann ich kann hier gleich aussteigen und soll zusehen, wie ich selber nach Pula komme! Dabei wäre es kaum ein Aufwand, mich zum Hafen nach Pula zu bringen! Daraufhin schalteten sich die anderen Mitfahrer ein und versuchten eine Lösung zu erörtern. Was mir am meisten weh tat, dass ich von allen anderen außer dem Skipper als „*Johanna*" akzeptiert wurde und auch so angesprochen wurde. Nur der Herr Skipper sprach mich absichtlich provokant mit meinem männlichen Vornamen an! Ich fühlte mich gemobbt und beleidigt. Es wurden viele Worte gewechselt und das Ende vom Lied war, dass eine vorzeitige Abreise eine psychologische Kapitulation wäre und auch für die anderen keine tolle Lösung sei. So entschied man einen Neuanfang. Weinend lag ich in meiner Koje und konnte nur schlecht schlafen. Am nächsten Tag schien es gut anzulaufen. Wir hatten sehr stürmische See und starken Wellengang, entsprechend intensiv war die Arbeit an Deck. Ich bemühte mich redlich mein Bestes zu geben, was mir dann am Abend auch bestätigt wurde. Der Neuanfang scheint geglückt, mal sehen, ob es hält! Am fünften Tag an Board wurde ich mal von Josefine in den Arm genommen. Sie tröstete mich und versuchte mir zu bestätigen, dass ich ein wertvoller Mensch sei und ich meine Arbeit gut mache und somit genau so viel Wert, wie die anderen bin. Ich konnte nicht anders und musste spontan weinen. Vielleicht bin ich für die Art des Skippers auch zu empfindlich. Ich zweifele an mir selbst, was ich noch ertragen kann! Nun, mein Nervenkostüm ist leider sehr dünn und durch die Umstände als Transfrau wurde das ja auch nicht gerade besser. Nun, Jammern hilft jetzt auch nicht weiter, die Zeit wird schon irgendwie vorbeigehen! Nächstes Jahr werde ich definitiv nicht mehr an dieser Reise teilnehmen! Es ist einfach zu schwierig auch für die anderen Teilnehmer, mit so einem Umstand als Transfrau umzugehen. Ich hätte den Leuten das nicht zumuten dürfen! Es war jedenfalls keine Absicht, jemanden zu schaden! Ein tieftrauriger Verlauf. Später erzählte mir Josefine, dass die Leute im Hafen bei der Ankunft in Funtana über mich geredet und gewitzelt haben und die restliche Mannschaft sich kompromittiert fühlte. Ich hatte noch mein Kleidchen an und die Damen-Sandaletten. Das war halt meine Anreisekleidung, ich dachte mir nichts dabei! Mir tat das Ganze in der Seele weh, ich wollte doch niemanden ärgern! Meine gelebte Normalität als *„Frau"* polarisiert wohl bei den anderen eher negativ. Die Zeit ist doch noch nicht reif für eine Toleranz in Sachen Transgender! Mein Weg wird wohl ein einsamer werden - fürchte ich - in Zukunft, selbst dann, wenn ich möglichst nah angeglichen bin. Da wartet noch ein ganz schöner Berg auf mich, aber zum Umkehren ist es zu spät und ich mag auch nicht zurück!

Am sechsten Tag wurde ich wieder mal von unserem Skipper wegen meiner Fingernägel blöd angemacht. Er hat das Naturell des ewigen Stänkerers, aber nicht nur bei mir, wie ich weiß! Leider scheint er auch auf Bitten dies mir gegenüber nicht abstellen zu können oder wollen. Da bleibt mir wohl nur der Abschied nach der Reise, denn ändern wird sich keiner mehr! Ich weiß nicht, irgendwas stört doch immer, habe ich das Gefühl. Nun, aus der Reha von Isny weiß ich von einer Patientin, dass ich über mein Wesen und Erscheinung stark polarisiere und schon ein Reizthema für Manche darstelle. Das grenzt ja schon an Rassismus!

Ich sag mich jetzt einfach mal: Hör auf damit, den Leuten zu genügen, die dir in Bälde egal sein werden und mach die paar Tage des Urlaubes noch das Beste daraus! Anders wird es wohl nicht funktionieren, ohne dass ich mich abarbeite! Was die anderen von mir denken, lasse ich mal dahingestellt, das ist deren Freiheit, die ich auch respektieren muss. Ich werde mal meine Erwartungshaltung etwas nach unten korrigieren, dann geht es gleich viel besser! Vielleicht bin ich wieder ein Stück gewachsen, jedenfalls habe ich das Gefühl. Ich stehe nach wie vor zu meiner „*Johanna*" und umarme sie. Ich merke, dass mein Narzissmus sich im Aufschwung befindet. Nun, was bleibt mir schon anderes übrig, als Exot hat man es eben schwer! Es ist ja keine gänzlich neue Erfahrung, der Narzissmus begleitet mich ja schon seit meiner Kindheit und ist für mich ein vertrautes Gefühl und Umgang. Ein bisschen beschützt er mich auch und gibt mir inneren Halt. Lieber so, als Suizid, sag ich da nur! In der Mitte des Urlaubs war ein längerer Landgang mit Besichtigung von Wasserfällen geplant. Sicher interessant, aber ich wollte mal einen Tag für mich haben und in Ruhe durch die Gassen von Skradin schlendern. Das ist ein kleines Fischerdorf mit vielen kleinen Läden, die zum Einkaufen einladen, dazwischen gibt es ein paar Restaurants und Cafés zum Entspannen. Am Vormittag kaufte ich Brot für die Boardverpflegung ein, als Überraschung besorgte ich auf meine Kosten für alle Butter-Croissants, die uns zum morgigen Frühstück verwöhnen sollen. Am Nachmittag entdeckte ich per Zufall den Sommerhut, den ich schon lange gesucht hatte! Inspiriert von dem Einkaufserfolg entschloss ich mich, doch ein Sommerkleid zu kaufen. Ursprünglich wollte ich gar nichts erwerben. Nachdem ich ja viel Zeit hatte, konnte ich mich fachkundig und ausgiebig von den Verkäuferinnen beraten lassen. Nach einiger Zeit und Anproben wurde ich fündig. Es ist ein gut geschnittenes, lockeres Sommerkleidchen, das gut zu meiner Figur passt. Das haben mir dann auch die Damen später auf dem Schiff bestätigt! Zufrieden verließ ich das Geschäft und ging in eine Lounge und genoss einen Longdrink. Es war ein wunderbarer Spätnachmittag und man konnte so richtig entspannt abtauchen, ich vergaß Raum und Zeit!

Nun, ich will nicht alles schlecht reden. Es waren auch schöne Episoden und tolle Eindrücke von Meer und Landschaft dabei. Aber ein zweites Mal muss ich das nicht haben. Lieber mal was anderes auskundschaften. Auch die meisten Crew-Mitglieder waren durchwegs in Ordnung und sehr nett. Wir hatten auch viel Spaß und haben viel gelacht. Es ist für sie bestimmt auch nicht einfach, mit so einem Menschen wie mich umzugehen, dafür haben die bestimmt keinerlei Erfahrungswerte. Vielleicht nehmen sie ja etwas in ihr Leben mit und lernen was dazu. Ich habe jedenfalls auch viel gelernt und weiß jetzt, dass es wichtig ist, für sich einzustehen und anderen die Chance geben, sich an mich zu gewöhnen. Alles braucht seine Zeit. Es ist ja auch nicht gerade einfach, vierzehn Tage auf engen Raum mit so vielen verschiedenen Charakteren zusammen zu sein!

Am vorletzten Tag wurde ich vom Skipper bei einer lockeren Unterhaltung an Deck als Schiffsnutte bezeichnet und ich könne ja im Gemeinschaftsraum was vortanzen! Ich fühlte mich in meiner Person stark gekränkt und forderte ihn auf, sich dafür zu entschuldigen und das Gesagte zurückzunehmen. Er erwiderte darauf nur, jeder weiß ja, dass ich keine Nutte sei, aber entschuldigen will er sich nicht dafür! Er empfand es als Spaß in der Unterhaltung. Aus seinem Verhalten und den Tonfall konnte ich schließen, dass es eher kein Scherz war! Es war garantiert eine Anspielung auf meine Transsexualität, da bin ich mir sicher! Ich denke, dass er einfach damit nicht umgehen kann. Dann wäre es besser gewesen, er hätte mich nicht zu dieser Fahrt eingeladen! Die anderen Crewmitglieder waren ebenfalls konsterniert. Ich zog mich darauf hin zurück und beschloss die s.g. Bekanntschaft zu beenden. Zum ersten Mal spürte ich, wie sich eine *„Frau"* annähernd fühlen muss, die vergewaltigt wird, was das für eine starke psychische Belastung ist! Meist sucht das Opfer - in dem Fall ich selbst - die Schuld bei sich und unterwirft sich dem Peiniger. Ich werde mich jedenfalls nach dem Urlaub psychologisch betreuen lassen. Ich denke nicht, dass ich das alleine bewältigen kann! Warum gerade ich, frage ich mich, war ich halt ein einfaches Opfer? Habe ich das wirklich verdient? NEIN!

Den nächsten Urlaub - wenn ich überhaupt noch eine machen werde - mache ich dann lieber allein! Ich habe keine Lust mehr auf Gemeinschaft! Die Menschen machen mir irgendwie Angst, diese Aussage wird mich immer häufiger ereilen und meine Gefühlswelt nachhaltig negativ verändern. Davon berichte ich immer wieder in späteren Kapiteln. Offensichtlich ist es doch schwieriger als gedacht, sich als Transgender in mancherlei Hinsicht zu etablieren - ein Traum zerplatzt erstmal. Später kam noch ein anderes Crewmitglied zu mir und versuchte mich zu besänftigen und entschuldigt sich für die Entgleisung vom Skipper, weil er sich als Mitverursacher in dem Gespräch fühlt. Er versuchte mir zu erklären, dass der Skipper ein alter Mann ist und seine physischen Grenzen bereits weit überschritten seien und eigentlich sei er nicht mehr geeignet, im solch einen Segeltörn als Skipper zu arbeiten. Darüber hinaus sei er wegen seiner vielen Krankheiten verbittert geworden, ferner sei er ein alter Dickschädel und Stinkstiefel. Ich soll es einfach gut sein lassen und ihn links liegen lassen. Die Entschuldigung und Aufklärungsversuche taten mir gut und munterten mich etwas auf. Nun, ich werde meine Konsequenzen daraus ziehen und den Kontakt zu dem Mann beenden, damit endlich Ruhe einkehrt. Denn es gibt keinen größeren Wunsch für mich, als meine Ruhe zu finden! Den Satz schreie ich schon seit meiner ersten Depression im Jahre 2014 aus mir raus! Trotzdem möchte ich die vielen positiven Eindrücke und Erlebnisse nicht missen. In jedem Schlechten steckt ja bekanntlich auch etwas Gutes! Am nächsten Morgen ging es nach Hause und schon sind vierzehn Tage Urlaub vorbei. Als Fazit kann man anmerken, es gab viel zum Lernen und bin wieder ein Stück gewachsen! Aufgerundet war es größtenteils doch ein interessanter Urlaub.

Neuer Geburtstag und neue Unternehmungen

Am 26. Oktober 2017 habe ich meine neue Geburtsurkunde im Standesamt Peiting überreicht bekommen. In ihr kommt der Wilhelm Johann Baader als vormals männliche Person nicht mehr vor, es existiert ab sofort nur noch die Johanna als „Frau", somit betrachte ich es als Neubeginn und neuen Geburtstag. Ich werde die Gelegenheit nutzen um viele andere Dinge zurückzulassen, so auch der in bestimmten Teilen leider schiefgelaufene Sommerurlaub! Ich muss nach vorne schauen und endlich auch mal etwas abschließen, sonst blockiert man sich nur selbst und ändern kann man ja eh nichts mehr…

Als gute Konstante und Hilfe haben sich zwei gute Freundinnen erwiesen, die mir immer wieder unter die Arme greifen und beistehen. Das ist auch gut so, denn ohne sie wäre manches schwerer! Leider sind die beiden von der Entfernung her etwas weit weg, sodass ein spontaner Besuch nicht so einfach möglich ist. Aus diesem Grund habe ich mich entschlossen, Möglichkeiten und Kontakte im Landsberger Raum zu organisieren. Als erstes habe ich mich im Vereinsregister im Internet informiert, was es für Optionen gibt und die mit meinen Wünschen, Neigungen und Fähigkeiten abgestimmt. Als erstes habe ich Kontakt zum Billard Verein Landsberg aufgenommen und in einer kurzen und wohlwollenden Email um Information gebeten. Nach einem kurzen Nachrichtenaustausch vereinbarten wir einen Kennlerntermin im sogenannten Vereinslokal. Der Probeabend war ein guter Erfolg und ich bewarb mich für eine Mitgliedschaft. Ich bekam relativ rasch die Zusage. Endlich kann ich meinen eigenen Queue einsetzten und so habe ich die Möglichkeit, jeden Dienstag und Donnerstag ab 17 Uhr zu trainieren und meine Billardkenntnisse endlich aufzubessern! Die Leute sind jedenfalls nach dem ersten Eindruck sehr freundlich und zugänglich. Nachdem ich mich gleich als *„Frau Johanna"* präsentiert und angemeldet habe, brauche ich mich nicht umzustellen und kann meine Zukunft gleich richtig beginnen! Analog dazu verhielt ich mich auch beim nächsten Projekt.

Die zweite Aktion war die Anmeldung beim Kleingartenverein Landsberg. Ich dachte mir dabei, dass ich so etwas von der Wohnung wegkomme und einen zweiten Anlaufort am neuen Wohnsitz habe. Dort könnte ich mich dann gut beschäftigen und Zeit verbringen. Grundsätzlich wollte ich mir eigentlich keine unnötige Arbeit mehr aufhalsen, aber nachdem ich nach der Entlastung kein Haus und keinen großen Garten mehr unterhalten muss, fand ich Ressourcen, die ich in das neue Projekt stecken könnte. Bei beiden neuen Unternehmungen verspreche ich mir Ablenkung, Beschäftigung und ortsnahe Kontakte. Über Vereine kommt man eben am schnellsten zu neuen Bekanntschaften. Nun, die Zukunft wird es zeigen, was davon tragfähig und von Dauer sein wird! Ich hoffe, dass es mir gelingt, um mich psychisch und seelisch zu stabilisieren.

*„Ich werde nicht ruhen und nicht rasten, bis die Kontakte
endlich passten!"*

Es ist mir einfach so eingefallen und passt ja auch! Ich hoffe, dass die Leute mit einer Transfrau zurechtkommen! Es wird sicher die eine oder andere Problematik entstehen. Ich bin fast schon ein bisschen neugierig, was da wieder für ein Tumult entsteht! Nicht, dass ich besonders scharf darauf wäre aber ich weiß mittlerweile aus Erfahrung, dass er kommen wird. Der größte Teil der Menschheit ist leider noch nicht so weit und ich zweifle, dass sie das je sein wird, da die Grundsoftware Homo sapiens 1.0 bis heute gleich ist! Da fällt mir von einem alten Bekannten ein Spruch ein, den ich anfangs belächelt habe, jedoch sich als bittere Wahrheit erweisen sollte:

„Der Mensch wird jeden Tag dümmer und heute ist schon nächste Woche!"

Aus wissenschaftlichen Kreisen ist zu hören, dass es tatsächlich so sein soll. Vielleicht geht auch – langsam, aber sicher - bei über sieben Milliarden Menschen die Vielfältigkeit des Erbgutes aus und wir werden immer gleicher und dadurch einfältiger. Wie auch immer, bis zum Super-GAU bin ich hoffentlich für immer weg!

Die Kontaktaufnahmen am neuen Wohnort sind leider sehr dünn gesät und nur oberflächlicher Ausprägung. Da lässt sich für den Alltag nichts abstauben. Ob das so bleibt, vermag ich nicht zu sagen. Irgendwie schade, dass sich so jeder in seine künstliche Wohnhöhle verkriecht. Sicher muss man ja nicht gleich überdrehte Bekanntschaften zaubern, aber ein bisschen Nähe könnte nicht schaden! Nun, ich werde trotzdem expandieren, da hilft etwas Geduld und hier und da ein wenig anschieben! Manches ergibt sich auch von allein. Hin und wieder kommen unverhofft Leute auf einem zu und es entsteht eine erste Kommunikation. Aufgeben ist jedenfalls keine Option, das wird schon!

Angleichung / Leben als Transfrau

In diesem letzten Akt der Wandlung vollzieht sich die physische Angleichung an eine biologische *„Frau"* in bestmöglicher Weise nach dem neusten Stand der Medizin. Umfängliche Aufklärung ist - wie bei jeder Operation - unabdingbar. Durch den Wechsel der Geschlechtsidentität kommt hier noch ein großer Anteil an psychischer Belastung hinzu. Deshalb ist es wichtig, sich auch in dieser Phase psychologisch begleiten zu lassen, selbst in der postoperativen Zeit sollte man die Betreuung für eine geraume Zeit weiterführen. Man muss immer mit Rückschlägen und starken Stimmungsschwankungen bis hin zu depressiven Episoden rechnen. In dieser Phase ist es kaum vorhersehbar, wie man selbst auf die Veränderung reagiert und wie man damit zurechtkommt. Die meisten Transfrauen - so auch ich - verspüren jedoch eine endliche Befreiung ihrer Selbst. Der Wunsch der physischen Angleichung ist nach wie vor ungebrochen. Selbstverständlich bin ich mir der Risiken bewusst, die habe ich in den vielen Gesprächen und Publikationen, die ich gelesen habe, erfahren. Alle Unwägbarkeiten können ohnehin nicht erfasst werden. Es wird geschehen! Psychisch bin ich jedenfalls sehr stabil und das ist auch notwendig, sonst sollte man die Finger davon lassen! Den Satz verstehe ich auch als eine Botschaft an alle, die diesen Weg auch gehen!

Später können dann noch kleinere sogenannte Korrekturoperationen hinzukommen, aber das wird dann von Fall zu Fall entschieden. Je nach Bedürfnis und leider auch nach finanziellen Möglichkeiten kann man weitere angleichende Maßnahmen ergreifen, wie Epilation, Brustvergrößerung,

Logopädie und dergleichen. Weitere Informationen finden Sie im Glossar. Nun, irgendwann muss man einfach mit sich zurechtkommen, denn nicht alles, was möglich ist, macht auch Sinn! Also bitte nicht übertreiben, auch biologische Frauen sind nicht perfekt!

Vorplanung und Organisation GA-OP

Ich merkte schon, dass meine innere Triebkraft, weiterzukommen, enorm ist und mich fast schon zur Eile treibt, den
nächsten und endgültigen Schritt zur *„Frau"* in Angriff zu
nehmen. Über einen externen Kontakt habe ich einige Infos
erhalten, wo man sich am besten operieren lassen sollte,
dabei wurden mir zwei prägnante Namen genannt, von
denen ich mich behandeln lassen soll. Dankbar nahm ich
die Infos an und orientierte mich danach. Später wird sich
herausstellen, dass es meine Hausadresse in Sachen GA-
OP werden wird, aber dazu später mehr.

Im November habe ich für die Vorplanung schon einen
Termin bei meinem Sexualtherapeuten in München. Des
Weiteren soll auch die Hormontherapie forciert werden.
Auch hier habe ich zeitnah einen Termin ebenfalls in München bei der Endokrinologie. Durch ein weiteres Präparat
soll die Entwicklung hin zur *„Frau"* verstärken und be-
schleunigt werden. Ich bin mal gespannt, wie sich das bei
mir auswirkt! Nachdem ja alles streng ärztlich überwacht
wird, mache ich mir erst mal keine großen Sorgen. Bis jetzt
habe ich alles gut vertragen. Ich ahnte noch nicht, wie sehr
und lange mich die Hormonbehandlung beeinflussen wird
und welche kollaterale Auswirkungen sich daraus für die
berufliche und private Entwicklung ergeben wird. Seien
Sie gespannt, wie es in den nächsten Kapiteln weitergeht!

„Man gibt sein bisheriges Leben
für ein zukünftiges auf."

Es gibt sehr wenige Menschen, die den Mut haben, gegen sich selber aufzubegehren und umwälzende Veränderungen durchzustehen. Die meisten sind zu bequem und schleifen sich lieber in den gesellschaftlich vorgegebenen Bahnen durchs Leben. Das ist ja auch einfacher und leichter! Leider bleibt die Erfüllung dabei meist auf der Strecke. Ich behaupte fast, dass es der schwierigste Weg ist, zumindest einer der schwierigsten und außergewöhnlichsten, den ein Mensch überhaupt gehen kann! Man durchlebt massive Veränderungen in physischen und psychischen Bereich. Ich spüre eine fremde Kraft, die mich durch diese fantastisch anmutende und fast schon den Wahnsinn naheliegende Reise meines Lebens führt. Als wenn ich neben mir stehen würde und als Beobachter zusehe! Was soll ich noch sagen, es gibt so viel Unwägbarkeiten, dass man eine rationale Entscheidung gar nicht treffen kann, es ist eine rein emotionale Angelegenheit, so meine Erkenntnis. Später werden mich einige Leute fragen, wie man sich als Mann nur das Glied entfernen lassen kann, unfassbar! Nun, in der Frage liegt die Antwort: Ich war immer und bin eine „Frau" und kein „Mann", deshalb ist dies möglich!

In der Selbsthilfegruppe der VIVA-TS in München habe ich schon mal einen ausführlichen Vortrag über das Thema mitverfolgt. Der Arzt schilderte die Operation sehr bildhaft und realistisch. Im Laufe des Vortrages zeigte er uns eindrucksvolle Bilder, die wirklich ans Eingemachte gingen und für schwache Nerven nicht geeignet sind! Er unterstrich aber auch, dass die OP-Technik neuzeitlich schon sehr weit sei und die Ergebnisse sich sehen lassen können. Bei gutem Gelingen kann man äußerlich keinen Unterschied zu einer biologischen „Frau" mehr feststellen. Es ist ein vollständiger Intimverkehr mit den üblichen Erregungen möglich. Auch die Operationszeit hat sich deutlich verkürzt und meist klappt es mit zwei Eingriffen. Ein halbes Jahr später erfolgt dann in der Regel eine Korrekturoperation zur äußeren Angleichung, die dann aber nicht mehr so aufwendig und lange ist. Auch mein Therapeut in München hat mir geschrieben, dass es interessante Neuerungen hier gibt. Weiteres möchte er mir dann in der nächsten Sitzung mitteilen. Ich bin schon sehr neugierig!

Ich werde mir sicher noch einige Publikationen und Beratungen über dieses Thema angedeihen lassen. Jedenfalls wird sich nach diesem Eingriff sicher einiges in meinem Leben ändern, was ich Stand heute gar nicht abschätzen und erahnen kann. Damendusche, Saunabereich, Freibad, Badeanzug, Frauenarzt, Mammographie auch so banale Dinge wie das Wasserlassen, sowie Wirkungsweisen auf die Männerwelt und so weiter. Am Anfang werde ich bestimmt in mancherlei Dingen unsicher sein und auch so wirken! Die Zeit wird mir dabei helfen, die Angleichung zu schaffen. Kann gut sein, dass ich sogar von Männern blöd angemacht werde und ich mich unter Umständen wehren muss. Vielleicht fällt mir dann auf, wie doof ich mich als Mann gelegentlich selbst angestellt und verhalten habe! Es wird sicher interessante Aspekte geben, vielleicht auch mitunter gefährliche. Wie meine Familie auf diese Anpassung reagieren wird, liegt im spekulativen Bereich. Informiert habe ich sie ja bereits über diesen Schritt bei meinem Outing am 4. Dez. 2016. Die damaligen Reaktionen waren sehr verhalten, teilweise entsetzt und mit Unverständnis behaftet. Mein jüngerer Sohn schrieb mir mal in einer Email, dass ich in seinem Herzen immer sein Vater

sein werde. Das hat mich so sehr gerührt das mir Tränen
die Wangen herunterliefen! Ich liebe meine Kinder ja auch
über alles, sie sind ein Teil von mir! Ein bisschen lebe ich
auch in ihnen weiter.

Sondierungsgespräche und Recherche

Am 16. Nov. 2017 hatte ich mein erstes Sondierungsge-
spräch bei meinem Sexualtherapeut in München. Nach
einem kurzen Rückblick fragte er gezielt nach meiner Beständigkeit eine Operation zur Geschlechtsanpassung. Ich
konnte ihm zweifelsfrei darlegen, dass sich an meinem
Entschluss nichts geändert hat. Einige Infos werde ich noch
über das Internet einholen und eventuell mich noch mit
anderen Leuten beraten. Meinen Entschluss wird davon
aber nicht berührt. Ich war mir selten im Leben so sicher
über eine Entscheidung und das muss man auch in dieser
prägnanten Angelegenheit sein!

Der Alltag als Transfrau

Manchmal kann man die Situation in einem Wort zusammenfassen: „*Schei...*". Naja, es ist halt nicht immer einfach... In dieser elenden Gesellschaft gibt es wenig gelebte Toleranz, sondern nur meist Lippenbekenntnisse. Ein einfaches Leben ist es definitiv nicht, das weiß ich aus vielen leidlichen Erfahrungen! Ich werde sicher hier noch einige Bereicherungen erfahren und nicht nur in positiver Hinsicht! Gegen den Wind zieht es halt eben mehr und wenn es regnet, wird man eben nass. Ich verlange keine grenzenlose Toleranz und Zustimmung, jedoch Respekt und Achtung, das habe ich verdient! Aber was sich manche Leute herausnehmen, geht leider oft unter die viel besagte Gürtellinie. Teils sind diese sehr verletzend und völlig unangemessen, siehe Kapitel „Erster Urlaub als Transfrau". Ich frage mich oft über die Respektlosigkeit mancher Leute und dabei ist nicht immer das Alter oder das Geschlecht entscheidend, sondern auch der soziale Status scheint hier keine Rolle zu spielen! Selbst eine vermeidliche Großstadt bietet keinen Schutz vor Diskriminierung! Es gibt keinen sicheren Hafen, nicht mal im kirchlichen Umfeld! Ich musste und werde sicher noch oft unschöne und eventuell schlimme Sachen erleiden. Im Laufe der Zeit hat sich ein Ausdruck für die Phase gebildet, wo ich mich in der Öffentlichkeit bewege. Ich sag dann immer: *„Ich gehe jetzt zum Streichel-Zoo"*. Das kommt daher, weil mich manche Leute anschauen, als wäre ich ein Tier im Freigehege, wo steht: *„Streicheln unter Vorbehalt, aber nicht füttern!"* Hin und wieder spreche ich die Leute auch mal direkt an und frage sie, ob sie noch nie einen Menschen gesehen haben!

Selten, dass mal einer den Mut hat, mit mir darüber zu diskutieren.

„Manchmal möchte ich einfach nicht mehr sein!"

Auch wieder ein Satz, der mich immer wieder beschäftigen wird und leider immer häufiger, als mir lieb und recht sein wird. Da kommt wieder die alte Leier, die mich selber nervt: *„Warum bin ich bei meinem Verkehrsunfall in 2012 nicht einfach ums Leben gekommen, dann hätten mich noch alle Leute in alter gewohnter Manier in Erinnerung und es müsste sich keiner mit dem Transgendermüll herumärgern!"* Nun, ist es halt eben anders gekommen. Rückschläge sind anscheint bei jedem Vorhaben Bestandteil des Fortkommens. Ich arbeite an einer neuen Überlebensstrategie und das muss ich auch, sonst wird es zu eng für mich! Das Frausein werde ich weder aufgeben, noch etwas rückgängig machen. Erstens will ich nicht, denn jetzt erst recht! Zweitens ist es mein Leben, meine Entscheidung! Auch die Operation zur Geschlechtsanpassung werde ich machen lassen. Meine *„Johanna"* bleibt unverändert und meinen *„Wilhelm"* aus knapp 60 Jahren Erfahrung benutze ich als zusätzliche Kraft und fertig ist mein neues Überlebenskonzept. So muss ich nichts aufgeben und kann dennoch alles nutzen! Jedenfalls rechne ich vorsichtshalber mit einem Totalverlust meiner bestehenden sozialen Verbindungen. Ich will hier nicht dramatisieren, aber zu 90 Prozent wird es tatsächlich so kommen bzw. die Verluste sind ja schon seit längerem offenkundig und Realität. Allerdings habe ich auch neue Leute gefunden, die sich mit mir eingelassen haben. Was davon Bestand hat, wird sich zeigen! Eine Person hat mir mal gesagt, dass mich die Leute am Anfang interessant finden, dann aber irgendwann nachlassen und sang und klanglos verschwinden. Nun, um solche Leute brauche ich nicht weinen! Es gibt wenig Menschen, die sich hinstellen und vor dir die Wahrheit sagen! Sie schleichen sich davon und lassen das Ganze einfach langsam versiegen. Ein Verhalten, das man in vielen Bereichen des Lebens beobachten kann.

Abschließend möchte ich hier noch ein sehr unschönes und gefährliches Erlebnis schildern. Eines Abends nach Feierabend ging ich wie gewohnt von der Firma zur Tram, um nach Hause zu fahren. Es ist ein ganz normal belebter Fußweg und abends auch beleuchtet, wenn auch etwas schummrig und spärlich. Auf halben Weg zur Tram - und ich hatte es eilig - sah ich schon in einiger Entfernung fünf Jugendliche herumalbern und in meiner Magengrube machte sich Unbehagen breit, so eine Art Vorahnung. Auf der Höhe der Leute angekommen stellen sie sich mir in den Weg und wollten von mir eine Aussage, ob ich nun ein „*Mann*" oder eine „*Frau*" sei. Etwas verdutzt, aber bestimmt sagte ich, dass ich eine „*Frau*" sei, was ja per Gesetzt so ist und von meiner äußeren Aufmachung auch durchaus als „*Frau*" wahrnehmbar. Jedoch sagte einer von ihnen, offensichtlich der Rädelsführer, dass er mir das nicht glaubt, dass ich eine „*Frau*" sei! Ich sagte, sie sollen mich in Ruhe lassen, ich muss zur Tram, die fährt sonst ohne mich ab! Ich machte mich auf den Weg und die Jungs liefen mir nach und einer sagte: „*Der bleibt ja nicht mal stehen!*" Kurz vor der Tramstation fingen sie wieder an, mir die gleichen Fragen zu stellen. Vehement blieb ich bei meiner Aussage. Zum Glück kamen mir zwei Passanten zur Hilfe, sie sagten sehr bestimmt zu den jungen Leuten, dass sie mich in Ruhe lassen sollen und es ihnen ja auch nichts angehe, wer oder was ich sei! Daraufhin verzogen sie sich. Ich war heil froh! Wer weiß, was noch passiert wäre, wenn die Passanten mir nicht geholfen hätten! Sie blieben bei mir und gemeinsam bestiegen wir dann die nächste Tram. Anerkennend bestätigten sie mir meinen Status als „Frau". Es ist wirklich beschämend, wie sich manche Leute aufführen! Seitdem trage ich immer ein Pfefferspray bei mir! Da kann man die anderen Frauen nur zu gut verstehen, das ihnen so manchmal nicht wohl in der Haut ist, wenn sie alleine unterwegs sind! Jedenfalls zeigt es den Zwiespalt auf, der in mir ist. Einerseits bin ich per Gesetzt „Frau", aber geschlechtlich noch „Mann", so gesehen hatten die jungen Leute sogar teils recht. Es wird echt Zeit, dass ich vollständig „Frau" werde!

Das Ereignis hat mich noch lange beschäftigt. Es ist wirklich abgrundtief unverschämt was sich so Manche glauben leisten zu dürfen!

Auf zu neuen Ufern

Ich befinde mich gerade in der Etablierungsphase als neues Mitglied des Billardclubs Landsberg. Wir treffen uns meist dienstag- und donnerstagabends zum Training im Lokal „*Petticoat*" in Buchloe. Die drei Billardtische sind gut gepflegt und das Lokal selbst ist gemütlich eingerichtet. Man kann sich durchaus wohlfühlen! Bisher war es auch nie überfüllt und das Publikum ist bisweilen in Ordnung. Für mich ist es selbstverständlich, dass ich als „*Frau*" dort hingehe. Ob mich jetzt wirklich alle so mögen und akzeptieren, weiß ich nicht, ich kann es nur hoffen! Die meisten werden es bereits wissen oder ahnen, dass ich keine biologische „*Frau*" bin. Wir werden sehen, wie es weitergeht. Ich für meinen Teil fühle mich jedenfalls schon sehr wohl und bewege mich gerne in der kleinen, überschaubaren Gruppe. Die meisten sind auch bemüht, mir das Billardspielen beizubringen und ich nehme die Hilfe und Unterweisungen gerne und dankbar an. Ein Turnierstar werde ich aber wohl eher nicht werden. Ich sage an entsprechender Stelle meistens: „Von 10 Teilnehmern werde ich wohl den Platz 24 belegen!", dies soll meinen Abstand zu den anderen Clubmitgliedern verdeutlichen. Nun es ist auch nicht mein erklärtes Ziel; Unterhaltung und Spaß, sowie die weitere Etablierung als „*Frau*" in der Gesellschaft stehen hier im Vordergrund. Etwas vorurteilsbehaftet belastet mich der Gedanke, dass es doch noch zu einem Eklat kommen könnte. Zu oft wurde ich schon enttäuscht, belogen und blöd angemacht. Offensichtlich tun sich doch viele Leute mit dem Umgang einer Transfrau schwer. Die Menschen haben vermutlich Angst und sind unsicher, wie sie sich mir gegenüber verhalten sollen. Ich bin ziemlich überzeugt, dass es irgendwann Differenzen geben wird, aber warten wir ab und lassen den Dingen ihren Lauf, vielleicht geht es ja ausnahmsweise doch noch gut! Jedenfalls habe ich bei so manchen Leuten ein unterschwelliges Gefühl, ich parke das aber erstmal und warte ab.

Ein weiterer Versuch, in Landsberg Fuß zu fassen, ist die Bewerbung beim Kleingartenverein e.V. Landsberg am Lech. Hintergrund meiner Aktion ist, eine zweite Lokation neben meiner Wohnung, sowie eine sinnvolle Freizeitbeschäftigung zu haben. Gleichzeitig möchte ich dem kommenden Rentnerloch vorbeugen, so kann ich nach dem Arbeitsleben nahtlos einer etablierten Beschäftigung nachgehen. Ob mir dieser Schachzug gelingen wird, ich bin neugierig! Jedenfalls möchte ich es nicht unversucht lassen, nach dem Motto „Probieren geht über Studieren"!

Ich und die Dynamik des Lebens

Mein besonderer persönlicher Umstand ist der Nährboden für oberflächliche Neugierde, Ablehnung, Enttäuschung und dergleichen, was aber nicht bedeutet, dass alles gänzlich aus negativem Sammelsurium bestehe! Kaum zu glauben, es gibt auch gute Seiten an mir! Viele Leute begegnen mir auch mit Respekt, dass ich so standhaft und zielstrebig an meinem Ziel zur „Frau" arbeite. Das ist dann wie Wasser auf den Mühlen!

Nun, ich referiere aus den vergangenen Ereignissen der letzten Jahre, dass ich mich öfter als nötig in den Vordergrund gespielt habe und mich wichtiger, als andere wahrgenommen habe. Ich attestiere mir ein überhöhtes Selbstdarstellungsverhalten und sehe zumeist nur mein eigenes Leid. Ich muss begreifen, dass auch andere unter meinem Verhalten ihre Probleme haben! Ich möchte etwas verträglicher für meine Mitmenschen werden, so arbeite ich fortan an einer besseren Balance. Mal sehen, ob es klappt! Zumindest habe ich die Brisanz erkannt und steuere dagegen. Ganz optimal und für alle verträglich werde ich es wohl nicht hinbekommen, aber das muss nicht sein, denn die anderen Leute sind ja auch nicht perfekt. Wichtig ist, dass man aus den Erkenntnissen Reaktionen einleitet und die möglichst zeitnah im Auge behält und umsetzt - was aber meine Beschlusslage so weit als möglich der geschlechtsangleichenden Operation ausschließt. Das ist nicht mehr verhandelbar!

Der Notschalter

In den letzten Monaten des Jahres 2017 war die Zeit von vielen Stimmungsschwankungen durchzogen, immer wieder kam es zu kleinen Weinkrämpfen. Ich fand einfach keine Ruhe, auch der Schlaf wurde mir teilweise geraubt. Der schiefgelaufene Urlaub, die Probleme mit der Familie und viele unschöne Erlebnisse als Transfrau. Seit geraumer Zeit und in einer gewissen Vorahnung treibt mich der Gedanke immer wieder um, dass es mich doch irgendwann wieder in die Psychiatrie verschlägt. Jedoch wehre ich mich gegen den Gedanken, weil ich leider schon zu oft dort gelandet bin. Man denke sich, nicht s c h o n wieder und sträubt sich dagegen! Zweimal wäre es schon beinahe passiert. In der Wiedereingliederungsphase im August 2017 wollte mich meine Psychiaterin von der kbo-Klinik in Peißenberg schon fast einweisen, weil es mir sehr schlecht ging und zum zweiten hätte ich mich in dieser Phase schon bald selbst eingeliefert. Aber wie gesagt, der Widerstand war noch zu groß. In der Nacht vom 23. auf den 24. Dezember 2017 war es dann doch soweit. Schon im Laufe des Tages hatte ich so ein merkwürdiges Gefühl, nichts macht mir mehr so richtig Freude, keinen Appetit usw. Am Abend verfasste ich ein Schreiben an meinen jüngeren Sohn. Vorausgegangen ist ein Vorfall anlässlich meines Geburtstages am 16. Oktober 2017, den ich in jenem Hotel verbrachte, wo mein Sohn angestellt ist. Er teilte mir mit, dass er sich schämt, wenn ich in Damenkleidung erscheine und er das Hotel als Rückzugsrefugium für sich in Anspruch nehmen möchte. Nun, in dem Schreiben erklärte ich meinem Rückzug aus dem Hotel, damit er seine Ruhe hat.

Beim Korrekturlesen des Briefes überkam mich sehr schnell eine depressive Stimmung, die Abwärtsspirale nahm sehr schnell ihren Lauf. Es war kaum noch zu kontrollieren! Ich weinte fürchterlich und wusste mir nur noch zu helfen, wenn ich mich schnell in Obhut begebe. Der suizidale Gedanke war sehr nahe, der Notschalter setzte ein! Rasch packte ich das Nötigste zusammen und fuhr mit meinem Auto fast wie ferngesteuert in die Notaufnahme der Psychiatrie Landsberg. Eigentlich hätte ich gar nicht mehr fahren dürfen, aber man denkt nicht mehr rational, sondern handelt einfach nur noch. Das wird wohl ein Selbstschutzprogramm des Menschen sein, das da abläuft! Gegen ein Uhr früh wurde ich aufgenommen. Die diensthabende Ärztin war sehr nett und einfühlsam, trotzdem kam es immer wieder zu Weinausbrüchen und Redepausen. Das Familiendrama ist ein schwer verdauliches und langwieriges Thema, dass mich derzeit sehr beschäftigt. Ein Arztbrief meiner Psychiaterin aus der kbo-Ambulanz in Peißenberg erleichterte die Aufnahmeprozedur. Den Brief habe ich schon etwas länger zu Hause liegen. Gedacht war der Schrieb eigentlich zur Übernahme der weiteren ambulanten psychiatrischen Behandlung Vorort, weil sie in dem Mutterschutz gehe. Da kommt man schon ins Grübeln, Schicksal oder Fügung? Jedenfalls war es so erheblich leichter und ich musste nicht so viel erklären, was mir sehr entgegen kam, da mir das Reden ohnehin sehr schwerfiel.

„Das Problem ist, dass Transgender kaum eine Lobby haben, die sie unterstützen könnte!"

Ja, da war es wieder, das Problem Transgender: Wohin mit mir vom Gesetz her? Ich bin „*Frau*" und vom Geschlecht her „*Mann*", zugehörig fühle ich mich aber eindeutig zur „*Frau*"! Da sieht man mal am praktischen Leben die Brisanz meiner Geschlechtsangleichung. Die Ärztin beriet sich mit den Pflegern. Ich wurde auch konsultiert und gab zum Ausdruck, dass ich mich unmöglich noch zu den Männern ins Zimmer legen kann, ich bat um ein Zimmer, das mit Frauen belegt war. Gegen ca. zwei Uhr früh kam ich endlich zur Ruhe. Es sollte sich alsbald als Glücksgriff herausstellen. Meine beiden Zimmerkameradinnen nahmen mich als Transfrau gut auf. Am nächsten Morgen erklärte ich mich. Wir waren uns gleich sympathisch. Vom Alter war die eine um die Fünfzig und die andere um die Vierzig. Über mehrere Tage konnte ich eine gelebte und ehrliche Toleranz erfahren. Wir tauschten uns über unsere Erfahrungen gerne aus. Iris, die ältere von den beiden, hatte ein ähnliches Schicksal mit dem Familiendrama, nur dass sie auf Grund eines anderen Krankheitsbildes hier war. Auch ihre Familie kam damit nicht zurecht und deswegen geschieden. Steffi hatte hauptsächlich Problem mit ihrem Arbeitgeber. Auf Station etablierte ich mich recht schnell als „*Johanna*". Meine Frau meldete sich nur einmal ganz kurz per SMS wegen eines Besprechungstermins, den wir schon länger in Planung hatten, es wurde aber bisher nicht realisiert. Hierbei soll hauptsächlich die Sache mit dem Haus geklärt werden. Zu dieser Familienkonferenz verfasste ich eine Zusammenfassung positiver und nicht so gut gelaufener Dinge in unserem letzten Eheabschnitt, sowie Vorschläge über den Verbleib des Anwesens in Peiting. Dies soll als Vorabinformation für alle Beteiligten dienen. Ausgang offen.

Im weiteren Verlauf des Klinikaufenthaltes informierte ich verschiedene Leute, die mir wichtig erschienen, dass ich derzeit in der Psychiatrie mich befinde. Sehr erfreulich war, dass mein Bekannter Gerald aus Bamberg mich nicht vergessen hat! Er ist der Brückenkopf zu den anderen Leuten aus der alten Windacher Gruppenzeit. Es sollte aber noch besser kommen! Als Überraschung kündigte er an, dass er mich besuchen will und dass er Anja mitbringen wird! Als Steigerung kündigte sich auch noch Marie ebenfalls aus der Windacher Gruppe an! Schön zu wissen, dass es doch noch Leute gibt, die mich als Mensch so mögen, wie ich bin! Nur leider sind die Verbindungen auf Grund großer Entfernungen nicht alltagstauglich und werden sich in naher Zukunft auflösen.

Abschiede

Ich kann mir nicht mehr vorstellen, dass mich aus meiner Familie, Verwandtschaft und alten Bekanntenkreis noch irgendjemand mag, wenn ich da angekommen bin, wo ich hin muss. Mittlerweile erwarte ich das auch nicht mehr. Meinem jüngeren Sohn habe ich schon mal so etwas wie ein Abschiedsplädoyer geschrieben. Er meint, dass ich in seinem Herzen sein Vater bleiben werde. Das hat mich sehr gerührt und ließ mich traurig weinen! Das ist wohl so was wie ein Abschiedsschmerz!

Der ältere Sohn teilte mir mal per Telefon mit, dass ich in seiner Wohnumgebung möglichst nicht mit Damenkleidung und ungeschminkt auftreten soll. Das schmerzt! Was mich wundert, dass er noch ein Bild von mir in der Wohnung hat. Nun, in der Abbildung bin ich ja noch als Mann dargestellt.

Ich frage mich derzeit oft, wie es sein wird, wenn ich vollständig konvertiert bin? Wie soll das gehen, wenn es mal zu Festanlässen kommt und eventuell Enkelkinder anstehen? Zweimal Oma, oder was sagen sie zu ihrem Partner? Ich weiß keine Antwort. Vielleicht lässt die Zeit mal eine Antwort zu. Derzeit möchte ich so gut wie keinen Kontakt mehr zur Familie. Man wird eh nur blöd angegafft und sie fühlen sich kompromittiert, schämen sich wegen Meiner und das tut mir weh! Ich habe diese Veränderung ja nicht absichtlich herbeigeführt! Ich musste meiner inneren Stimme folgen! Ich werde dann eben irgendwann etwas einsamer von dieser Welt scheiden. Ich lasse es mal so stehen, sonst rutsche ich noch in eine Depression ab. Mein Nervenkostüm ist derzeit eh sehr dünn. Die Reserven sind

verbraucht, ich komme praktisch auf dem Zahnfleisch daher. Vielleicht bin ich auch wieder wie so oft, total verkopft und denke zu viel nach. „Lass doch die anderen mal
Zeit zum Luft holen und an dich gewöhnen!" Das ist leichter gesagt als getan, zuerst sieht man eben immer das eigene Leid! Der Prozess wird aber wachsen, dass wird die
Zukunft zeigen und in den späteren Kapiteln ersichtlich
werden.

Psychiatrie und Krankenkasse

Anfangs glaubte ich noch, dass ich in einer Woche wieder
draußen bin. Weit gefehlt! Der Aufenthalt wird sich noch
einige Zeit hinziehen. Nun, das ist mir ja nicht unbekannt,
bin ja mittlerweile schon fast Stammgast hier und kenne
die Verhaltens- und Genesungskurven. Die Zeit wird
kommen. Ein Therapeut hat mal gesagt, je mehr man sich
erholt, umso unwirklicher kommt einem hier der Aufenthalt vor. Ich denke, er wird recht behalten.
    Allmählich begann ich mich wirklich zu erholen. Ein paar
Gruppenveranstaltungen mit Ergotherapie, soziale Kompe-
tenzgruppe und Gymnastikstunden rundeten die Genesung
ab. Das Klima in unserem Patientenzimmer ist durchaus in
Ordnung und trägt zur Erholung bei. Hin und wieder ging
es richtig Rund auf der Station zu und wir mussten im
Zimmer bleiben. Psychiatrie halt - stets unberechenbare
Patienten! Zumeist sah ich solche Ereignisse eher gelassen,
man kennt das ja. Die verbleibende Zeit nutzte ich oft, um
meine Autobiografie weiter zu verfassen. Des Weiteren
recherchierte ich in diversen Internetforen über Neuerungen betreffend Transsexualismus, Transgender und artver-

wandte Themen. Es ist im Jahr 2018 eine Novellierung des TSG (Transgendergesetz) sowie eine Neuauflage des ICD-Schlüssels zu rechnen, hier soll Transsexualismus nicht mehr als Krankheit definiert sein. Eigentlich richtig: Die Leute sind ja nicht krank, nur weil sie sich zum anderen Geschlecht hingezogen fühlen! In einigen anderen europäischen Ländern ist dies bereits so geregelt und dort übernehmen trotzdem die Krankenkassen die Kosten für eine geschlechtsangleichende Operation. Hier in Deutschland befürchten allerdings die meisten Transsexuellen, dass es künftig Problem mit der Übernahme der Kosten durch die Krankenkassen geben wird, weil es keine Krankheit mehr ist. Ich hoffe, natürlich nicht, ansonsten wäre das eine riesige Sauerei und wohl eher ein Rückschritt in der sonst so liberal haltenden Gesellschaft. Da frage ich mich oft, wo ist Europa? Doch nur ein Papiertiger! Die Nationalstaatlerei wird's wohl noch lange geben. Nun, ich möchte mich nicht in die politische Schiene verfahren und warte mal ab, was da noch auf uns zukommt!

Am 9. Jan. war Visite. Da ich meist erst gegen Mittag dran war, nutzte ich die Zeit und fuhr kurz mit dem Rad zur Wohnung, um nach der Post zu sehen. Von der AOK sollte ein Brief wegen des Krankengeldes eingegangen sein. Zu Hause angekommen leerte ich den Briefkasten und siehe da, Post von der AOK! Leider aber nicht der Inhalt, den ich erwartet hatte. Es war die Ablehnung meines Antrages auf Übernahme der Kosten für die Geschlechtsangleichende Operation. Mit fadenscheinigen Begründungen versucht sich die Kasse vor der Bezahlung zu drücken, aber nicht mit mir! Zum einem sollen die Anwartschaftszeiten für die Etablierung der Geschlechterrolle um drei von achtzehn Monate noch nicht erfüllt sein und zum anderen fehlen Unterlagen über den Verlauf meiner Hormontherapie. Die hatte ich aber damals bei der Antragsstellung in der AOK dabei, diese wurde aber zum mitschicken von der Sachbearbeiterin als unnötig erachtet! Da ist mir der Kragen geplatzt, wutentbrannt griff ich zum Telefon und rief die AOK an und machte ordentlich meinem Ärger Luft. Ich gab zu verstehen, dass ich in ca. einer halben Stunde persönlich mit allen mir verfügbaren Unterlagen in der Kasse erscheinen werde und die Sache geklärt haben will! Fast blind vor Wut fuhr ich mit dem Rad mit den Unterlagen zur Kasse. Auch dort machte ich meinem Unmut Luft! Zusammen mit der Beraterin verfasste ich ein Schreiben zur Richtigstellung der Sachlage an den unsäglichen Medizinischen Dienst der Kassen. Eigentlich durfte ich gar nicht so lange von der Klinik wegbleiben! Ich ließ über die Beraterin Bescheid geben, dass ich hier bin und nach der Klärung zur Visite in die Klinik komme. Das ist ja nicht mein Verschulden! Ich musste das einfach erledigen, sonst hätte ich keine Ruhe gefunden! Danach fuhr ich zur Klinik und schaffte sogar meinen Termin zur Visite noch! Ich erklärte dem Gremium den Vorfall und am Ende überkam mich ein depressiver Schub und musste fürchterlich weinen. Meine Kräfte waren aufgezehrt, ich wurde aufs Zimmer gebracht und schlief dann ca. drei Stunden. Ich war total fertig! Nur langsam nach einigen Tagen erholte ich mich und es kam wieder Leben in meinem Körper, Geist und Seele. Ich bin ja Zeit meines Lebens gewohnt, dass ich mir alles erstreiten und erkämpfen muss, hört das denn nie auf? Am nächsten Tag hatte ich dann ein Gespräch bei der Stationspsychologin. Hier konnte ich einiges an Schieflagen aufarbeiten, unter anderem auch die familiären Schwierigkeiten. Problematisch sind die stark differierenden Akzeptanzlaufzeiten bei den verschiedenen Stellen und Leuten in meiner neuen Geschlechterrolle. Da muss ich mich wohl in Geduld üben, was mir mit meinem Naturell eher schwer fällt!

Am Wochenende kündigte sich meine komplette Familie an, um endlich eine Entscheidung über unser Anwesen in Peiting und den weiteren Verlauf bzw. anstehenden Scheidungstermin seitens meiner Frau zu fällen. Im Vorfeld hatte ich ja ihnen eine Zusammenfassung und Vorschläge unterbreitet. Im Wesentlichen ging es in der Zusammenfassung über die positiven und negativen Verhaltensweisen und Vorfälle in unserer Partnerschaft sowie die Problematik meiner Veränderung. Des Weiteren unterbreitete ich fünf Varianten über den Verbleib von Haus und Hof sowie dem Inventar. Letztlich wurde der Vorschlag „1" umgesetzt, der besagt, dass wir das Haus vor der Scheidung verkaufen. Mit dem Erlös werden die Restschulden vom Haus bezahlt, die Sekundärkosten, die sich daraus ergeben sowie die Scheidungskosten. Was dann noch übrigbleibt, kann sich dann jeder ein neues Leben aufbauen. Ich denke, dann wird es endlich mal ruhiger und die Psyche kann sich entspannen. Selbst die Kinder sind auf diesen Kurs eingeschwenkt. Sie wollten das Haus nicht übernehmen, es war zu dem Zeitpunkt auch etwas schwierig. Der jüngere Sohn war noch in Ausbildung und dem Älteren war es alleine zu viel Verantwortung. Etwas Wehmut schwingt aber dennoch mit, man hat ja gut über zwanzig Jahre in dem Haus verbracht und die Kinder darin aufwachsen sehen. Es wurde viel investiert an Sachleistungen und eigener Arbeit. Da kommt sicher noch einiges auf uns zu, trotzdem wird es der richtigere Weg sein! So ein Besitz ist auch mit vielen Verpflichtungen verbunden, die auch nicht immer angenehm sind und es bindet einem sehr stark. Ich möchte meinen letzten Lebensabschnitt gerne noch etwas freier und ungezwungener verbringen!

In meiner letzten Woche wurde für Mittwoch auf Donnerstag ein zu-Hause-Test vereinbart, damit ich wieder in das normale Leben zurückfinde. Des Weiteren wurde festgelegt, dass ich mit dem Auto nach Hause fahren soll, um zu sehen, wie es mir dabei ergeht. Ich werde das Fenster gleich nutzen, um einiges mit nach Hause zu nehmen, so dass ich am Freitag nicht so viele Taschen zu tragen habe. Am Mittwochnachmittag ging ich noch zur Ergotherapie und flocht für Sabrina und mich ein Handarmbändchen. Nach der Ergo machte ich mich mit dem Auto auf dem Weg nach Hause. Über einen Umweg besorgte ich mir noch Teile für mein Fahrrad und anschließend kaufte ich mir noch ein paar Kleinigkeiten für einen genüsslichen Abend ein. Daheim angekommen überkam mich erst mal ein befremdliches Gefühl. Nun, nach geraumer Zeit ist das nichts Ungewöhnliches! Ich fing an, mir es gemütlich zu machen, öffnete einen Rose-Wein und aß dabei Salzgebäck und Käsestückchen. Alles schien auf einen ruhigen und erholsamen Abend hinzudeuten. Etwas später überkam mich eine gewisse depressive Stimmung. Ich weiß auch nicht genau, was letztlich der Auslöser war, jedenfalls sammelten sich Tränen in meinen Augen. Ich ahnte noch nicht, dass dies noch über Stunden so anhalten wird. Der Alkohol hat sicher das Seinige dazu beigesteuert sozusagen als Brandbeschleuniger. In meiner Wut und Verzweiflung fing ich an, das Salzgebäck zu zerbröseln und durch die ganze Wohnung zu werfen auch andere kleine Gegenstände flogen umher. Letztlich blieb ich in dem ganzen Chaos schlunzend und winselnd liegen. Ich wiederholte ständig die Worte *„lasst mich doch endlich in Ruhe!"* Die Äußerung kannte ich schon aus früheren depressiven Episoden. Es birgt den tieferen Inhalt, der aus den Anfeindungen gegenüber meiner Veränderung sich generiert. Ich kam mir fürchterlich einsam vor! Irgendwann gegen Mitternacht muss ich eingeschlafen sein. Kurz nach vier Uhr morgens wachte ich im völlig desolaten Zustand auf. Einen weiteren Schlaf konnte ich nicht mehr finden. Eine gefühlte Ewigkeit verharrte ich im starren Blick auf den Saustall, den ich angerichtet hatte, wie ein Bombeneinschlag. Irgendwann entschloss ich mich, doch aufzuräumen. Die Idee, ein Foto davon zu machen, verwarf ich schnell, bloß nichts aus der Vergangenheit aufheben! Leider wiederholten sich solche Aktionen noch des Öfteren in den nächsten Lebensabschnitten und davon gibt es teilweise Fotos. Ich brauchte sage und schreibe mehrere Stunden, um die Wohnung wieder in einen sauberen Zustand zu versetzten! Leider ist einiges zu Bruch gegangen und war Nahrung für die Restmülltonne. Zum Glück entstanden keine Elementarschäden, da griff sicher auch ein Notschalter. Suizidale Elemente waren bei der depressiven Episode eigenartigerweise nicht dabei, was mich im Nachgang etwas wundert. Wenn dem so gewesen wäre, hätte ich meinen Aufenthalt in der Klinik verlängert! Allmählich fand ich wieder ins normale Leben zurück. Ich erledigte noch einige Dinge und ging dann zu Fuß am späten Nachmittag in die Klinik zurück. Ich wählte bewusst den Spaziergang, denn Auto fahren wollte ich nicht, es erschien mir noch zu gefährlich! Ich muss mich erst mal festigen, denn es waren in der Vergangenheit leider einige gefährliche Fahrmanöver dabei. Eigentlich hatte ich in der Klinik vereinbart, dass ich gegen Mittag kommen werde. Meine Verspätung löste bei Stella, meiner Zimmerkameradin, Unbehagen aus. Sie machte sich Sorgen, leider nicht ohne Grund - als wenn sie was geahnt hätte! In der Klinik angekommen kam es dann zu einer persönlichen Aussprache. Ich erzählte ihr von meinen Nöten und Sorgen. Es kam, wie es kommen musste, ich fing an zu heulen. Sie nahm mich zärtlich in den Arm und spendete mir Trost. Beruhigende Worte legten sich sanft auf mein Gemüt. Als ich mich etwas beruhigt hatte, erstellte sie mit mir zusammen einige Stichpunkte, die positiv in meinem Lebensverlauf sei. So versuchte sie mich aus dem Sumpf der Negativspirale herauszuziehen, was ihr auch tatsächlich gelang! Die Spirale drehte sich und wurde allmählich immer positiver. Ich fragte sie, ob ich sie als Freundin wahrnehmen darf? Mit ihrer Zustimmung hellte sich meine Stimmung weiter auf! Ein liebenswerter Mensch, die Stella! Ich freue mich, einen weiteren guten Menschen an meiner Seite zu wissen. Im Moment kann ich nur jede erdenkliche Unterstützung gebrauchen.

Ich glaube, an diesem Tag habe ich Stella auch gebeichtet, dass ich mich in Sabrina verliebt habe. Stella lächelte mir zu und sagt, dass sie es schon seit Längerem bemerkt hat. Es ist halt einfach so passiert, man kann es rational nicht erklären! Ich bin jedenfalls sehr glücklich darüber. Ob Sabrina das Gleiche für mich empfindet, werde ich im Laufe der Buchschreibung nie so recht herausfinden, da sie sich in solchen Dingen nur sehr spärlich äußert. Später sagte ich es ihr in einem persönlichen Gespräch, aber ihre Reaktion war sehr verhalten. Es scheint wohl eine eher einseitige Angelegenheit zu werden und nie so recht fruchten, aber das weiß ich zum heutigen Zeitpunkt noch nicht. Ich meine zu ahnen, dass die Zeit für sie auch noch nicht reif ist und ich wieder zu ungeduldig und voreilig bin! Vielleicht gut so, denn ich bin ja leider sehr labil in meiner Psyche. Sabrina wird mir später mal mitteilen, dass sie meine Zuneigung zuließ, um mich zu stützen und das hat sie auch leibhaftig. Dank an sie!

Durch die Hormonbehandlung bin ich etwas dünnhäutiger geworden und das im verstärkten Maße seit dem November letzten Jahres. Die zusätzliche Behandlung mit Androcur© gab meinem weiblichen Wachstum - allerdings auch in jeglicher Hinsicht auch den nicht immer angenehmen Seiten - verstärkten Auftrieb. Nachdem ich ohnehin nah am Wasser gebaut bin, verstärkt sich der Effekt noch durch die Behandlung und es kam eben öfter und leichter zu feuchten Augen. Manchmal weinte ich auch aus Glückseligkeit heraus. Es tat mir sogar manchmal gut, dieses Gefühl zuzulassen, so konnte ich mich auch etwas entlasten. Die Nacht schlief ich gut ein und durch. Morgen, am Freitag, den 19. Jan. war ja meine Entlassung. Ich hoffe, dass ich stabil genug bin für den Alltag! Die letzten vier Wochen war ich ja wohlbehütet, ich hatte einen festen Rahmen und Leute um mich. Das war gut und ich fühlte mich sicher und geborgen. Aus diesem Grund wählte ich auch die Option, gleich wieder in die Arbeit zu gehen und eben nicht alleine zu Hause herum zu hocken. In der Arbeit kann man sich im übertragenen Sinn auch etwas geborgen fühlen, zumindest ist man abgelenkt und hat einen festen

Tagesablauf. Am nächsten Morgen schlief ich so lange, dass mich das Betreuerpersonal aus dem Bett schmeißen musste! Nach den üblichen Abmeldeprozeduren verabschiedete ich mich von den meisten Mitpatienten persönlich, auch manchmal mit etwas Wehmut. Man gewöhnt sich an so einem Ablauf und an den Menschen, die einem umgeben.

Das Leben geht weiter

Mit der Überschrift *„Das Leben geht weiter"* starte ich in viele neue Anforderungen, die das Leben so mit sich bringt. Vielleicht war der Schritt in die Freiheit etwas verfrüht, aber die Erkenntnis sollte mir erst später zu teil werden. Man kann aber auch nicht ewig am Tropf hängen und muss wieder alleine laufen! Zu Hause angekommen setzte ich mich erst mal nieder, sinnierte so vor mich hin und dusselte ein wenig ein. Nach ca. zwei Stunden fasste ich den Entschluss, aufzuräumen und mich um meine Wäsche zu kümmern. Nach dem dies erledigt war, schaute ich mich um und stellte fest, dass mir die Aufteilung meiner Wohnung nicht mehr gefiel. Ich brauchte irgendwie frischen Wind! Langer Rede kurzer Sinn, fing ich mit der Arbeit an. Ich ahnte noch nicht, dass es wieder mal länger dauern wird als gedacht. Über die Mühen vergaß ich alles negative Gedankengut und das war gut so. Außerdem verzichtete ich auf jeglichen Genuss von Alkohol, allzu sehr hatte ich noch meinen kürzlichen kapitalen Absturz in Erinnerung. So arbeitete ich fast kontinuierlich, bis ich vor Schreck auf die Uhr sah. Es war 3:30 Uhr! Ich beschloss, ins Bett zu gehen, um ein wenig zu schlummern. Müde und erschöpft versank ich im Schlaf. Gegen 9:30 wurde ich wach, oh Schreck! Etwas später nahm ich die Arbeit wieder auf, glücklich und zufrieden ließ ich meinen Blick durch die Wohnung gleiten, ich bin sichtlich begeistert. In meinen Gedanken schweifte ich wieder einmal durch meine Fantasie, welch ein Mensch mich mal im Leben enger begleiten wird, „Mann" oder „Frau"? Womöglich bleibe ich allein und lebe von oberflächlichen Bekanntschaften? Lassen wir das, jetzt geht's erstmal weiter! Offensichtlich habe ich den frischen Wind gebraucht, denn meine Stimmung war recht gut. Ein paar Kleinigkeiten werde ich noch aufhübschen, aber das hat noch Zeit! Mal sehen, was Sabrina dazu sagt, ich glaube, es gefällt ihr! Keine zehn Minuten später summte die Türglocke. Freudestrahlend empfang ich Sabrina! Wir umarmten uns innig und knuddelten uns länger als sonst, es war ein prickelndes - wohliges Gefühl. Zart strich ich ihr über die Wange, ein Lächeln huschte über ihr Gesicht. Es ist schon verrückt, dass ich mich als *„Frau"* einer Frau hingebe! Nun, ich konnte meine ehrlichen Gefühle einfach nicht unterdrücken. Etwas später spazierten wir noch auf einen kleinen Bummel durch die Lech-Ufer Aue und im Anschluss um in die Innenstadt zu essen, weil sich der Magen mit einem leichten knurren meldete.

Nach dem Schaufensterputzen gingen wir ins Jesolo zum Pizzaessen, hier bin ich schon gut bekannt und ich fühle mich sehr wohl in dem Lokal. Die Akzeptanz meiner Weiblichkeit ist hier fast komplett, zumindest nehme ich es so wahr. Nach dem wir die leckere Pizza verspeist hatten, dachte ich laut über meine hoffentlich baldige geschlechtsangleichende Operation nach. Ich weiß, dass ich mich dann wirklich erst wie eine vollwertige *„Frau"* fühlen und bewegen kann! An dieser Stelle zitiere ich immer die Aussage: *„Ich kann ja schlecht mit dem Ausweis in der Damendusche wedeln"*. Ja, es ist in der Tat für mich eine große Belastung, wenn ich dann doch als amtliche und gefühlte *„Frau"* enttäuschend in das Lager der Männer zurückziehen muss! Ich hoffe inständig, dass ich in Bälde die Zusage der Kasse für die Operation erhalte, erst dann werde ich meinen inneren Frieden finden! Nach dem guten Essen

und einen kleinen Abschiedstrunk beglich ich die Verbind-
lichkeiten und wir spazierten wieder in Richtung Wohnung
zurück. Ich bereitete in Bälde unser Nachtgemach vor. Bei
der Abendtoilette strich ich mir sanft über die Brüste und
entzückt vernahm ich meine gewachsenen Busen! Vielleicht lasse ich mich doch mal von einem Mann nehmen,
wenn ich meine ganze Weiblichkeit habe! Neugierig bin
ich ja schon, ob das auf allen Ebenen dann funktioniert.
Die Nacht schlief ich etwas unruhig, da ich mit meinem
Gedanken überall und nirgends war. Gegenüber früher
verfiel ich danach aber in keine Depression, sondern hielt
mich konstant in positiver Stimmung. Ich beginne mich zu
stabilisieren und das lässt hoffen. Nach einem ausgedehnten Frühstück verlebten wir noch einen angenehmen Tag
zusammen. Gegen Abend fuhr Sabrina dann nach Hause.
Der Abschied war - wie immer - sehr herzlich.

Ich darf mich glücklich schätzen, dass Sabrina, meine
beste Freundin mich bei den leider vielen Klinikaufenthalten, so oft es ihr möglich ist, besucht und unterstützt. Das
gibt mir wieder viel Auftrieb und Zuversicht. Kürzlich teilte sie mir mit, dass sie mit mir zusammen unsere beiden
Geburtstage dieses Jahr in einem Wellnesstempel feiern
will - da freut sich aber jemand! Kürzlich verlebten wir
einen wunderschönen Tag mit Saunagang, anschließend
Klamottenstöbern bei mir zu Hause und dann fein Essen
als Abschluss. Der Tag wirkte noch lange nach und das
zeigt doch eine tiefe Verbundenheit! Erfahrungsgemäß
werden die meisten Transfrauen lesbisch, dass könnte sich
eventuell auch bei mir bewahrheiten. Nun, ich habe nichts
dagegen, ich bin da sehr offen. Ich glaube, dass ich auch so
glücklich werden kann, denn mir ist in erster Linie der

Mensch wichtig und nicht das Geschlecht! Um noch mal kurz das Klamottenstöbern aufzugreifen: Hierbei musste ich feststellen das ich beim Einkauf von BHs noch nicht so ganz firm bin. In meinen ersten Versuchen habe ich versehentlich eine Still-BH gekauft! Meine Freundin lachte herzhaft - nun ich gönne ihr den Spaß! Mir hat halt die Farbe und das Muster gefallen und dass er einigermaßen gut sitzt. Es werden sicher in dieser Richtung noch einige Kapriolen kommen. Für den Sommer steht ja der Kauf eines Damenbadeanzugs an. Oh je, das wird was werden! Ich werde mich nach einigen Recherchen im Internet für ein Badekleidchen entscheiden. Das gibt mir das Gefühl eines Badanzuges, jedoch wird meines leider noch vorhandenen männlichen Gemächts dadurch unauffällig und geschickt versteckt.

Die nächsten Tage musste ich mich auf zwei wichtige Termine vorbereiten. Zum einen der Regularien und Vorgehensweise für den Verkauf unserer gemeinsamen Immobilie bei unserer Hausbank, der Sparda-Bank in Weilheim und zum anderen das Abschiedsgespräch und Schlüsselübergabe in der evangelischen Kirche. Ja, Peiting scheidet sich wieder einmal langsam, aber sicher von meinem Leben! Am Montag geht es wieder ins Geschäft nach München. Für mich ist das die beste Medizin, so habe ich einen festen Rahmen für den Tag und bin meist von wohlwollenden Menschen umgegeben. Außerdem bin ich beschäftigt und konzentriere mich auf die Arbeit, so komme ich auf keine dummen Gedanken!

Am nächsten Tag in der Arbeit rief mich eine Mitarbeiterin der Krankenkasse an und teilte mir inoffiziell mit, was der Medizinische Dienst noch an Unterlagen für die Entscheidungsfindung benötigt. Ich ließ ihr umgehend die fehlenden Unterlagen zukommen. Kurz darauf sagte sie mir, dass ein Schreiben des VDK eingetroffen sei: Das Verfahren müsse über die Schiene laufen, was jedoch zu Verzögerungen führen wird. Nun könne sie meine Unterlagen nicht mehr an den Medizinischen Dienst der Krankenkassen weitergeben! Daraufhin handelten wir kurzerhand einen Deal aus. Wir tun einfach so, als wäre das Schreiben vom VDK erst später gekommen und versandten dann die Unterlagen. Ich habe ein paar Tage vorher den VDK sicherheitshalber hinzugezogen. Ich hoffe, dass ich mir damit keinen Bock geschossen habe! Aber meine innere Not, endlich „*Frau*" sein zu können, ist immens und lässt mich alle Register ziehen, die es gibt. Warum ist das immer nur so ein Zirkus? Manchmal frage ich mich, wo ich nur die Kraft generiere, um dies durchzustehen? Es ist in der Tat ein hartes Brot, aber vielleicht ist es auch eine Art Prüfung! Die Bestimmung führt zum Ziel und ist somit mein Kraftquell.

Es ist ein Jammer, dass es viele andere Transgender einfach nicht schaffen, sich von den Ketten der Normen zu befreien und ihr Leben nach ihren Vorstellungen zu leben. Ich bin überzeugt, dass es fast jeder schaffen könnte, wenn er nur wollte! Der berühmte „*innere Schweinehund*" und der Kollektivzwang der Gesellschaft sind für viele leider eine schier unüberwindliche Barriere. So mancher Mensch kann durchaus darin glücklich sein, wiederum andere baden sich womöglich darin, es sei ihnen vergönnt. „*Jeder ist seines Glückes Schmied*". An dieser Stelle möchte ich allen Transgender(-innen) Mut zusprechen, ihrer inneren Überzeugungen zu folgen und die Ziele konsequent durchsetzen!

Streichel-Zoo und Gaffer

Für mich ist der Bahnsteig immer leer. Trotz Menschenmassen vermag ich keine zu erkennen. Im Pulk des Streichelzoos - wie ich die öffentliche Umgebung gerne nenne - bin ich nur ein komisches Objekt, so meine Sichtweise auf die Menschen, die mich umgeben. Das Sozialverhalten in der Masse unterscheidet sich grundsätzlich zum Einzelindividuum. Mit der Erfahrung muss man zurechtkommen! Es gibt aber oft auch unerwartet Komplimente und Anerkennung, das ist dann Balsam für die Seele. Meinen Mut und die Entschlossenheit, „Frau" zu sein, war und ist absolut ungebrochen, selbst in gefährlichen Situationen stand ich zu meiner „Frau" und verteidigte „sie". Seit diesem äußerst unangenehmen Vorfall führe ich immer ein Pfefferspray mit mir, denn ich möchte mich nicht kampflos ergeben! Nach diesem doofen Intermezzo bin ich kurz eingebrochen und kleidete mich eher männlich. Ich meinte damit, mir eine Erleichterung zu verschaffen. Die Phase hielt aber nur zwei Tage lang, seitdem kleide ich mich wieder selbstbewusst feminin. Es nützt ja nichts, sich zu verstecken! „Frau" soll Frau sein! Nach meinem Naturell bin ich meist nur kurzfristig etwas beleidigt, enttäuscht, verletzt und dergleichen. Ich stehe aber schnell wieder auf und Kämpfe weiter. Ich nutze die Down-Phase zum Nachdenken und Aufbau neuer Strategien. Wann lernt der Mensch endlich andere nicht immer nach dem äußeren Erscheinungsbild zu beurteilen bzw. zu verurteilen, sondern auch einfach mal vorbehaltlos den anderen Leben lassen?

Wahrhaftiges Erkenntnis

In vorangegangen Kapiteln habe ich ja schon öfters meine Entscheidung für den letzten Akt und wohl mit das außergewöhnlichste, was ein Mensch mit sich anstellen kann, angekündigt: die physische Änderung des Geschlechtes. Dieser Akt ist nicht mehr umkehrbar, also endgültig! Mir fällt partout nichts Vergleichbares ein, was dies noch übertreffen könnte, zumal auch die Psyche mitspielen muss. Wer nicht selbst in dieser Thematik drin steckt, kann es kaum nachvollziehen, was da vor sich geht und warum man sich das antut!

„Heute weiß ich, dass ich immer eine „Frau" war und bin. Ich lebte leider viele Jahre meines Lebens im falschen Körper. So gesehen ist es keine Wandlung, sondern eine Richtigstellung. Das erklärt auch den standhaften Entschluss, man kommt nach Hause zu sich selbst. Ein wunderbares Gefühl!"

Unzählige Leute wollten mir mit allen Mitteln und Schauergeschichten den Schritt ausreden, jedoch hatte hierfür nie jemand eine Chance! Mein Entschluss und innere Überzeugung sind so stark und konstant, dass keine Macht der Welt mich vom Kurs abbringen kann! Diese feste Überzeugung ließ mich den nächsten Schritt unternehmen. Der Kampf mit der Krankenkasse bzw. deren Medizinischer Dienst ging in die nächste Runde! Unzählige Unterlagen habe ich noch von Ärzten herangeschafft und dem VDK zur Bearbeitung und Weiterleitung an den MDK (Medizinischer Dienst der Krankenkasse) überlassen. Nach dem mir das nicht genug Nachdruck war, schrieb ich die Vorstände der hiesigen AOK mit der Bitte um Unterstützung an. In dem Schreiben schilderte ich meine Nöte und Ängste. Die Antwort ließ nicht lange auf sich warten, ich wurde gehört! Sie versprachen mir, dies in ihrer Kraft Stehende zu veranlassen und sich einzuschalten, sollte es wieder zu einer Ablehnung kommen. Dies beruhigte mich einigermaßen. Von vielen Seiten wurde mir Geduld eingebläut, trotzdem konnte dies den inneren Druck und Drang, endlich vollständig „Frau" zu werden, nur leicht mildern. Der Vortrieb in dieser Sache ist enorm stark und durch nichts zu bremsen! Das Programm läuft vollständig autonom in mir ab.

Die Genehmigung der GAOP

Am 17. März 2018 erhielt ich vom Geschäftsführer der AOK per Telefon die lang ersehnte Zusage für meine geschlechtsangleichende Operation. Leider 17 Tage zu spät, sonst hätte ich Anfang März schon meine OP gehabt. Trotzdem hielt sich die Freude in Grenzen. Zu sehr musste ich mich für diese Sache bemühen, nach dem Motto: *„Es ist zu schön, um wahr zu sein"*. Der Geschäftsführer spürte mein Verhalten und legt nach, so dass er mir unverzüglich die Genehmigung per Email zusendet. Siehe da, tatsächlich ist es wahr! Die Freude war sehr groß, endlich war es soweit! Sogleich leitete ich diese frohe Kunde an die Urologie Planegg weiter und bat um einen neuen Operationstermin. Dabei übersah ich, dass diese bereits von der Krankenkasse weitergeleitet wurde, aber doppelt hält besser! Leider bekam ich erst für den 5. Juli 2018 einen festen Termin. Nach dem ich auf der Warteliste vermerkt bin, kann es durchaus sein, dass ich schon früher dran komme, wir werden sehen! Der 5. Juli ist jedenfalls sicher und stimmt mich schon fröhlicher! Viele Leute fragen mich immer wieder, ob ich Vorbehalte oder Ängste vor der OP habe. Dies habe ich immer sicher verneint und das ist auch tatsächlich so! Letztlich ist es mein innigster Wunsch und Bestimmung.

Psyche und Beziehungen / Leben als Transfrau

Der rabenschwarze Montag, der 26. Feb. 2018, wird mein Ende bei meinem Arbeitgeber einläuten, was ich aber bis dahin noch nicht ahnte! An diesem Tag kam alles Negative zusammen, was man sich nur vorstellen kann und noch vieles mehr! Es ging schon in der Früh los, mir entglitt eine volle Flasche Gesichtswasser aus den Händen und zerschellte am Boden in viele Scherben. Zu spät dran war ich auch noch, schaffte aber noch den geplanten Zug zur Arbeit. In Kaufering, wo ich umsteigen muss, hatte der Anschlusszug Verspätung von 25 Minuten, also war die Hetzerei zu Hause für den Arsch, wie man so sagt. Im Gedränge des überfüllten Pendlerzuges ging es dann nach München. Streckenproblem bei der Bahn führten zu weiteren Verzögerungen, fast eine Stunde zu spät kam ich dann zur Arbeit. Mit kaltem Schweiß bedeckt und mit Unwohlsein sank ich auf meinem Bürostuhl nieder. Mein Kollege war auch schon zugegen, wir begrüßten uns kurz. Es standen einige wichtige Termine und Tätigkeiten an diesem Tag an. Ich musste meinen anderen Kollegen und Projektleiter in Sachen Arbeitssicherheit vertreten, da er vor kurzem verunglückt sein soll. Was mir aber größere Sorgen bereitete, war der Termin zur Begutachtung meines Arbeitsplatzes durch das Integrationsamt. Das Amt soll mein Gehalt ganz oder teilweise übernehmen, um dadurch die Firma zu entlasten, da ich ja von meiner Arbeitskraft her aus gesundheitlichen Gründen nicht mehr das bringen kann, was sonst üblich wäre. Ängste und Vorbehalte beschäftigten mich. Für den nächsten Tag war eine Ausschusssitzung geplant sowie eine Augenuntersuchung und

Begehung durch die Firma mit einer externen Fachkraft für Arbeitssicherheit. Ich musste für den nächsten Tag noch so einiges organisieren und vorbereiten. Privat hatte ich bei meiner Endokrinologin auch noch einen Arzttermin. Alles lastete an diesem Tag und für den nächsten Tag auf meinen Schultern. Ein großer Druck, der für mein schwaches Nervenkostüm zu heftig war! Eigentlich hätte mich die Firma gemäß Bescheid vom Rentenbund den Stress gar nicht mehr aussetzen dürfen. Leider war ich zu schwach, um „Nein" zu sagen! Nach kurzer Tippelei auf der Tastatur verspürte ich das Verlangen nach einem Kaffee. Gedankenlos ging ich kurz in die Küche und holte mir ein Tässchen, das Ganze dauerte nur wenige Minuten. Mein werter Kollege teilt mir mit, dass er mich bei der Geschäftsleitung angezeigt hat, weil ich vergessen hatte, den Bildschirm zu sperren und dies nach seiner Meinung ein schweres Vergehen in der IT-Sicherheit darstellt. Ein gesunder Mensch hätte sich wahrscheinlich direkt mit dem Vorwurf auseinandergesetzt, ich jedoch schnappte ein und verfiel in eine depressive Stimmung und bekam feuchte Augen. Ich war einfach nicht mehr in der Lage, diesen Konflikt auszusteuern! Meine Haut ist sehr dünn geworden, wie man so sagt. Ich zog mich in ein anderes Büro zurück und schmollte so vor mich hin wie eine Mimose und konnte den Konflikt einfach nicht bewältigen. Es war einfach alles zu viel zu diesem Zeitpunkt! Es ist ja nicht das erste Mal, dass ich mit ihm Probleme hatte, vielmehr ist es ein schon seit längerem anhaltenden Schwelbrand zwischen uns. Durch seinen Windstoß entfachte sich das Feuer und ich war nicht mehr imstande, es zu löschen. Es drängt sich leider der Verdacht auf, dass es Absicht war, mich in die Begrenzung zu bringen, um für einen Kündigungsgrund Fehler zu machen. Es ist nicht unüblich, dass Firmen sich solcher Methoden bedienen. Ich spürte ohnehin schon länger, dass ich nicht mehr willkommen bin und wohl eher als Kostenfaktor gesehen werde. Nach kurzer Zeit kam zufällig mein Chef vorbei und wunderte sich über meinen Umzug. Ich war aber leider schon so in meiner Depression verfallen, ich brachte keinen Ton heraus, um ihm eine Antwort zu geben. In meiner Überreaktion verließ ich weinend die Firma. Das einzige, was ich noch zustande brachte war, dass ich mich mit spartanischen Worten in der Personalabteilung krank meldete. Blind vor Verzweiflung trat ich meine Heimreise auf den üblichen Weg an. Unterwegs am Marienplatz wollte ich mich vor die S-Bahn werfen, eine Passantin hielt mich geistesgegenwärtig fest! Sie fragte mich, ob ich Hilfe brauche, aber mein Hals war wie zugeschnürt und ich brachte keinen Ton heraus. Ich machte eine schlichtende Handbewegung und fuhr weiter zum Hauptbahnhof. Normalerweise gehe ich noch auf ein Getränk in die DB-Lounge, jedoch an diesem Tag verspürte ich kein Verlangen danach und hetzte direkt zum Zug. Meine Abläufe sind wie ferngesteuert abgelaufen. Während der Heimfahrt starrte ich aus dem Fenster, ohne irgendetwas wahrzunehmen. Ich empfand eine vollkommene Leere. Nach gefühlter Ewigkeit fing ich an, eine SMS an die Firma zu senden und mit dem Inhalt lieferte ich mich selbst ans Messer! Der wesentliche Inhalt dieser Message war die Beschreibung über den Konflikt mit meinem Kollegen, der mich ja angezeigt hat. Die Wortwahl war sehr emotionsgeladen und dementsprechend scharf und nicht mehr objektiv. Ich erwähnte den Suizidversuch und forderte meine Dringlichkeit für eine Trennung von diesem besagten Kollegen und nachziehend den Auszug aus dem Büro. Die Firma hat dies vermutlich als Erpressungsversuch anstatt als Hilferuf verstanden und hat es nicht hinnehmen wollen. Ich denke, die Entscheidung ist schon vorher gegen mich gefallen. Letztlich führte dies dann zu meiner Entlassung. Ich bin mir sicher, dass ich generell mit meinem Leben beruflich, privat und öffentlich überfordert war. Ich lag am Boden. Man sollte nicht im Affekt handeln und in einem solchen Zustand keine umfassende Meldung abgeben, höchstens einen ganz kurzen Status der Lage! Hinterher ist man immer klüger. Man müsste in der Zukunft handeln, um die Gegenwart zu verhindern, aber das geht eben leider nicht! Warum ich das hier so haarklein schildere, liegt in der Tatsache, dass die Hormonbehandlung eine schwer einzuschätzende Schwäche der nervlichen Belastbarkeit zur Folge hat und somit meine Geschichte pauschal alle Transgender mehr oder weniger angeht. In meinem Fall war es eben fatal. Ich kann nur jedem Raten in der Phase der Hormonbehandlung Vorsicht walten zu lassen und sich mit den Risiken und Nebenwirkungen genau auseinander zu setzten, denn in der Wandlungsphase fahren die Gefühle Achterbahn! Ich habe dieses Potenzial offensichtlich deutlich unterschätzt und bekam dafür die Quittung. Ich hätte mein unmittelbares Umfeld mehr über diesen Sonderzustand aufklären sollen und mit ins Boot nehmen müssen! Ob es tatsächlich was geholfen hätte? Ich hoffe, dass diese Erkenntnisse anderen, die diese Zeilen lesen, weiterhelfen und den Super-GAU rechtzeitig verhindern können! Bleibt trotzdem die Frage, wie weit eine Firma und Kollegen überhaupt mitziehen können und wollen. Es ist wohl nie leicht, Antworten zu finden! Sicher gibt es Leute, die mehr Glück haben und mit weniger Problemen zu kämpfen haben, sowie die Prozedur besser vertragen und diese im Griff haben. Ich denke, da gibt es die unterschiedlichsten Erfahrungen. Vielleicht war es auch Bestimmung? Im Grunde des Herzens wollte ich eh raus aus dem Berufsleben, weil ich einfach verbraucht bin. Meine Burn-Outs sprechen für sich!

Ich denke, dass ich oft zu verkopft bin und zu weit voraus konstruiere, was alles sein könnte. Was soll ich machen, so bin ich eben! Ich denke, dass da der Einfluss aus meinem jahrzehntelangen Berufsleben der Informatik mit reinspielen. Ich bin eben ein faktischer Computermensch, der fortlaufend an sich herumrechnet, ständig geplagt von eigenen Algorithmen und von gedanklicher Effizienz getrieben.

Nach zwei Wochen Auskurieren meines grippalen Infektes ging ich am Montag, den 12. März wieder in die Arbeit. Zum ersten Mal verspürte ich ein Unbehagen, dass mir bis dato unbekannt war. Es liegt was in der Luft, wie man so sagt. Im Büro angekommen stellte ich erst mal fest, dass ich allein war - das muss aber nicht unbedingt was heißen! Auf dem Gang traf ich meinen Chef. Er erkundigte sich kurz über mein Befinden und ging weiter. Etwas später erhielt ich eine Einladung per Mail zur Besprechung beim Geschäftsführer. Mein Unbehagen steigert sich. Der Gang zur Besprechung fiel mir von Schritt zu Schritt schwerer, ich ahnte, was ich nicht wissen wollte (der Gang zum Schafott)! In der Besprechung offerierte man mir die Kündigung. Die Firma will und kann die Verantwortung für einen suizidalen angeschlagenen Mitarbeiter nicht mehr länger tragen. Letztlich ist eine Firma auch für die Sicherheit seiner Mitarbeiter zuständig. Das genaue Prozedere lass ich hier mal weg, jedenfalls war ich erst mal von der Rolle! Bei der späteren Heimfahrt schrieb ich im Zug eine SMS an meine Familie, dass mir gekündigt worden ist. Sabrina wollte ich damit erstmal nicht belasten, sie hat ohnehin schon so viel für mich getan! Ich konnte vor Weinen kaum noch die Buchstaben am Display sehen. Mit jedem Kilometer ging es mir schlechter. In Kaufering lief ich beim Umsteigen beinahe in einen Zug, der am gegenüberliegenden Gleis einfuhr. Irgendwie schleppte ich mich in meine Wohnung. Zum Glück bot sich mein jüngerer Sohn an, zu mir zu kommen. Er brachte mich nach vielen erfolglosen Tröstungsversuchen vorsichtshalber in der Nacht noch in die Psychiatrie Landsberg. Somit war die fünfte Runde in der Psychiatrie eingeläutet.

Ich bin mir ziemlich sicher, dass ich die Nacht allein zu Hause nicht überstanden hätte. Somit bin ich meinem jüngeren Sohn sehr dankbar, er ist gerade mal 21 Jahre jung und hat die Situation gut gemeistert! Er informierte auch noch in dieser Nacht Sabrina, ich war nicht mehr dazu in der Lage. Am nächsten Tag suchte ich Trost bei meinen Mitpatienten und etwas später konnte ich eine Fachkraft aus der Station für mich gewinnen und hatte ein langes Gespräch. Unter anderem ging es auch über die Wirkung der Hormonbehandlung. Was so eine Behandlung alles aus einem Menschen macht! Ich bin immer wieder erstaunt, wie man sich verändern kann! Ich wage kaum daran zu denken, was noch so alles passieren wird. Den größten Beistand erfuhr ich von Sabrina, die ebenfalls am nächsten Tag zu mir kam. Sie schimpfte mich und versohlte mir den Hintern, danach nahm sie mich in den Arm und tröstete mich. Ich weiß gar nicht, was ich ohne sie machen würde! Danke Sabrina!

In den nächsten Tagen ging es langsam bergauf mit mir. Beim nächsten Arztgespräch schilderte ich meine Ängste und Nöte bezüglich meiner beruflichen Situation und dass ich mich schon seit Längerem nur noch sehr eingeschränkt arbeitsfähig im beruflichen Leben fühle. Ich bin einfach verbraucht und habe keine Kraft mehr! Ich dachte schon vor der Kündigung an einer weiteren Reduzierung meiner Arbeitszeit und auch an einem möglichst frühen Ausstieg aus dem Arbeitsleben. Aus einer früheren Aktion lag der Antrag zur vollen Erwerbsminderungsrente schon länger in der Schublade. Damals zog ich den Antrag auf Anraten meiner Psychiaterin zurück. Sie meint, dass es mir zu Hause wegen meiner Aktivität zu langweilig wird! Damals konnte das durchaus so stimmen, aber neuzeitlich eben nicht mehr. Der Stationsarzt sicherte mir seine volle Unterstützung auf ein Hinwirken zur vollen Erwerbsunfähigkeit zu. Meine Psyche wird sicher noch über einen sehr langen Zeitraum stark belastet sein. Es steht auch noch die geschlechtsangleichende Operation und die Nachsorge an! Ich denke, für dieses Jahr bin ich gut ausgebucht!

Abschiede / Ereignisse

Ich suchte nach einem Weg, um mich ordentlich aus der Firma zu verabschieden. Am Tag der Kündigung hatte ich keine Zeit und keinen Nerv mehr, dies zu erledigen. Es gibt ja sehr viele Kolleginnen und Kollegen, mit denen ich mich sehr gut verstanden habe und die wollte ich in jedem Fall informieren, denn das haben sie verdient! Ein weiterer Beweggrund ist der Ausgleich des Kontrollverlustes. Ich musste einfach einen Weg finden, dies auszugleichen, so verfasste ich den untenstehenden Abschiedsbrief / Nachruf:

Werte Kolleginnen und Kollegen,

einige werden sich schon gewundert haben, warum ich nicht mehr durch die heiligen Hallen der Firma wandle. Nun, seit Montag, den 12. März bin ich im Einvernehmen für immer von euch gegangen. Meine psychische und teilweise auch physische Widerstandskraft - besonders zur Konfliktbewältigung - war seit langer Zeit nicht mehr die Beste. Durch die Hormonbehandlung, die unabdingbar auf dem Weg zu meinem neuen Leben als „Frau" ist, wurde meine Psyche noch labiler. Seit Längerem bestand ein Schwelbrand zwischen mir und Adrian. Dieser Schwelbrand eskalierte leider an diesem besagten rabenschwarzen Montag durch eine Aktion von Adrian. Ich habe diese Aktion auf Grund meiner psychischen Schwäche mit Abstand aus meiner eigenen Einsicht überreagiert, was die Firma durchaus dazu berechtigte, die Verantwortung abzugeben. Trotz alledem gab es auch gute Zeiten und schöne Momente in der Firma.

Der besagte Montag endete für mich in einem völligen Fiasko und Nervenzusammenbruch sowie einer freiwilligen Einlieferung in die Psychiatrie Landsberg am Lech, wo ich immer noch bis auf Weiteres in Behandlung bin. Nach gut zwei Wochen bin auf einem guten Weg der Besserung.

An alle, die mich noch in guter Erinnerung haben und auch behalten wollen, wünsche ich noch eine gute Zeit! Es grüßt recht herzlich ein letztes Mal

Johanna Baader

Das ist das Ende einer über mehrere Jahrzehnte haltenten erfolgreichen beruflichen Karriere.

Verlauf in der Klinik und Nachgang

Nach anfänglichen Unsicherheiten einiger Mitpatienten mir gegenüber wegen meiner Erscheinung als Transfrau entwickelte sich nach einigen Gesprächen der Aufklärung eine gute Gemeinschaft, die teils später fast familiäre Züge annahm. Es ist einfach sehr wichtig, sich mitzuteilen und den Dialog zu suchen. Viele Menschen sind einfach unsicher, wie sie mit so einem Menschen wie mich umgehen sollen. Die meisten lassen sich gerne beraten und bilden sich dann ein neues Urteil darüber. Es gibt natürlich immer wieder Leute, die unbelehrbar sind. Nun, das muss man auch akzeptieren, hier bin ich auch etwas lockerer geworden! In fortschreitender Genesung wurde eine Probenacht vereinbart. Diese verlief recht zufriedenstellend, ich hatte keine nennenswerten emotionalen Episoden. Auch die Nachtruhe verlief fast störungsfrei. Ein paar Tage darauf führte ich eine weitere Probeübernachtung durch, leider mit weniger Erfolg. Am Abend wurde ich weinerlich und etwas depressiv. Vielleicht war ich durch den ersten Erfolg etwas zu euphorisch. Was mir auch gelegentlich das Wasser in die Augen treibt, ist mein Leistungsverlust in der Arbeit und teils auch privat: Die vielen Krankheiten und die Überempfindlichkeit gegenüber Personen, die mich mal etwas schärfer angehen oder wenn ich nicht die nötige Aufmerksamkeit bekomme, die ich mir einbilde. Ich bin festen Willens, mich zu verbessern! Es ist halt ein fortwährender Anpassungsprozess, der alle Kräfte in Anspruch nimmt und dessen Gelingen wohl nie hundertprozentig erreicht wird.

„Gerade höre ich die Glocken läuten und vermerke für mich, dass wieder eine Stunde des Lebens von mir gegangen ist. Sofort schwebt mir der Gedanke von den Lippen, ob ich sie geschätzt habe."

Erneut konnte ich auch schon - wie in den vorangegangenen Klinikaufenthalten mehrfach - Kontakte knüpfen und hoffe auf deren Beständigkeit. Der Versuch ist es allemal wert! Am Ostermontag werde ich meinen dritten Versuch wagen und in meiner Wohnung übernachten. Ermunternd kommt hinzu, dass sich mein älterer Sohn für den späteren Nachmittag angekündigt hat und bis zum Abend bleibt, somit habe ich Ablenkung und Unterhaltung. Ein bisschen neugierig bin ich ja schon, wie sich die Familie verhalten wird, wenn die Operation mal gelaufen ist. Zum Baden und Saunieren werden sie vermutlich dann mit mir nicht mehr gehen wollen, das wäre dann doch zu vermessen, wenn sie sich auch auf diese Änderung einlassen würden! Ich kann nicht alles von ihnen verlangen, dessen bin ich mir bewusst. Bislang jedenfalls läuft alles sehr zufriedenstellend.

Im Wandel der Zeit

Seit meiner Entlassung aus der Firma am 12. März 2018. werde ich mich langsam, aber sicher auf einen geänderten Tagesablauf und wohl den letzten Lebensabschnitt einstellen müssen. Es gibt jetzt 365 gleiche Tage für mich, an denen es mal mehr oder weniger zugeht! Nach dem ich auch dem christlichen Glauben und deren Bodenpersonal endgültig im Spätsommer 2017 den Dienst quittiert habe, gibt es auch hier keine markanten Ereignisse mehr für mich. Es ist schon ein komisches und fremdartiges Gefühl, vom Livestream des Berufslebens schlagartig abgehängt zu werden! Gerade dieses Ende hätte ich mir etwas anders vorgestellt, aber wie das Leben so spielt, nichts ist planbar oder wie nach Murphy und Klippstein: *„Alle Konstanten sind variabel"*. Was ich aber in weiser Voraussicht kommen sah, war ein relativ normaler Ausstieg aus dem Berufsleben frühestens im Oktober 2019. Insofern brachte ich mich ja schon vorsorglich in zwei örtliche Vereine ein, um so eine gewisse Beschäftigung für meine neu gewonnene Freizeit zu garantieren. Meine neu gewonnene Zeit werde ich in gezielte Aktionen investieren! Ich kann mich jetzt endlich um viele Dinge kümmern, wofür ich früher keine Zeit hatte! Exemplarisch kann ich dafür meine Mode anführen, es steht schon lange einen sogenannten Frühjahrsputz in meinem Kleiderschrank an! Des Weiteren kann ich mich auch intensiver um weibliche Körperpflege und Kosmetik kümmern. An Langeweile werde ich jedenfalls nicht sterben, dessen bin ich mir sicher, dafür habe ich einfach zu viel Fantasie und bin sehr umtriebig. Ich merke endlich wieder frischen Aufwind in mir!

Eine gute Freundin

Sabrina ist meine beste Freundin und sie ist seit geraumer Zeit meine intimste Verbindung, dies ist aber nicht in sexueller Hinsicht gemeint. Vielmehr spiegelt es ein gewachsenes Vertrauen für Mitteilungen, die nicht jedem zuteilwerden, wider. Außerdem ist sie einer der wenigen Menschen, die mich von Anfang an in meinem Transsexualismus vollständig akzeptiert hat und vorbehaltlos mit mir in allen Lebenslagen wunderbar umgeht! Sie hat keine Scheu, sich mit mir überall zu zeigen und fühlt sich sehr wohl mit mir, zumindest stellt es für mich so dar. Später werde ich von ihr erfahren, dass es schon grenzwertige Momente gegeben haben, die ihr nicht so recht waren. Sie ist ein Quell meines Wohlfühlseins und möchte sie in meinem Leben nicht mehr missen! Ich wünsche all anderen Transgender eine gleiche oder ähnliche wunderbare Person! Für sie ist der Mensch eben das Wichtigste.

„Jeder Transpartner ist so besonders, wie die Transfrau, mit der man zusammen ist!"

Wir beide pflegen gegenseitig ein Urvertrauen, das es leider nur selten mehr gibt. Darauf sind wir beide ein wenig Stolz und es tut uns einfach nur gut. Mehrfach hat sie bereits betont, dass unsere Freundschaft von Bestand sei und sie keine Gründe sieht, warum es zu Ende gehen sollte. Es sind wohl eher meine Ängste, weil ich vielleicht schon gerne ein bisschen mehr sehen möchte als nur die Freundschaft! Dabei ist diese besondere Freundschaft schon was sehr Großartiges und ich muss versuchen, dies nicht zu unterschätzen! Ungeduld und Zweifel sind leider meine großen Schwächen. Ich werde wohl meine Gefühle und Wünsche etwas zügeln müssen, leicht wird das nicht! Bei mir besteht dann oft die Gefahr, ins andere Extreme zu verfallen und - vielleicht aus Selbstschutz - in die Entfremdung zu verfallen. Sie meint, dass ich eventuell irgendwann einen besseren Partner finden könne und sie dann nicht im Weg stehen möchte. Das ist sehr rücksichtsvoll, immerhin räumt sie mir damit alle Optionen ein. Insgeheim würde ich sie gerne als Partnerin gewinnen wollen! Ich werde das Thema mal hier offen stehen lassen und erzähle an anderer Stelle weiter.

Psychiatrische Nachsorge

Als Unterstützung nach dem Klinikaufenthalt sind feste Termine für die Nachsorge in der kbo-Ambulanz Landsberg vereinbart. Diese Einrichtung befindet sich im gleichen Haus. Die Nachsorge wird auch zur Vorsorge für die anstehende Operation zur Geschlechtsanpassung. Ich denke, dass ich die Unterstützung gut umsetzen kann und dass sie auch notwendig sein wird. Jedenfalls wird mir immer klarer, dass ich ein psychisch kranker Mensch bin und dies zu akzeptieren habe. Auf diese Wahrheit begründet sich zum größten Teil auch mein Grad der Behinderung von 60 GdB (Grad der Behinderung). Letztlich wird mir eine Chronifizierung attestiert, was aber keine Pauschal-Kapitulation sein soll, sondern viel mehr eine Entlastung meiner Selbst. An einen ehemaligen Mitpatienten des letzten stationären Aufenthaltes in der Psychiatrie habe ich folgende Zeilen geschrieben und werte sie auch als Selbsterkenntnis:

„Die Entwicklung der letzten Jahre, insbesondere die stationären Aufenthalte in psychiatrischen Kliniken hat mir aufgezeigt, dass ich Zeit meines Lebens vermutlich ein psychisch kranker Mensch bleiben werde und dies zu akzeptieren habe. Mittlerweile habe ich dies auch akzeptiert. Ich empfinde das seitdem aber nicht mehr als Makel, sondern als Erleichterung für den besseren Umgang mit der Krankheit. Ich sehe jetzt, dass die psychischen Einschränkungen - wie jede andere Erkrankung auch - behandelt werden können".

Das bedeutet aber nicht, dass dies immer so bleiben wird, es besteht durchaus die Chance auf Besserung und Linderung! Also Kopf hoch und sich nicht durch die Krankheit unterkriegen lassen! Krankheiten gehören genauso zum Leben, wie der Tod. Seitdem ist die Depression für mich eine Krankheit, wie jede andere auch. Ich habe auch gelernt, Hilfe anzunehmen und dies - wenn möglich - zur rechten Zeit. Annehmen, akzeptieren, analysieren und handeln heißt die Devise!

Wann es mich mal wieder wo und wie erwischt, kann man nicht sagen. Aus Erfahrung weiß ich, dass es in Bruchteilen von Sekunden passieren kann. Depression ist gut behandelbar, aber aus meiner Sicht vermutlich nicht vollständig heilbar, dies hat die Praxis in meinem Leben schon mehrfach gezeigt. Man ist einfach anfälliger und empfindsamer für Störung von innen und außen. Letztlich hat es sogar meinen Arbeitsplatz gekostet. Verschärft kommt noch hinzu, dass ich als Transfrau immer eine Angriffsfläche bieten werde, egal wie gut oder schlecht ich angepasst bin. Ich habe bis zum bitteren Ende einen harten Kurs gewählt, der mich täglich fordert und auch manchmal überfordert! Es hat mein Naturell einer Kämpferin gestärkt!

Abschiede von langjährigen Freunden

Leider hatte sich kürzlich ein langjähriger Freund und ehemaliger befreundeter Arbeitskollege von mir verabschiedet und so wie es aussieht, für immer! Ich war mit ihm seit Dezember 1980 gut befreundet und ging mit ihm durch dick und dünn, wie man so sagt. Eigentlich war für Ende Juni ein Treffen bei mir hier in Landsberg geplant. Ich schrieb ihm, dass ich kurzfristig und ungeplant in die psychiatrische Tagesklinik eingebucht wurde und das Wiedersehen für den geplanten Zeitraum nicht mehr durchführbar sei. Meine Schilderung der psychischen Erkrankung und meine endgültige Verweiblichung brachten ihn zum Entschluss, mich nicht mehr zu besuchen und die Freundschaft im alten Zustand - als männliche Person mit dem Namen „Willi" - stehen zu lassen. Er erklärte mir, dass er mit psychischen Problemen und meiner Weiblichkeit nicht umgehen kann und mich lieber wie aus früheren Jahren in Erinnerung behalten möchte. Das bedeute dann eben das Ende unserer langjährigen Freundschaft. Wie ich die Zeilen so im Display meines Handys las, fing ich unweigerlich zu weinen an. Es ist schon hart, dass ich wieder einen Menschen durch meine Transsexualität und psychische Erkrankung verloren habe! Ähnlich erging es mir mit ehemaligen Arbeitskollegen, die ich in meiner Zeit bei der letzten Anstellung als Freunde verstanden habe. Im wöchentlichen Psychologengespräch erörterten wir den Abschied meines Freundes und den der ehemaligen Arbeitskollegen, somit konnte ich mich etwas entlasten. Es wird sicher einige Zeit brauchen, um dies zu verarbeiten!

Das spontane Wagnis

Am 7. Juni ging ich um 18:00 Uhr zur VdK-Jahreshauptversammlung in Landsberg. Dies war für mich das erste Mal, dass ich beim VdK-Sozialverband als Mitglied des Vereins teilnahm. Interessiert und aufmerksam verfolgte ich die Veranstaltung. Nach geraumer Zeit wurde die Wahl einer neuen Vorstandschaft des Ortsvereins angekündigt. Wahlhelfer wurden gesucht und gefunden, fast hätte ich mich gemeldet, hielt mich aber zurück. Im weiteren Verlauf wurden dann die Personen für die Posten der Vorstandschaft gewählt. Als die Wahl des oder die stellvertretende(n) Erste(n)-Vorsitzende(n) aufgerufen wurde, meldete ich mich spontan als Kandidatin. Zu meiner Überraschung wurde ich einstimmig gewählt und auf Nachfrage des Wahlleiters nahm ich offiziell die Wahl an! Ich ging sogleich nach vorne an das Rednerpult und hielt eine kurze Ansprache, in der ich meinen besonderen Umstand der Transsexualität erklärte und einen kurzen Abriss über Herkunft und Neuanfang in Landsberg erzählte. Applaus und Gratulationen folgten! Später gab es dann noch einen Foto- und Pressetermin. Für den kommenden Donnerstag wurde dann die erste Vorstandssitzung und Kennenlernrunde vereinbart. In sichtlicher Freude ging ich nach Hause und war auch ein wenig stolz, dass ich es als bunter Vogel gewagt habe, diesen Schritt in die Öffentlichkeit zu unternehmen. Gerne möchte ich den Mut an andere transsexuelle Menschen weitergeben, dass nichts unmöglich ist und man sich nicht verstecken muss!

Bekanntschaften / Freundschaften

Im Laufe meiner Crossdressing Zeit und Transgenderphase als Transfrau lösten sich viele Bekannt- und Freundschaften auf. Viele haben sich mit meinem Outing im Jahr 2016/17 schon von mir verabschiedet, einige auch endgültig, teils sogar ohne jegliche Rückmeldung oder per SMS und auch manchmal mit blöden Bemerkungen! Nicht alles konnte ich nachvollziehen, vieles blieb mir bis zum heutigen Tag unverständlich. Natürlich habe ich auch einige neue Leute hinzugewonnen und leider sind von diesen wieder ein paar abtrünnig. Eine Bekannte hat mir mal erklärt, dass mich am Anfang die Menschen interessant finden und nach der Sondierungsphase sich dann sang- und klanglos verabschieden. Was soll man da noch sagen oder machen! Mehr als ziehen zu lassen geht nicht. Fürs Hinterherlaufen bin ich mir zu schade! Es werden sich schon noch beständige Verbindungen irgendwann ergeben, so meine Hoffnung. Bekanntschaften aus meinen psychiatrischen Klinikaufenthalten sind zwar meist leicht zu generieren, jedoch sind solche Verbindungen schwer zu halten, weil jeder meist sehr mit Problemen belastet ist. Anderen Leuten wird es mit mir ähnlich gehen. Bestimmt bin ich so manchen schon zur Last geworden und hat sich ausgeklinkt. Es wird wohl ein unermüdlicher Kampf bleiben. Mir war immer klar, dass es Umwälzungen und Schwierigkeiten geben wird, jedoch mit so einem Sandsturm habe ich nicht gerechnet, muss ich ehrlich zugeben! Jegliche Art von Beziehung bedeutet auch Arbeit bzw. Einsatz, denn wie vieles im Leben, verändern wir uns ja auch! Es ist ein fortwährender Prozess, der aber die Möglichkeit bietet, etwas voranzubringen und etwas auch positiv zu verändern. Also Leute, raus aus der Komfortzone und ran an die Veränderungen! Betrachtet die nicht als Arbeit, sondern nutzt die als Chance! Nur wer die Veränderung lebt, lebt wirklich. Das sind nicht nur leere Worte, sondern gelebte Vorgehensweisen aus meinem persönlichen Leben. Was mich besonders freut, dass einige für mich wichtige Beziehungen wieder gut aufgelebt sind. Heute weiß ich, dass jeder unterschiedlich viel Zeit braucht, um Veränderungen zu verarbeiten, hier sind wir am Punkt des Verständnisses für den Anderen. Man sollte sich auch mal Gedanken machen, was man vom Gegenüber erwartet und dies versuchen im Dialog in Übereinstimmung zu bringen, um so Problemen vorzubeugen. Kurz möchte ich noch eine Bemerkung über das Wort Beziehung verlieren. Das Wort allein sagt noch nichts aus, wie fest eine Verbindung ist oder um welche Art es sich handelt. So gesehen spiegelt sich in vielen Verbindungen eine Beziehung wie Bekanntschaft, Freundschaft, Ehe, Geschäftsbeziehung und vieles mehr, wider. Auch zeitlich lässt sich das kaum beziffern und eingrenzen. Deshalb sei an dieser Stelle noch mal erwähnt, wie wichtig der Dialog ist, um eine Beziehung richtig zu lenken, einzuordnen und zu halten! An einer Beziehung muss man auch immer wirken, nichts bleibt beständig! Was macht eine Bekanntschaft, Freundschaft, Partnerschaft aus? Aus meiner Sicht sind Verlässlichkeit, Treue, Respekt, Verständnis, Durchhaltevermögen, Einsicht und Verzeihen wichtige Bausteine. Das Schöne am Verzeihen ist das Versöhnen. Wir sollten mehr Zeit dafür locker machen, um sich mit dem Thema zu beschäftigen. Auch sollte

in der Schule mehr darüber berichtet und gesprochen werden, sozusagen als Lebensbildung!

„Vielleicht – dieses Wort beraubt dich um Erfahrungen,
Missgeschicke und Glück!"

Ich rede über die Entwicklung von Beziehungen nach dem
Motto: Nichts bleibt, wie es ist. Da liegt oft der Haken,
viele Menschen können Veränderungen gar nicht oder nur
schwer leben bzw. mitmachen. Schade, denn viele Chancen, mehr Freude und Verständnis zu entwickeln werden
dadurch verpasst! Auch die Bereicherung für das eigene
Leben werden dadurch beschnitten. Nun, man kann nicht
alle Menschen umkrempeln, eventuell sind diese Leute
sogar glücklich in ihrem Element! Ich möchte niemandem
etwas vorschreiben, es muss jeder nach seiner Fasson
glücklich werden! Wichtig, dass man zu sich selber steht
und seine Freude und Zufriedenheit im Leben findet und
möglichst behält. Das hört sich einfach an, ist es aber nicht,
jedoch lohnt es sich fortwährend daran zu arbeiten! Hier
aber auch die Pausen nicht vergessen, denn es kann mitunter schon sehr anstrengend werden! Man kann und muss
nicht jedem genügen. Es kann durchaus sein, dass eine
Verbindung schier unmöglich ist, was sich auch leider erst
viel später erweisen kann!

Ein bezaubernder Tag

Am 28. Jan. fuhr ich nach Günzburg, um mich mit Sabrina zu treffen. Ich erzähle hier diesen Tag exemplarisch für die vielen Begegnungen, die wir schon durchlebt haben und für die, die noch folgen sollen. Von Günzburg aus fuhren wir dann mit ihrem Auto nach Ulm. Die Stadt ist für Sabrina fast wie ein Heimatort, so hatte ich gleich eine gute Reiseführerin an meiner Seite. Nachdem das Wetter schön war, beschlossen wir, am Donauufer spazieren zu gehen. Wie gerne ich mich bei ihr am Arm einhake, das spürt sie unmittelbar und dieses Gefühl lässt uns beide näher rücken. Beim Schlendern am Ufer entlang vergaßen wir bei guter Unterhaltung Raum und Zeit. Wir beide waren einfach nur glücklich und das strahlt auch nach außen ab! In einem Lounge-Café - es ist ein Bootshaus am Donauufer - machten wir kurz Halt für einen kleinen Kaffeeplausch. Die Themen waren unter anderem ihre Trennungsprobleme zu Hause und meine psychische und soziale Verfassung, aber auch allgemeine Plauderei mischte sich unter das Gespräch. Wie sich unsere Freundschaft weiter entwickeln wird, kann wohl keiner sagen. Eine Trennung scheint derzeit eher unwahrscheinlich. Sie meint, als Mensch und als Freundin werde ich sie nicht verlieren und das gibt mir Kraft und Auftrieb, wenn wir nicht zusammen sind! Früher brach für mich immer eine Welt zusammen, wenn das Treffen zu Ende ging und ich dann alleine war. Depressive Episoden waren dann oft die Folge. Jetzt freue ich mich relativ unbeschwert auf unser nächstes Wiedersehen. Sabrina war sichtlich erleichtert! Ich möchte jetzt meine neu gewonnene Kraft mit Sabrina teilen. Im Anschluss spazierten wir durch die Altstadt und suchten nach einem angenehmen Lokal für einen kulinarischen Leckerbissen. Wir genossen unsere Zweisamkeit in sehr angenehmer Weise, der Quell des Wohlseins sprudelte unaufhörlich! Nach dem wir uns angenehm gemästet haben, steuerten wir den Heimweg an. Nach einer kurzen Autofahrt gingen wir in Günzburg ins Kino. Wie schon selbstverständlich, teilten wir ohne ein Wort darüber zu verlieren die Kosten für unsere gemeinsamen Unternehmungen. So hatte nie einer das Gefühl, übervorteilt zu sein. Es ist generell ein sehr angenehmer Umgang, den wir in vielen Dingen miteinander pflegen. Während der Film mit Spannung geladen seine Geschichte erzählt, streichelte ich zärtlich ihre Hand, dies erfüllt mich mit Wohlbehagen und fühle mich stabiler. Gewisse Entwicklungen sind schirre nicht zu bremsen, vielleicht evolutionsbedingt, nehme ich an. Wer wähnt sich nicht gerne in einem sicheren Hafen einen Schulter zum Anlehnen? Letztlich ist es ja auch eine natürliche Entwicklung. Wir pflegen mittlerweile eine sehr gute Freundschaft. Trotzdem genießt jeder seinen Freiraum, den wir uns gegenseitig zugestehen. Nach dem Kino verabschiedeten wir uns in freudiger Erwartung auf das nächste Treffen und jeder fuhr dann nach Hause. Zu Hause angekommen gab ich ihr kurz Bescheid, dass alles in Ordnung sei. Zu ihrer Entlastung muss ich aber auch alleine laufen können und mein Leben in den Griff bekommen! Die letzten Worte werden mich noch ungeahnt des Öfteren immer wieder einholen.

„Nichts ist schmerzlicher, als sich von einer Illusion zu lösen!"

Leider werde ich sie nie als Partnerin gewinnen, dazu später mehr.

Haarentfernung / Tagesklinik / GAOP (Geschlechtsangleichende Operation)

Seit April 2018 beschäftige ich mich mit dem Thema der Haarentfernung, hierzu hatte ich bereits einen ersten Kontakt zu einer Praxis in München. Die Firma „Cleanskin" ist eine renommierte Praxis für Haarentfernungen mit Laserbehandlung. Beim Beratungsgespräch stellte sich heraus, dass eventuell zwei Medikamente Problem machen können. Vorwiegend geht es um eine blutverdünnende Medikation, das andere ist ein „Statin", das ich ebenfalls einnehmen muss. Die Notwendigkeit der Medikationen begründet sich aus dem leidlichen Schlaganfall im Juni 2017, was ich noch nicht gänzlich verarbeitet habe. Nächstes Problem bei der Laserbehandlung ist, die Haare sind zu hell, da kann der Laser nicht bis in die Wurzel vordringen, um das Haar zu entfernen. In meinem Fall würde die Behandlung oberflächliche Verbrennungen verursachen. Alternativ bleibt nur die tägliche Rasur und als Unterstützung eine spezielle Creme, die das Haarwachstum verlangsamt. Trotz eindeutiger Indikation meiner Transsexualität gibt es Schwierigkeiten bei der Übernahme der Kosten für die Creme durch die Krankenkasse. Keiner von beiden Hautärzten wagt es aus Gründen des Regresses mir ein rotes Rezept auszustellen! Auch nervenaufreibende Dialoge mit der Krankenkasse änderten nichts. Somit bleibe ich erst mal auf den Kosten für die Creme sitzen. Wie heute üblich, schiebt jeder dem anderen den schwarzen Peter zu! Keiner will mehr für irgendetwas die Verantwortung übernehmen, was ich auch als eine schlechte Entwicklung in unserer Gesellschaft betrachte! Nun, ich werde mir die Creme leisten und ausprobieren, ob die viel gesagten positiven Meinungen darüber auch in Erfüllung gehen! Ich berichte erneut, da die Creme erstmal über Wochen angewendet werden muss, um überhaupt eine Wirkung zu erzielen. Vorteil ist, dass die Nebenwirkungen im Allgemeinen vernachlässigbar sind. Nachteil ist, man muss die ein Leben lang anwenden, um die Wirkung zu erhalten. Nach Rücksprache mit meinem Hautarzt probiere ich es einfach mal aus. Nach ca. zwei Monaten habe ich beim Hautarzt Bericht erstattet. Die Ergebnisse über die Creme sind leider ernüchternd! Trotzdem werde ich eine weitere Versuchsperiode durchführen und dann entscheiden, wie ich weiter verfahre. Zum Schluss wird es so sein, dass ich mich täglich manuell rasiere und mich damit abfinden werde. Rasieren ist einfach und am wenigsten haut- und gesundheitsschädigend! Als Mann hätte ich mich ja auch rasieren müssen. Auch spätere Bemühungen und Ansätze sowie Dialoge mit der Kasse verlaufen im Sand. Die Kasse würde eine Nadelepilation übernehmen, nur findet man fast keine Praxis, die diese Behandlung anbietet. Eine spezielle Behandlung mit der Blitzlichtlampe als private Eigenleistung anzufangen ist mit meiner Rente eher schwierig. Eine Kostenübernahme der Kasse für diese Behandlung gibt es nicht, selbst wenn diese günstiger wäre. Damit ist das Thema sozusagen zu den Akten gelegt. Na ja, die Hautärzte garantieren ohnehin keinen dauerhaften Erfolg, das ist ja dann auch keine gute Aussicht für die Zukunft!

Psychiatrische Tagesklinik

Es stellte sich heraus, dass meine selbst erstellte Tagesstruktur zu schwach aufgestellt ist und zu große Lücken aufweist! Dies hatte bereits mehrfach für zu großen Freiraum an Grübeleien und Platz für depressive Episoden ermöglicht. Die praktische Umsetzung der depressiven Schübe artikulierte sich darin, dass ich mehrfach in Folge meine Wohnung verwüstet habe. Im Wesentlichen ginge es dabei auch um Vergangenheitsbewältigung, Ängste, Zweifel, Wut auf sich selbst und auf anderen und - wie soll es auch anders sein - eben um transsexuelle Probleme. Letzteres wird mich sicher ein Leben lang begleiten, denn es werden immer Merkmale zu dem vorangegangenen Geschlecht erahnen bzw. erkennen lassen und gewiss werden sich Leute daran stören bzw. auslassen. Auch versehentliche Äußerungen ausgelöst von Fakten - wie leider von meiner männlichen Stimme - werden immer wieder zu Irritationen führen, besonders wenn die Leute mich optisch nicht wahrnehmen können, zum Beispiel beim Telefonieren. Nun, ich werde später in logopädischen Sitzungen sprachlich etwas Angleichung an eine weiblichere Stimme erarbeiten. Ich weiß, dass der Erfolg gering ist, aber ich möchte es wenigstens versuchen! Manchmal tut es schon weh, wenn man trotz aller Bemühungen, „Frau" zu sein als „Mann" wahrgenommen wird, auch wenn die Leute es nicht absichtlich tun! Ich werde aber nicht umkehren und nachlassen, ich bin „Frau", wie immer mich die Leute wahrnehmen! Später wird es sich so ergeben, dass die Logopädie mir in dieser Sache tatsächlich nicht viel weiterhelfen konnte, aber der Versuch war es wert!

Ich selbst lehne meine männliche Seite nicht ab, ganz im Gegenteil! Sie gehört ebenfalls zu mir, wie der weibliche Charakter. Geschickt versuche ich beide Seiten zu verbinden und zu nutzen. In meinem Sonderfall kann ich sicher mal die männliche Seite gut gebrauchen, gerade wenn es mal um brachiale Dinge geht, wie die Selbstverteidigung, Handwerkliches, etc. Jedenfalls ist es nützlich und interessant, wenn beide Seiten im Leben zum Zug kommen und miteinander koalieren.

Im Mai 2018 hatte ich einen Termin in der kbo-Ambulanz bei einer freundlichen und verständnisvollen Ärztin wegen meiner psychiatrischen Nachsorge der beiden kurz hintereinander stattgefunden vierwöchigen stationären Klinikaufenthalte in der Psychiatrie Landsberg. Bei diesem Termin ging es sehr emotional zu. Sie erkannte sehr schnell, dass ich in der Alltagsbewältigung überfordert bin und Unterstützung benötige. Sie macht mir den Vorschlag, in die hiesige psychiatrische Tagesklinik zu gehen, dort könnte ich Struktur und Sicherheit erfahren und wäre unter Leuten.

Am 4. Juni war der Starttermin. Schon nach wenigen Tagen konnte ich eine Besserung meiner Psyche feststellen! Es ist einfach schön, ein tägliches Ziel und Leute um sich zu haben. Sehr erfreulich war auch meine Aufnahme als Transfrau. Weder vom Personal noch von den Mitpatienten konnte ich Widerstand oder Ablehnung verspüren. Mein Umgang als *Frau Johanna Baader* wird immer selbstverständlicher und fügt sich annähernd nahtlos in den Alltag ein. Das ist eine sehr erfreuliche Entwicklung und verleiht mir wieder zusätzlichen Auftrieb! Meine Grundüberzeugung ist ohnehin unumstößlich und wurde von mir nie in Frage gestellt!

In der zweiten Woche beantragte ich zwei Tage Urlaub von der Tagesklinik und wurde unter Einwänden vom Oberarzt doch noch genehmigt. Für die zwei Tage ist ein schon länger geplanter Ausflug mit Freundin Sabrina geplant. Ich argumentierte für die beiden Tage, dass diese psychologisch mindestens genauso wertvoll sind, wie die Zeit hier in der Klinik und so ist es auch! In den zwei Tagen ging es an den Bodensee. Die meiste Zeit verbrachen wir mit Spaziergängen und Plaudereien sowie den Genuss der frischen Seeluft und Natur. Ich versuchte sie etwas für die Bodenseeregion für eventuelle spätere Urlaube zu begeistern. Wenn das Wetter am zweiten Tag besser mitgespielt hätte, wäre eine kleine Bootstour geplant gewesen. Leider werden wir das auf ein Andermal verlegen müssen! Gegen Mittag des zweiten Tages fuhren wir zurück in Richtung Lindau. In Lindau vertrieben wir uns die Zeit in einem großen Einkaufpark. Die Zeit verging wie im Flug und es wurde Zeit, in Richtung Landsberg aufzubrechen.

Am nächsten Tag wurde in einem längeren psychologischen Gespräch sowohl die Erlebnisse an den beiden Tagen, die ich mit Sabrina verbracht habe, thematisiert als auch die Wechselwirkung dieser mit meiner Sorgen und Nöte. Es tut gut, eine Unterstützung zu erfahren. Aus meiner Sicht ist es unabdingbar, dass transsexuelle Personen sich professioneller Hilfe anzuvertrauen.

Der weitere Verlauf in der Tagesklinik gestaltete sich sehr konstruktiv und auch kreativ, die Ergotherapie lässt hier genügend Freiraum und man kann sich mit den anderen Patienten austauschen. Man ist eben nicht allein. Vielleicht bahnt sich ja wieder einmal ein persönlicher Kontakt an, der auch nach der Klinik bestand hat! Jedenfalls arbeite ich fortlaufend an verschiedene Möglichkeiten und Gelegenheiten, Kontakte aufzubauen. Die Kontakte sollen bilateral sein, so dass jeder füreinander da ist! Gerade für psychisch angeschlagene Menschen ist die gegenseitige Unterstützung wichtig! Das Klima in der Klinik ist durchwegs gut und hilft mir in der Alltagsbewältigung. Die Möglichkeit, hier in die Tagesklinik einzusteigen, ist ein Glücksgriff für mich! Der Erfolg wird sich sicher fortsetzen.

Countdown zur ersten GAOP

Am 21. Juni 2018 habe ich die Einladung zur Voruntersuchung und Aufklärung zu meiner Operation der Geschlechtsangleichung, die für den 5. Juli eingeplant ist. Die Klinik geht sehr genau und umfangreich vor, was zur beiderseitigen Sicherheit dient. EKG, Blut, Urin und die inneren Organe werden untersucht, auch der mentale Status wird mit einbezogen. Es folgt Aufklärung zum Eingriff nebst Narkoseaufklärung. Jede Menge Formulare und Unterschriften! Eine Untersuchung über multiresistente Keime (Krankenhauskeime) wurde routinemäßig durchgeführt. Das Ganze zog sich mit Wartezeiten über fünf Stunden hin. Mein Eindruck über die Klinik ist durchwegs positiv und nimmt einen die Vorbehalte und Ängste. Ich sehe der Operation sehr zuversichtlich entgegen.

Auch hier in der Tagesklinik ist dies Thema und hier werde ich psychologisch betreut. Das gibt mir weiteren Halt und Zuversicht. Es scheint alles zur rechten Zeit zu passieren und manche Sachen geschehen einfach von selbst oder ergeben sich zu meinen Gunsten! So war es auch in dem Fall des Krankengeldes für die Zeit in den Kliniken. In diesen Dingen bin ich auch bestens vom VdK-Verband begleitet. Im Moment kann ich rundum zufrieden sein. Ich werde von vielen anderen Leuten – insbesondere durch meine beste Freundin, Sabrina - begleitet. Gerade sie ist mir emotional am nächsten und es tut mir gut, sie an meiner Seite zu wissen. Am 4. Juli wird sie mich vermutlich in die Klinik bringen. Sie muss noch abklären, ob sie zu dem Termin von der Arbeit freibekommt. Gerade in den letzten

Augenblicken vor der Operation ist mir die Nähe von Sabrina sehr wichtig und tut mir unheimlich gut!

Am 4. Juli 2018 werde ich in die Urologie-Planegg einpassieren und die erste GAOP (geschlechtsangleichende Operation) durchführen lassen. Bis dahin gibt es noch einige Dinge zu organisieren und jede Menge Papierkram zu erledigen - wie soll es auch anders sein in Deutschland! Gut, dass ich damit viel Übung und Ahnung habe! Eine gewisse unterschwellige Nervosität macht sich dennoch in mir langsam, aber sicher breit, aber mein Entschluss für die Operation wird dadurch nicht in Zweifel gezogen! Es ist wohl mehr die Neugierde auf das lang ersehnte Geschlecht und die Genesung danach. Jetzt zahlen sich die vorangegangen psychologischen und freundschaftlichen Gespräche über dieses Vorhaben aus, so auch meine persönliche Vorbereitung.

Vor Kurzem bekam Sabrina von ihrem Arbeitgeber Bescheid, dass sie die Zeit am 4. Juli freibekommt, um mich in die Klinik zu fahren. Das sie dies möglich gemacht hat, rechne ich ihr hoch an! Es erfüllt mich mit großer Freude und stärkt meine Zuversicht. Gleich fühle ich mich sicherer und aufgehobener. Ich denke, dass auch sie unter Hochspannung steht, wenn ihre Knuddelmaus Johanna unters Messer kommt!

Nicht immer lustig, aber teilweise wahr: Die Psychiatrie hatte sich in den Jahren fast schon zu einer Familie für mich entwickelt. Wenn ich so durchs Haus gehe, klingt es öfters mal aus so manchen Ecken „Hallo Frau Baader!", „Hallo Johanna!". Das freut mich dann schon und geht mir manchmal nahe - gerade, wenn man freundlich umarmt wird! Viele meiner Kontakte generieren sich auch aus den vielen Aufenthalten, jedoch sind Kontakte von psychisch angeschlagenen Menschen nicht immer einfach. Untereinander ist das Verständnis aber meist recht groß, weil es allen ja ähnlich geht. Was mich freut, dass ich als transsexueller Mensch meist gut auf- und angenommen worden bin! Viele Leute aus den Klinikaufenthalten haben mich schon in dieser Problematik mitgetragen und das tut gut.

Auf Anfrage von mir und in den psychologischen Besprechungen wurde die Möglichkeit erörtert, nach meiner OP und Genesungszeit mich ambulant wieder an die kbo-Klinik anzubinden. Für die Unterstützung meiner Tagesstruktur wäre es sinnvoll, Ergo- und Kunst-Therapie auch ambulant mit aufzunehmen. Gerne nehme ich das Angebot an und die Fäden dafür werden hier schon gesponnen.

Die Geschlechtsangleichung

Am 4.Juli war es dann so weit: Patientenaufnahme. Sabrina fuhr mich in die Klinik. Je näher wir der Klinik kamen, umso emotionaler wurde meine Stimmung, Zweifel hatte ich aber keine. Über die Anmeldung wurden wir an die Station 2 verwiesen. Am Servicepoint der Station wurde ich schon erwartet und freundlich empfangen, dann ging es ins Patientenzimmer. Der Abschied von Sabrina ist sehr herzlich und von meiner Seite auch mit Tränen behaftet. Das Bild, als wir uns dabei tief ansahen, werde ich nie vergessen! Was ihr da wohl durch den Kopf gegangen ist? Nach dem Abschied ging ich aufs Zimmer, packte meine Sachen aus und versuchte es mir gemütlich zu machen. Das schlimmste an diesem Tag war die Einnahme von zwei Liter Abfuhrmittel. Dies sei unabdingbar für die OP, erklärte man mir eindringlich. Nun, das war schon ein hartes Brot, schmeckt echt übel, das Zeug! Am Abend war es dann geschafft. Über die Auswirkungen der Prozedur möchte ich mich lieber ausschweigen und überlasse es der Fantasie des Lesers. Zur Entspannung bekam ich für die Nacht noch eine Einschlafhilfe. Gegen 9 Uhr am nächsten Tag, den 5. Juli, geht es in den OP-Saal. Jetzt gibt es kein Zurück mehr! Für die Krankenpflegerin wirkte ich ungewöhnlich ruhig und entspannt. Die meisten Leute sind da wohl eher etwas nervös. Nun, was kann man schon tun, man muss sich denen anvertrauen! Im OP-Saal bekam ich dann die berühmte KO-Pille und danach die Narkose. Die reine OP dauerte einige Stunden. Am späteren Nachmittag - die genaue Uhrzeit weiß ich nicht mehr - wurde ich dann im Aufwachraum nachversorgt. Im weiteren Verlauf geht es wieder aufs Zimmer, wo ich mich erst einmal ausgeruht habe. An diesem Tag war ich zu nichts fähig! Erst am Freitag, dem Folgetag kämpfte ich mich ins Leben zurück. Nach der Visite bekam ich das OK für mein Frühstück. Obwohl es nichts Besonderes war, schmeckte es mir gut. Ich war einfach auch etwas ausgehungert. In der Visite erklärt mir der Chefarzt, dass die OP gut verlaufen sei und es keine Komplikation gab. Das ist ja schon mal ein gutes Signal! Wie angekündigt, war der Schambereich stark angeschwollen. Die Schmerzen waren - dank Schmerzmittel via Infusion – erträglich und die Nachsorge durch die Pflegekräfte fand ich gut und umfangreich. Was mir auch noch sehr wichtig war, wie ich selbst psychisch auf die Veränderung reagieren würde. Für mich war es kein Problem, das alte Geschlecht nicht mehr zu spüren! Es geht mir nichts ab und ist vollkommen in Ordnung! Endlich bin ich jemand, der vom Denken und Fühlen her immer war, eine „Frau"! Körper, Geist und Seele sind nun endlich vereint, ein wunderbares Gefühl! Ich musste tatsächlich vor Glück einige Tränen vergießen, die dann die Wangen herunterkullerten. Die Richtigstellung ist und wird mir einen guten Auftrieb in meinem Leben bringen und ich kann mich nach Abschluss aller Maßnahmen in Zukunft jetzt ohne Vorbehalte als „Frau" überall bewegen. Über den Daumen wird dies mit der Korrekturoperation(en) ca. noch ein dreiviertel Jahr in Anspruch nehmen.

Am Samstag besuchte mich Sabrina. Sie war sehr überrascht, dass ich schon so fit nach dem Eingriff war – mich selber hat diese Tatsache erstaunt. Trotz allem Optimismus möchte ich nicht vergessen, dass sicher noch einige Stolpersteine auf mich warten und mir das Leben sauer machen werden! Nun, ich habe die Herausforderung angenommen und werde es durchstehen. Eine Hilfe dabei sind mir die vielen Leute im Hintergrund, vor allem Sabrina, auf die ich zählen kann. Ich stehe also nicht alleine da und das ist ein tolles Gefühl! Mein Dank an dieser Stelle an alle, die mich unterstützen!

Anfang der kommenden Woche werden der Stent und der Blasenkatheter gezogen, ein bisschen mulmig ist es mir schon! Nach Erzählungen von anderen Patienten soll es da recht schmerzhaft zugehen, ich lass mich aber nicht aus der Ruhe bringen, schließlich ist jeder Mensch anders! Nachdem die Maßnahmen durchgeführt werden müssen, macht es wenig Sinn, sich darüber vorher schon aufzuregen! Noch eine kurze Erklärung zum Stent. Ein Stent (deutsch Gefäßstütze) ist ein medizinisches Implantat zum Offenhalten von Gefäßen oder Hohlorganen in dem Fall der künstliche Scheideneingang nach der OP. Im Fachjargon sagt man „Neo-Vagina".

In der zweiten Woche bekam ich auch Kontakt zu Transmänner, also zu Leuten, die den Weg von Frau zum Mann gehen. Auch diese haben kein leichtes Leben! Markant ist, dass aus dem Unterarm Haut und Gewebe entnommen wird, um damit die Penishaut für den künstlichen Penis zu konstruieren. Bei Transmännern muss etwas hergestellt werden was definitiv nicht vorhanden ist. Bei Transfrauen kann aus dem vorhandenen Material - also vom alten Geschlecht - das Neue erstellt werden. Nur wenige Bestandteile, wie die Hoden und teils die Schwellkörper werden nicht mehr gebraucht. So gesehen haben es Transfrauen etwas leichter! Auch die kosmetischen Ergebnisse sind natürlicher und später ist man von einer biologischen Frau nicht mehr zu unterscheiden. Auch die Funktionen sollen weitgehend lebensecht sein, habe ich mir sagen lassen. Etwas neugierig bin ja schon, mal sehen! Ein heikles Thema ist die Funktion des Harnleiters mit dem Wasserlassen. Auch hier haben es Transfrauen etwas leichter, da der vorhandene Leiter nur gekürzt und angepasst werden muss. Angeblich sind frühere Problematiken beim Wasserlassen weitgehend überwunden. Bei Transmänner muss der Harnleiter künstlich verlängert werden, dafür wird Gewebe aus dem eigenen Körper entnommen. Da bin ich ja fast froh, eine Transfrau zu sein! Einfach ist es jedoch für beide Lager nicht. Man muss sich wirklich zweifelsfrei sicher sein, diesen Schritt der Angleichung durchzuführen. Der eindringlichste Hinweis in dieser Sache ist die absolute Unumkehrbarkeit, also es gibt keinen Weg zurück. Dafür muss eine Unterschrift geleistet werden. Nach aller Vorbereitung und Aufklärung ist es höchst unwahrscheinlich, dass jemand zurück möchte, soll aber schon vorgekommen sein. Diese Menschen haben dann starke psychische Schwierigkeiten. In meinem Fall trifft dies nicht zu. Ich hatte auch keine Erwartet.

Es geht mir gut und die Heilung wird sicher voranschreiten! Ich blicke wohlwollend und zuversichtlich in meine neue weibliche Zukunft.

In den folgenden Tagen wurden mehrfach am Tag meine Vitalwerte überwacht und in der Visite der Heilungsprozess kontrolliert. Bald kam der Tag für meine erste Begegnung mit einem gynäkologischen Stuhl. Hierbei soll meine Neo-Vagina gespült und mit einer Spezialsalbe eingelassen werden, außerdem werden die Nähte und die Wunden kontrolliert. Das gibt mir ein sicheres Gefühl. Bei der nächsten

Sitzung soll ich dann selbst meine Neo-Vagina massieren und eincremen lernen, da ich dies nach der Entlassung zu Hause weiterführen muss. Ich hatte kein Problem mit dem gynäkologischen Stuhl, fast verhielt ich mich, als wenn es schon lange Routine wäre. Jedenfalls fühlte ich mich wohl und sicher. Für mich ist das auch ein gutes Zeichen dafür, dass ich eigentlich schon immer eine „Frau" sein musste.

Ein paar Tage später machte ich eine schwere Nacht durch: Ich hatte Schüttelfrost, Fieber, ständiges Wasserlassen und ein Brennen in der Harnröhre. Am nächsten Tag melde ich dies gleich dem Pflegepersonal. In der Visite wurde dann eine Blut- und Urinuntersuchung angeordnet. Die Vermutung deutete auf einen Infekt in der Harnröhre, was sich später bestätigen sollte. Die Woche drauf wurde am Dienstag nach dem Spülen der Neo-Vagina und dem Eincremen im unteren Bereich des Schambereiches kleine Korrekturen gemacht. Danach musste ich Bettruhe einhalten, damit die Blutungen schneller heilen.

In der zweiten Woche wurde dann am Dienstag durch den Chefarzt der Stent entfernt und die Wunden untersucht. Der Arzt war behutsam zu mir, allen Gerüchten zum Trotz war die Maßnahme relativ sanft und schmerzarm. Die Oberschwester bestätigte mir dann, dass ich da wohl Glück hatte, weil es üblicherweise sehr schmerzhaft sei. An diesen Tag war ich etwas durch den Wind und auch körperlich nicht so gut drauf. Am Folgetag wurde dann gegen Mittag durch eine Krankenschwester der Blasenkatheter gezogen. Sie hat gesagt: „Einmal tief Luft holen" und weg war das Ding! Jetzt stieg die Neugierde, wie das Wasserlassen funktioniert!

In eine angenehme Art und Weise verflog die Zeit, wie im Wind. Am späteren Nachmittag war es dann soweit! Ich war angenehm überrascht, wie problemlos das Wasserlassen funktionierte, mal sehen ob es so bleibt! Jetzt steht noch das Entfernen der Klammern an, die mich noch arg zwicken und bei bestimmten Bewegungen sehr weh tun. Auch das wird überstanden, dann muss nur noch alles gut abheilen und die Schwellungen zurückgehen. Ich bin guten Mutes! In der zweiten Wochenhälfte bekam ich wieder verstärkt erhöhte Temperatur, im Mittel so um die 37,8 Grad, einmal waren es sogar 38,8 Grad. Es wurde ein Blutbild veranlasst und Urinprobe genommen. Ich habe mir wohl doch einen Blaseninfekt zugezogen! Es scheint wohl nichts Ungewöhnliches zu sein, denn die Ärzte blieben relativ gelassen. Dennoch wurde das Ganze akribisch verfolgt. Als Behandlung wurde ein spezielles Antibiotikum verabreicht. Nach einhelliger Meinung der ärztlichen Visite verlief die Heilung regelrecht. Als Entlassungstag wurde mal der Samstag zum 21. Juli in Augenschein genommen, eine endgültige Entscheidung steht aber noch aus. Heute soll die Neo-Vagina und die angrenzenden Wunden nochmal eingehend untersucht werden, wobei mir das Spülen der Neo-Vagina bisher am besten bekam. Nach Absprache mit dem Chefarzt soll ich bis auf Weiteres einmal die Woche zur Spülung und Kontrolle in die Urologie Planegg kommen. Die Termine können hierfür frei vereinbart werden. Nachdem ich ja nicht weit entfernt wohne, soll dies kein Problem sein und es ist mir auch lieber, wenn die Leute draufschauen, die mich operiert haben und keine fremden Ärzte. So muss ich auch nicht lang und breit erklären, was mit mir los ist.

Am Freitag den 20. Juli soll neu entschieden werden, ob ich am nächsten Tag, den Samstag nach Hause gehen darf. Vorsorglich wurde noch eine Spülung ausgeführt und Untersuchung meiner Neo-Vagina gemacht. Das Ergebnis war durchwegs positiv, die Heilung schreitet voran. Zu meiner Freude sank auch endlich das Fieber! Nach Meinung vom Chefarzt könne ich nach Hause, jedoch die Oberärztin ist noch skeptisch und möchte dies dann doch erst am Samstag nach der Visite entscheiden. Also bleibt es spannend bis zum Schluss!

Am Samstag gegen 11:30 Uhr war es dann endlich soweit! Beide Ärzte entschieden, mich nach Hause gehen zu lassen mit der Auflage, wenn erhöhtes Schmerz, Fiber und Blutungen etc. aufkommen, soll ich unverzüglich wieder die Klinik fahren. Das spricht für Sorgfalt und gibt mir Sicherheit. Gut, dass ich nicht weit nach Hause bzw. in die Klinik habe, lediglich ca. 50Km über die Autobahn. So kann ich relativ schnell reagieren. Für Montag, den 23. Juli habe ich schon vorsorglich einen Termin bei meinem Hausarzt vereinbart. Spannend ist das ganze Thema ja schon, mal sehen, was noch so alles auf mich zukommt!

Nach dem Mittagessen rief Sabrina an, wann ich denn jetzt nach Hause darf und ob sie mich letztlich abholen soll. Wir verblieben so, dass sie mich gegen 15 Uhr hier gepackt erwarten könne. Sogleich fing ich an, meinen Krempel zusammenzusuchen! Man glaubt es kaum, was man alles in den letzten Ritzen so findet und braucht dann hinterher fast einen Tieflader! Wie immer, hat man viel zu viel Zeug dabei, weil ich damals von vier Wochen Aufenthalt ausging, so aber komme ich schon nach knapp drei Wochen nach Hause. Auch gut, irgendwie bin ich jetzt doch froh, die Klinik verlassen zu können. Ich freue mich, wieder in heimatlichen Gefilden zu sein und in der eigenen Wohnung. Noch kurz von meinen Transmännern und den Stationsmitarbeitern verabschieden sowie dann meine Entlassungspapiere von dem Servicepoint mitnehmen!

Weiterer Verlauf nach der OP

Nach der Entlassung bekam ich viele Hausaufgaben von der Klinik mit. Die tägliche Pflege meiner Neo-Vagina sei unabdingbar für den weiteren medizinischen Erfolg, so der Tenor der Ärzte. Letztlich ist es erstmal für den Körper eine Wunde, die sich schließen will. Dem muss man mit Dilatoren und entsprechenden Gleitgel entgegenwirken. Die Behandlung dauert in der Regel ungefähr eine halbe Stunde und sollte zumindest am Anfang täglich durchgeführt werden. Später kann das Intervall dann auch geändert werden. Den Dilator bekommt man gegen Rezept aus der Apotheke sowie die Salben. Beim Dilator ist die Prozedur für das Rezept etwas aufwendiger, hier sollte man vorher seine Krankenkasse konsultieren. Der Hausarzt stellt ein Rezept dafür aus und mit dem Entlassungsbrief aus der Klinik geht man zur Apotheke und die wickeln dann das Ganze mit der Krankenkasse ab. Dem Dilatoren Set liegt eine Bedienungsanleitung und eine DVD bei. Mein Tipp ist, die Anleitung wirklich lesen und sich das Video dazu anzusehen! Danach bringt man zur Wundheilung zwei miteinander vermengte Salben in die Neo-Vagina ein und massiert noch etwas mit dem Finger den Scheideneingang, um diesen geschmeidig zu halten. Das Ganze sollte sehr behutsam vonstattengehen, um sich nicht zu verletzen, besonders am Anfang! Ein wichtiger Hinweis noch: Es darf kein Vibrator verwendet werden! Die Verletzungsgefahr ist zu groß, die Nähte könnten aufbrechen und Blutungen verursachen. Für eventuelle äußere verletzte Hautareale kann man noch eine extra Wundheilsalbe anwenden. Nach einiger Zeit wird das Ganze zur Routine. In etwa drei bis vier

Wochen erfolgt eine Nachuntersuchung in der Urologie bzw. beim Frauenarzt. Nach der ersten Nachuntersuchung war alles in Ordnung und meine Maßnahmen wurden mir positiv bestätigt. Nach weiteren vier bis fünf Wochen kommt dann die zweite Kontrolluntersuchung, meist erfolgt im Anschluss schon die Besprechung und Terminierung für die Korrekturoperation, die meist nach sechs bis acht Monaten nach der ersten Operation durchgeführt wird. Die zweite Operation sei dann aber nicht mehr so einschneidend und schmerzhaft, auch die Verweildauer ist meist nur ca. eine Woche in der Klinik, so die Aussage der Ärzte. Ich lass mich mal überraschen und konzentriere mich erst mal auf die laufende Prozedur und Heilung. Insgesamt bin ich sehr zufrieden mit dem Verlauf aus der Operation und dem Heilerfolg zu Hause! Ein wichtiger Punkt nach der Angleichung war mein psychologisches Befinden. Auch hier bin ich sehr zufrieden und glücklich! Endlich daheim bei mir selbst! Deshalb machen mir die Mühen für den neuen Umstand nichts aus, es gehört einfach dazu, wie Zähneputzen. Insgesamt gehe ich recht locker und natürlich mit den ganzen Maßnahmen um, als wenn ich mein Lebtag nichts anderes gemacht habe! Selbst die Sache mit dem gynäkologischen Stuhl war ohne Anpassungsschwierigkeiten, nur neugierig war ich. Aus Spaß sage ich meist, bitte auf die Hebebühne und Inspektion durchführen!

Postoperativer Neuanfang / Korrektur-OP

Am Sonntag, den 22. Juli 2018 0:00 Uhr beginnt für mich die *„Stunde Null"* im neuen Leben als *„Frau"* und jetzt im vollständigen Gewand! Was mich später nerven sollte, ist das Beantworten der vielen Fragerei von jeder Menge Leuten über mein Befinden. Naja, die Menschen sind halt neugierig, dass wird sich sicher mit der Zeit legen! Etwas später werde ich diese Prozedur zurückfahren, ich bin einfach nur noch *„Frau"* mit Vornamen „Johanna", nicht mehr und nicht weniger! Gelegentlich fang ich schon an den Leuten zu sagen, dass ich keine Fragen bezüglich der Operation, deren Vorgang und Befinden mehr beantworte. Ganz eindämmen wird man das geradezu anfangs aber nicht können, es kommt ja auch darauf an, mit wem man sich unterhält. Ich strebe ein einfaches normales Leben als *„Frau"* an. Neugierig macht mich der Gedanke, wie es mir geht, wenn ich mal in die Damenumkleide und Dusche in Bädern und Thermen gehe! Es tut auf jedem Fall gut, nicht mehr entscheiden zu müssen, wo man hingeht! Ich denke, dass es unproblematisch verlaufen wird. Irgendwie freue ich mich schon auf das Erlebnis! Mittlerweile gibt es viele Menschen, die mich als *„Frau"* verstehen und natürlich mit mir umgehen.

Jetzt muss ich mich erst mal um mich und um meine Hausaufgaben kümmern, die ich aus der Klink mitbekommen habe, ordentlich umsetze. Leider konnte ich noch nicht zum Baden gehen, insbesondere Seen, Flüsse und andere natürliche Gewässer. Die Infektionsgefahr ist hier einfach zu groß! Eventuell ginge es dann später mit Rücksprache der Fachärzte in ein Hallen- oder Freibad zu gehen, dessen Wasser chemisch gereinigt ist. Die Tage möchte ich im Sommer-Sale mich mal nach einem Badeanzug umsehen! Nach dem ich ja jetzt nichts mehr zu verbergen habe, ist dies kein Problem mehr! Mein Siegeszug zur Weiblichkeit setzt sich kontinuierlich fort, was mir sehr zugetan ist. Allmählich ernte ich meine Früchte aus der frühen Saat meines Bestrebens. *„Sein, wie man ist"*, so auch der gleichlautende Titel dieses Buches. Dieser generiert sich aus dem schon seit langem selbst gedichteten Satz: *„Ich habe es gewagt, so zu sein, wie ich bin!"* und da ist was Wahres dran! In ruhigen Momenten zu Hause streichle ich zufrieden meine Weiblichkeit und mir geht es sehr gut dabei! Sicher wird diese Freude noch eine Steigerung erfahren, wenn die Korrekturoperation voraussichtlich im Frühjahr 2019 oder eventuell früher durchgeführt wird. Über das kosmetische Ergebnis bin ich schon gespannt! Dieses Gefühl ist für einen Außenstehenden kaum nachzuvollziehen. Auch der Umgang mit mir selbst als *„Frau"* ist nach der Operation nahtlos ohne Umstellung passiert. Ich schaue mal vorbehaltlich in eine für mich angenehme weibliche Zukunft, so kann ich meinen letzten Lebensabschnitt genießen. Zug um Zug kommen auch Leute zurück, die sich erstmal vorsichtig reserviert haben, so auch meine beiden Kinder. Sie konnten doch mittlerweile feststellen, dass man mit mir annähernd den gleichen Blödsinn machen kann wie früher! Genau das ist der Schlüssel zum Erfolg „Normalität". Ich möchte mich nicht mehr erklären müssen, so mein innigster Wunsch!

Ein glücklicher Tag

Nach einer verrückten Woche traf ich mich mit Sabrina zu einem vergnüglichen Nachmittag. Wir einigten uns auf das Reiseziel Donauwörth. Nach ein paar etwas schwierigen Begegnungen mit ihr hat es richtig gut getan, eine Zeit des fröhlichen Ausgelassenseins zu genießen. Wir haben schon lange nicht mehr so viel gelacht und gefeixt! Beim Spazierengehen kam ich gerne ihrer Aufforderung nach, wie schon so oft in der Vergangenheit, mich an ihrem rechten Arm einzuhängen und mit ihr durch die Gassen zu schlendern, die Schaufenster zu putzen und die Augen über die feilgebotenen Waren gleiten zu lassen. Etwas später gingen wir dann auf einen kleinen Imbiss in ein Lokal, das wir schon früher mal in Augenschein genommen hatten. Mich fasziniert immer wieder der normale und selbstverständliche Umgang, den sie mit mir in der Öffentlichkeit pflegt. Dieses Vertrauen und Sicherheit verstärkt mich in meiner Rolle als „Frau". Manchmal muss ich vor Glück weinen! Ich mag sie sehr, ich habe aber mittlerweile gelernt und verstanden, dass sie mein Tempo und meine Erwartungshaltung aus verschiedenen Gründen - die ich auch noch nicht alle weiß und verstehe - nicht mitmachen kann. Ob wir je mal enger zusammenkommen werden? Von dem Gedanken habe ich mich erstmal etwas reserviert, aber wünschen darf ich es mir! Ich spüre, es ist das tiefe Vertrauen und die Treue in ihr, dass mich an Sabrina festhält.

*„Schau hin, schau mich an, ich brauche dich HEUTE, sonst bin ich MORGEN **vielleicht** nicht mehr da!"*

Nachsorge / Korrektur-OP

Meine Neo-Vagina bedarf der Korrektur, wurde bei der letzten Untersuchung festgestellt! Leider treten immer wieder Blutungen an einer Engstelle auf, trotz täglicher innerer Massagen der markanten Stelle. So wie es aussieht, kann eine dauerhafte Heilung nur ein operativer Eingriff bringen. Nach Einschätzung von den Ärzten kann eventuell dabei auch gleich die äußere Korrektur bzw. Erstellung der Schamlippen gemacht werden. Das Ganze soll jetzt doch schon am 5. Nov. 2018 ausgeführt werden! Ich bin direkt mal gespannt, was dabei wieder herauskommt. Die ursprüngliche Planung war mal für Mai 2019 vorgesehen. Mittlerweile ist mein Optimismus etwas gedämpft, aber meine Entscheidung für die Operation weiterhin außer Zweifel! Allmählich dämmert es mir, dass es doch noch ein langer Weg zum Endergebnis und der Heilung wird, ich bin aber trotzdem frohen Mutes! Am 26.10.2018 habe ich einen Termin zur Nachsorge und OP-Besprechung. Hier soll insbesondere die Problematik für die Vaginalblutung und die Korrektur-Operation erörtert werden. Die Untersuchung wird wie schon bei der ersten OP in der Urologie Planegg durchgeführt. Des Weiteren werden Patientenfragen auch hinsichtlich der täglichen Pflege erklärt. Mir wurde auch beigebracht, dass die derzeitigen Engstellen in der Neo-Vagina korrigiert werden und ein begradigter Scheideneingang hergestellt wird. Dies soll und wird dann auch die häusliche Pflege erleichtern. Die wichtigste Außenkorrektur wird dann die Bildung der inneren und äußeren Schamlippen (Labia) sein und auch der sogenannte Venushügel wird vollendet. Ich freue mich jedenfalls, wenn mal alles gut verheilt ist und ich dann einer biologischen *„Frau"* in diesem Bereich nichts mehr nachstehe! Dies wird sicher mehr zur inneren Zufriedenheit und Selbstsicherheit führen! Spannend ist das Ganze ja schon! Eigentlich bin ich von meinem Naturell her nicht sehr neugierig, aber in diesem Fall mache ich wieder mal eine Ausnahme. Das ist ja auch kein üblicher Fall und auch wohl einmalig für mich in dieser Form. Man merkt, dass sich hier in der Urologie Planegg alle gut für mich einsetzen. Man fühlt sich wie ein Mensch und keine Nummer, was Vertrauen schafft und Sicherheit gibt. Auch mein privates Umfeld beziehe ich in diese Sache mit ein und alle mir wichtigen Personen werden entsprechend unterrichtet. Am Montag, den 29.Oktober fanden das Narkosegespräch und weitere Untersuchungen statt, auch hier wurde sehr akribisch vorgegangen! Die verbleibenden Tage bis zur Operation vergingen rasch.

Zuvor sollte mich noch mein jüngerer Sohn überraschen! Es geschah etwas, das ich für nicht möglich hielt und auch nicht verlangen wollte. Er lud mich ein, mit mir zusammen in eine Therme zu gehen, um ausgiebig - wie früher - zu saunieren und zu entspannen. Ich konnte es kaum glauben, was ich da hörte, meine Freude war sehr groß! Ihm musste ja klar sein, dass es offensichtlich ist, wie ich aussehe und er mit mir so umgehen musste. Erst viel später sollte ich von ihm erfahren, dass es ihm allein in der Sauna zu langweilig ist, also nimmt er lieber in Kauf, sich mit mir so zu zeigen. Schade, so fühlt man sich eher geduldet, als akzeptiert! Da war die Enttäuschung erstmal groß und stimmte mich etwas traurig. So wird es wohl ewig bis an Ende meiner Tage weitergehen, fürchte ich! Ich möchte aber nicht undankbar sein. Ich denke, dass es schon ein großer Schritt ist von meinem Sohn, sich mit mir so zu zeigen! An einem Freitag gingen wir am späteren Nachmittag dann in die Kristalltherme nach Schwangau. Zu alledem ist da an diesem Tag ab 19 Uhr für das Ganze Gelände FKK angesagt und wer das nicht will, muss die Therme verlassen. Auch ab diesem Zeitpunkt lief alles normal ab und es ergaben sich keine Spannungen. Wir gingen sogar im Poolbereich an die Bar und genossen zwei alkoholfreie Cocktails. Nach geraumer Zeit fragte mich eine Frau, warum ich rot lackierte Fingernägel hatte. Ich antwortete ihr: „Ich bin halt eine Frau!" Automatisch schaute sie mir zwischen die Beine und lachte mich an! Kurz darauf blickte sie zu meinem Sohn hinüber und sagte: „Cool, und du bist der Sohn!" Und schon war sie wieder verschwunden! Mich wundert so schnell nichts mehr. Jedenfalls konnte mein Sohn feststellen, dass es kein Problem darstellt, mit mir durch die Öffentlichkeit zu ziehen. Damals dachte ich noch nicht daran, dass sich die Saunatour noch öfter mit ihm wiederholen wird.

Herr Johanna Baader / Beziehungen

Ein ewiges Leiden wird wohl meine männliche Stimme und mein Körperbau bleiben. Dies sorgt leider immer wieder zu Irritationen und ich muss mich dann, wie gewohnt, erklären. Am Telefon ist es am markantesten, was kein Wunder ist: Die Leute können mich ja nicht sehen und so ziehen sie automatisch die Schublade „Mann" heraus. Ich kann es keinem verübeln, es ist halt so! Ein schwacher Hoffnungsschimmer ergibt sich eventuell aus der Anfang Oktober 2018 begonnenen Logopädie. Die Krankenkasse war so freundlich und hat mir vorerst zweimal zehn Sitzungen genehmigt. Von einem ehemaligen Arbeitskollegen weiß ich, dass man durch Singen seine Stimme gut formen kann. Aus diesem Grund habe ich mich bei einem lokalen Chor angemeldet und schon eine Einladung bekommen. Vielleicht macht es mir sogar Spaß!

*„Aufgeben ist keine Option, **vielleicht** dreht sich morgen schon der Wind!"*

Gelegentlich experimentiere ich selbst ein bisschen mit meiner Stimme herum. Entweder ist es dann zu hoch und wirkt unecht und künstlich wie ein kleines Mädchen oder ich verfalle automatisch wieder in die alte Tonart. Oft finde ich meine Stimme gar nicht so männlich, da hören sich manche Frauen eher wie Männer an! Einige Bekannte meinen, ich soll meine Stimme nicht ändern, denn die meisten Leute kennen mich ja mit der Stimme. Vielleicht wenn ich mit hoher Stimmlage daher komme, ist das für die Leute auch wieder befremdlich! Egal, wie man es macht, es ist verkehrt! Die Logopädie wird trotzdem durchgezogen und den Singverein werde ich auch ausprobieren. Ich bin einfach neugierig, ob nicht doch was zu machen ist! Des Weiteren informiere ich mich über Lektüre und im Internet über Möglichkeiten der Sprachbildung. Später werde ich einen elektronischen Sprachverzerrer testen, der beim Telefonieren die Stimme verändert, aber auch dieser Versuch wird dieses Stadium nicht verlassen. Ich bleib einfach so, wie ich bin und basta!

Die Identifikation über meinem männlichen Körperbau wird mir in jedem Fall bleiben. Ich habe weder Lust noch Geld umfangreiche Maßnahmen einzuleiten! Jeder Eingriff ist nun mal auch ein Risiko in vielerlei Hinsicht. Man muss sich schon die Frage stellen, wie weit man es treiben will! Wann ist der Punkt erreicht, wo der Aufwand den Nutzen übersteigt? Letztlich bleibt man immer die gleiche Person, egal, wie viel man an sich verändert. So gesehen ist es ein Rattenschwanz ohne Ende. Die Illusion zur perfekten *„Frau"* wird irgendwann sterben. Man kann Perfektion anstreben, aber man muss sie nicht zwanghaft erreichen und so gehe ich auch vor! Kleine Erfolge und Zufriedenheit sind der Lohn.

„Nichts ist schmerzlicher,
als sich von einer Illusion zu lösen."

Die äußere Korrekturoperation

5. November 2018, Urologie Planegg, Ortszeit 9:15 Uhr, Patientenaufnahme. Weiter auf Station 2, wegen Platzmangel Verweis auf Station 3, Meldung am Servicepoint, freundliche Aufnahme und Begleitung ins Patientenzimmer 312. Begrüßung der im Zimmer befindliche Patientin. Kurze Unterweisung und Schrank einräumen sowie umziehen in die Krankenhauskluft. Erst mal ankommen und etwas ruhen. Gegen Mittag begann die OP-Vorbereitung. Um 13 Uhr wurde ich dann samt Bett in den OP-Saal geschoben. Schon etwas benebelt von der Beruhigungstablette wurde ich umgebettet und an zahlreichen Gerätschaften angeschlossen. Das Letzte, was ich noch gerade so mitbekam, war das Aufsetzen der Sauerstoffmaske und dann war ich schon weg! Nun begann die Arbeit des Operateurs und dessen Team. Ohne Einflussnahme kann man nur hoffen, dass alles gut geht! Wie lange ich im Aufwachraum war, weiß ich nicht mehr. Gegen 19 Uhr war ich wieder auf meinem Zimmer. An diesem Abend war ich erledigt, vor allem auch wegen des starken Schmerzaufkommens. Fast möchte ich behaupten, dass diese schlimmer waren als bei der ersten OP! Ich fand keine Position im Bett, wo ich Linderung erfahren konnte. Als es langsam, aber sicher zur Schlafenszeit kam, bat ich die Pflegekraft um ein Mittel, das meine Schmerzen lindert und mich schlafen lässt. Etwas später wurde ich an eine Infusion angeschlossen, dessen Inhalt zusätzlich zu den üblichen Inhaltstoffen mit einem Opiat versetzt war. Es dauerte nicht lange, die Schmerzen wurden etwas leichter und der Schlaf übermannte mich. Am nächsten Tag ging es mir schon besser

und das Schmerzaufkommen wahr erträglicher geworden. Neugierig untersuchte ich mich mittels meines Handys um zu sehen, wie das optische Ergebnis der OP aussieht. Es war nicht so stark geschwollen, wie das erste Mal und sah auch schon sehr angenähert an eine biologische Frau aus. Wieder ein Schritt zu mehr Weiblichkeit! Wie schön, ich bin sehr glücklich dabei!

Die weiteren Tage brachten immer mehr Linderung und mein Wohlbefinden steigerte sich, die Betreuung und Behandlung waren sehr gut. Am zweiten Tag nach der OP wurde meine Mitpatientin entlassen und es kam leider niemand mehr nach, so war ich meist allein im Zimmer. Das ist aber auch schön, wenn man seine Ruhe hat, aber leider kann es einem oft langweilig werden und man hat zu viel Zeit zum Grübeln. Wie bei der ersten OP, bekam ich einen Blaseninfekt, der mit Antibiotika behandelt werden musste. Man ist halt in diesem Stadium leider sehr anfällig für Infektionen. Ein paar Tage vor meiner Entlassung machte ich noch Bekanntschaft mit zwei Transmännern. Nach 9 Tagen wurde ich entlassen, wieder mit der Auflage, meine Intimpflege akribisch durchzuführen und bei ernsten Problemen mich sofort zu melden. In ca. sechs Wochen soll dann die erste Nachuntersuchung stattfinden. Mal sehen, ob sich die Versprechen der Ärzte einlösen! Ich lasse mal die Zeit für mich arbeiten. Am Dienstag, den 13. Nov. fuhr ich mit gemischten Gefühlen nach Hause. Ich spanne mich schon selbst auf die Folter, was noch so alles auf mich zukommt! Im Normalfall sollte es mit den beiden Operationen gewesen sein. Meine häusliche Intimpflege lief schon deutlich routinierter ab als nach der ersten Operation. Nach dem es mir deutlich leichter fiel, war es nicht verwunderlich, dass die Pflege jetzt tatsächlich bis auf wenige Ausnahmen täglich und sogar auch intensiver stattfand. Nach einiger Zeit merkte ich, dass es auch sich dadurch weniger schmerzhaft empfand! Ich hoffe jedoch, dass die Intervalle später länger werden. Am 21. Dez. hatte ich eine Nachuntersuchung, dabei sind noch kleinere korrekturbedürftige Maßnahmen besprochen worden. Ganz überraschend kam die Entscheidung aber nicht. Ich merkte beim Bougieren, dass es an einer Stelle nicht ganz schmerzfrei war. Im Großen und Ganzen sind die Operationsergebnisse gut und die Wunden sind komplikationsfrei verheilt! Die Nähte lösen sich mit der Zeit von selbst auf, die Nahtstellen werden mit einer speziellen Salbe noch etwas nachversorgt. Ja, das Ergebnis kann sich durchaus sehen lassen, ich bin von einer biologischen Frau nicht mehr zu unterscheiden! Ein gewisser Stolz und Freude macht sich breit.

Eine wichtige Bemerkung möchte ich hier noch kurz anbringen. Es ist eine lebenslange Aufgabe, sich um seine neu geschaffenen Körperteile zu kümmern! Eine Freundin hat mich mal gefragt, ob es nicht einfacher gewesen wäre, die Neo-Vagina wegzulassen und nur die äußere Angleichung zu machen. Ich gab ihr zu verstehen, dass ich mich dann nicht vollwertig als „Frau" fühlen könnte und vielleicht habe ich ja doch mal Gelüste, einen Akt mit einem Mann auszuprobieren, man weiß ja nie! Da wäre dann auch meine Echtheit grob gefährdet und würde zu Irritationen kommen. Nein, wenn, dann schon vollständig!

Runde 2 im Nachtexpress

Ende Oktober 2018 machte ich mir bereits Gedanken, was ich über die Weihnachtsfeiertage anstellen möchte. Allein zu Hause herumsitzen erschien mir zu langweilig und in die Psychiatrie wollte ich nach acht Aufenthalten nicht mehr, zumal ich ja letzte Weihnachten (2017) leider erst dort verweilen musste! Da fiel mir die Aktion im Jahr 2016 ein, wo ich über Weinachten von der Familie bzw. vor meiner damaligen Frau geflüchtet bin, da die Stimmung nach meinem Outing nicht mehr zu ertragen war. Damals führte mich der Weg ebenfalls mit dem Nachtexpress nach Hamburg und der Trip war gut! Hamburg ist immer einer Reise wert.

> *„Ich folge dem Herzen, um meine*
> *unersättliche Ruhe zu finden."*

Nur waren diesmal die Vorzeichen anders: Ich fuhr ohne Problemlast und fühlte mich frei und ungebunden, zumal ja die Trennung von meiner Frau ebenfalls kürzlich gelaufen war und andere Bindungen gab es nicht mehr! Jetzt gibt es nur noch mich, *„Johanna"*! Einen kleinen Wermutstropfen gibt es leider doch. Gerne wäre ich mit Sabrina, meiner besten Freundin, gefahren, aber sie konnte nicht wegen Familie und Arbeit, was für mich durchaus verständlich war. Sie wäre sicher gerne mitgekommen. Vielleicht ein andermal! Jedenfalls bin ich frohen Mutes unterwegs und voller Tatendrang! Die Fahrt in der sogenannten Heiligen Nacht verlief relativ unspektakulär. Sabrina überraschte mich mit einem Weihnachtsgeschenk, dass sie mir mitgegeben hat und dies erst im Zug öffnen darf. Die Überraschung ist wirklich gelungen und erfüllte mich mit Freude! Was mich ebenfalls gefreut hat, ich wurde von dem Zugbegleiter des Nachtexpresses vorzüglich als *„Frau"* behandelt und fühlte mich auch so verstanden. Es ist selbstverständlich, dass es immer wieder mal negative Erfahrungen gibt, zum Trost gibt es aber genügend gute und schöne Erlebnisse!

Den ersten Tag in Hamburg verbrachte ich mit einer Hafenrundfahrt über Finkenwerder und zurück an die Landungsbrücken. Dort entschied ich mich für ein gutes Mittagsmahl. Hier konnte ich die Vorzüge, die einer *„Frau"* gelegentlich zu Teil werden, genießen: Mir wurde ein Platz angeboten und wurde mir beim Tragen des Esstabletts geholfen. Im weiteren Verlauf des Tages machte ich eine Sightseeingtour durch die Stadt mit der U-Bahn, die in Hamburg zu 90 Prozent an der Oberfläche verläuft. Die U3 beschreibt eine Rundstrecke so, dass man meist ohne Umsteigen wieder am Hauptbahnhof landete. Unterwegs wurde ich von verschiedenen Passanten gemustert: Ja, auch in Hamburg - eine Weltstadt mit Herz - ist man vor missgünstigen Passanten nicht sicher. Sollte mich jemand nonverbal angreifen, auch dafür bin ich gerüstet und vorbereitet, zumal ich da schon böse Erfahrungen machen musste! Außerdem spüre ich oft jetzt als *„Frau"*, dass man meist als Freiwild von vielen Männern angesehen wird. Ja, ein Mann ist gemäß seinem Instinkt immer auf der Jagd und will Beute machen! Im Grunde sind wir immer noch in der grauen Vorzeit, nur mit ein bisschen Overhead ausgestattet. Hat ein Mann seine Beute erlegt und sich daran befriedigt oder sich derer Untertan gemacht, erlischt oft das Interesse an ihr und er geht erneut auf die Jagd. Diese simple Formel sollten Frauen immer beachten und im Hinterkopf behalten. Nun sicher sind nicht alle Männer gleich und bei vielen reicht der Overhead aus, um die Urtriebe in Zaum zu halten. Ich wollte lediglich hier etwas Klarheit schaffen, da ich ja selbst viele Jahre meines Lebens als Mann gelebt habe. Unabhängig vom Geschlecht gibt es natürlich beide Tendenzen in jedem von uns, nur in unterschiedlicher Ausprägung. Ich nutze hier meine eigenen Erfahrungen und versuche diese hier niederzuschreiben.

Nach meiner U-Bahn-Odyssee marschierte ich noch durch den alten Elbtunnel, danach war ich fix und fertig und reif für die Badewanne! Somit war der erste Tag in Hamburg geschafft. Am nächsten Morgen machte ich mich erneut auf in Richtung Hafen. Heute stand das Miniatur Wunderland (größte Modellbahn der Welt) auf dem Plan und wenn die Zeit und Lust noch reicht, mache ich einen Abstecher in die Elbphilharmonie, denn dort kann man kostenlos den Plaza-Bereich besuchen. Immerhin thront man da in ca. 42 Meter über der Elbe und hat einen herrlichen Rundblick über den Hafen und der Stadt, sofern die Wetterlage günstig ist. Gegen 21 Uhr machte ich mich auf dem Weg zurück ins Hotel. Auch an diesem Abend kam ich an der Badewanne nicht vorbei, die viele Lauferei zollte seinen Tribut. Im Lauf des Wannenbades überkam mich eine leichte Brise der Depression, fast hätte ich geweint. Verschiedene Erinnerungen von Verlusten in letzter Zeit lösten diese aus. Zum Glück eskalierte das Ganze nicht, sondern regelte sich wieder ein!

Das Jahr 2018 war ja auch ein höchst unruhiges, erlebnis-reiches und schmerzliches Jahr. Viele Verluste musste ich einstecken und verkraften. Verloren unter anderem habe ich meinen Arbeitsplatz, Freunde, Bekannte und Verwand-te sowie meine Frau mit der Scheidung im Dezember 2018. Nicht zu vergessen die Illusion einer vermeintlichen Part-nerschaft oder die es hätte werden können! Dann kamen noch die drei Aufenthalte im Jahr 2018 in der Psychiatrie hinzu sowie meine beiden geschlechtsangleichenden Ope-rationen. Alles kann ich hier gar nicht aufzählen, denn das würde den Rahmen dieses Kapitels sprengen. Ich denke, das reicht ja auch erstmal, da hat man schon einen An-spruch auf etwas depressivere Stimmung! Ob es 2019 bes-ser wird, sei dahingestellt - auf jeden Fall wird es anders und das ist im nächsten Kapitel zu lesen!

Am dritten Tag ging es zurück nach Landsberg am Lech. Die Rückreise verlief über Berlin mit dem ICE 707 und war mit dem üblichen Mix bahntechnischer und organisa-torischer Probleme gespickt. Die Leute in meinem Abteil waren alles sehr nett, einer der beiden Herren bot sich an, meinen Koffer auf die Ablage zu hieven. Ein Kavalier alter Schule eben! Das sind die kleinen Freuden des Lebens, die man zuweilen als Frau genießen darf. Resümierend kann ich den Hamburg Trip als Erfolg verbuchen. Ich bin aus mir rausgegangen und lebe mein Leben als *„Frau Johan-na"* - so wollte ich es auch erreicht haben!

Der Umzug in eine neue Zukunft

Aufgrund vieler Veränderungen ergab sich zum Jahresbeginn 2019 ein Umzug nach Großkötz nähe Günzburg. Zum einen war es die einzige Möglichkeit ein Eigentum zu erwerben, dass in meinem finanziellen Rahmen blieb und die Qualität sowie die Wohngegend passten. Gerade die finanzielle Seite hat hier eine wesentliche Rolle gespielt auch in Hinblick meiner geminderten Einkünfte aus der Vollverrentung für das Jahr 2020/21. Zum anderen ein zweiter wichtiger Grund, Landsberg den Rücken zu kehren waren die vielen schlechten Erinnerungen, Ereignisse und Psychiatrieaufenthalte in Landsberg. Man kann von einer sogenannten verbrannten Erde sprechen. Ich konnte mich nur befreien, wenn ich die Lokation ändere! Es war immer noch der Dunstkreis im Einzugsgebiet meiner alten Wohnstätte im Peitinger Umland. Ich musste einfach weg, auch bevor ich in Landsberg zu sehr sesshaft wurde! Ich fand einfach keine Ruhe hier. Auch in meiner schönen Wohnung fühlte ich mich nicht mehr wohl, zu viele unschöne Zwischenfälle musste ich dort erfahren und durchstehen! Wenn ich nur an die vielen Wohnungsverwüstungen denke, wird mir heute noch schlecht! Leider war es aber oft der einzige Weg, um innere Spannungen abzubauen und dadurch Schlimmeres zu verhindern, denn der Suizid war oft erschreckend nahe und konnte hier und da durch das beherzte Eingreifen anderer Personen verhindert werden.

Wieder mal ein Neuanfang, wie schon so oft in meinem Leben, darin habe ich ja gute Übung! Wie ich immer zu sagen pflege: *„Meine Heimat ist die Südkurve"*. Was ich noch erwähnen möchte ist, dass es immer ein Problem sein wird, irgendwo als Transgender anzukommen, man ist und bleibt für Viele ein Kuriosum. Lassen wir aber die Zeit für uns arbeiten und legen den Pessimismus auf die Seite, warten wir ab, was die Zukunft noch bringt! Einen Ankerpunkt habe ich ja schon: Über die Maklerin ergab sich bei der Wohnungsbesichtigung eine erste flüchtige Bekanntschaft im Hause.

In Hamburg kam mir der Gedanke, meine Lebensstrategie etwas zu ändern. Ich werde nicht mehr so freizügig über mein intimes Leben berichten, Rechtfertigungen werden der Normalität weichen und die Anbindung an Vereine werde ich erstmal auf Eis legen. Erst später sollte ich erfahren, welche Art von Normalität ich leben werde. Auch eine gewisse Entschleunigung meines Lebens wird stattfinden. Hier in Großkötz habe ich die Möglichkeit, eine gewisse Normalität weiter auszubauen, so meine Meinung.

Später werde ich die Erkenntnis erlangen, dass die Normalität darin besteht, eine dauerhafte Ausnahme der Gesellschaft zu sein, mit den üblichen Begleiterscheinungen. Damit werde ich wohl Zeit meines Lebens zurechtkommen müssen! Das ist mir aber immer noch lieber, als nach der Pfeife der Gesellschaft zu tanzen! Aber lesen Sie ruhig weiter, es bleibt interessant und spannend!

Eigentlich habe ich es satt, mich immer zu erklären und zu
rechtfertigen! Da ist er wieder, der unersättliche Ruf nach Ruhe, der ist existent seit mindestens 2014 und ist nie verhallt! Es ist wirklich an der Zeit, diese Notwendigkeit realistisch umzusetzen und hier an meinem neuen Standort habe ich endlich die Chance dazu! Allmählich schalten sich viele Ampeln auf Grün. Ich muss keiner geregelten

Arbeit mehr nachgehen und mich mit Arbeitskollegen beschäftigen, die mit meiner Frauenrolle Probleme haben. Geschieden bin ich auch und ziehe in meine kleine eigene Wohnung. Ein Freundeskreis wird sich finden. Auch die geografische Lage verspricht gute Anbindung in vielerlei Richtungen, die ich bevorzuge.

Man kann fast sagen, ein gelungener Schachzug, aber ich muss zugeben, vieles hat sich auch einfach so ergeben und ich habe spontan die Gelegenheit beim Schopf gepackt, getreu dem Motto: „*Viele Gelegenheiten gibt es nur einmal, also fass zu*"! Der Zeitplan war sogar so eng, dass ich während meines zweiten Krankenhausaufenthaltes heimlich die Wohnungsbesichtigung in Großkötz durchführen musste. Ein gewagtes Spiel, aber gewonnen! Für solche Aktionen bin ich irgendwie immer zu haben, das entspricht meinem Naturell. Offensichtlich benötige ich ein Prise Risiko für meinen Lebensunterhalt. Ich liebe das Außergewöhnliche eben!

Am 4. Jan. 2019 war die Wohnungsübergabe. Die Maklerin und die frühere Mieterin waren gekommen und haben mir die Wohnung in einem ordentlichen Zustand hinterlassen. Es war ein herzlicher Umgang und es gab keine Probleme. Mein älterer Sohn war auch dabei, so konnte er gleich meinen neuen Wohnsitz in Augenschein nehmen. Am nächsten Tag packte ich das Auto voll und fuhr im Schneetreiben unter widrigsten Umständen in meine neue Wohnung. Ich war einfach zu neugierig, wie es sich dort lebt! Ich blieb sogar schon diese Nacht dort. Die Wohnung war etwas primitiv eingerichtet, ich fühlte mich trotzdem schon sehr wohl! Am späteren Nachmittag machte ich einen kleinen Spaziergang und lernte dabei eine Nachbarin kennen. Das Gespräch verlief zu meiner Überraschung recht lang und unterhaltsam. Mir wurde sogar eine Einladung zum Kaffee angeboten! Dass war ja schon mal eine gute Landung als „*Frau Johanna*"! Ich lass die Zeit mal für mich arbeiten und warte ab, welche Überraschungen noch auf mich warten! Ich freute mich jedenfalls über das Gespräch. Nach einer ruhigen und guten Nachtruhe nahm ich mein erstes Frühstück ein und fing mit den Vorbereitungen an, um die Wohnung zu streichen. Ich wollte die Chance nutzen, solange keine Möbel in der Wohnung stehen.

„Es schmerzt mich, wie vergeblich meinen Mühen oft sind, aber ich gebe nicht auf! 29.11.2018"

Seit der Aussicht, dass ich bald in Großkötz residiere, spüre ich eine innere Kraft in mir aufsteigen. Ich möchte meine Etablierung als „*Frau*" endgültig sturmfest machen. Ich will es einfach, es muss sein! Ich möchte meinen ganzen Aufwand bestätigt wissen. Letztlich kommt es erst zu einer inneren Radikalisierung und später wird diese nach außen getragen. Sicher muss jeder seinen individuellen Weg finden, sich zu etablieren! Es gibt eben keine Blaupause für dieses Thema und für das Leben.

Neue Wahlheimat bayerisch Schwaben

Am 1.März war es dann soweit, ich bezog offiziell meine
kleine Wohnung und richtete mich ein. In den ersten Wochen turnte ich mit meinen Umzugskartons Tango, aber mit
jeder Aktion wurde es immer besser und die Kartons weniger. Nach geraumer Zeit konnte ich mich wieder um mein
„normales" Leben kümmern. Meine Einbildung, hier un-
behelligt als „*Frau*" leben zu können, sollte sich bald in
Wohlgefallen auflösen und das in mehrfacher Hinsicht!
Naja, so ändert sich eben nichts und es gibt wohl keine
weißen Flecke mehr auf dieser Welt! Der Kampf geht also
einfach in die nächste Runde, dann ist es ja ohnehin egal,
wo ich lebe! Ich werde immer auf Menschen stoßen, die
mir Probleme bereiten werden. Ich polarisiere eben sehr
stark, hat man mir mal zu verstehen gegeben, fast wie ein
Prominenter oder Leute, die körperlich nicht ins gesellschaftliche Ambiente passen. Vielleicht kommt daher immer wieder der Wunsch zu sterben, um Ruhe zu finden,
dessen Widerhall auch nie so recht verstummen mag. Noch
habe ich etwas Kraft, mich dagegen zu stemmen. Es macht
mir eigenartigerweise auch keine große Angst, zu viel habe
ich schon in meinem Leben mitgemacht und den Tod
mehrfach ins Auge geschaut.

„Wie kommt man am besten mit „Männer"/"Frauen" zu
recht, wenn man ohne sie zurechtkommt?"
(Zufällig beim Fernsehen gehört)

Ich will nicht alles schlecht darstellen, es gibt auch viele
positive Erlebnisse und gute Leute, die mir immer wieder

helfen und das oft zur rechten Zeit, bevor es zu eng wird. Zum Bespiel hier im Haus wurde ich größtenteils gut aufgenommen und sogar schon jetzt über einen längeren Zeitraum als „Frau" akzeptiert.

Nachdem ich im Ruhestand über mehr Zeit verfüge, denke ich darüber nach, ob ich eine kleine, überschaubare Tätigkeit aufnehmen soll. Somit hätte ich eine Tagesstruktur und eine kleine Aufbesserung meiner Rente! Irgendwann kam meine beste Freundin Sabrina mit einem Zeitungsartikel daher, wo für psychisch angeschlagene Menschen eine leichte Tätigkeit angeboten wird. In einem Ortsteil von Günzburg gibt es eine Einrichtung, die solche Menschen die Möglichkeit gibt, wieder einer Tätigkeit nachzugehen. Am nächsten Tag schrieb ich eine E-Mail an die Behindertenwerkstatt und prompt bekam ich eine Aufforderung, mich einfach mal vorzustellen. Ein paar Tage darauf fuhr ich hin, um ein Gespräch für die Modalitäten zu suchen. Ich wurde von einer langjährigen Mitarbeiterin durch die Einrichtung geführt. Um allen Eventualitäten vorzubeugen offerierte ich meinen Status als Transfrau. Was ich Stand diesem Termin nicht ahnte, dass es diesbezüglich noch Problem geben wird. Nun, ich habe fast nichts anderes erwartet! So sind die Menschen eben! Anfangs lief es recht gut und ich glaubte, langsam Boden unter den Füssen zu bekommen. Hinterrücks bekam ich leider mit, dass verschiedene Personen wegen meiner transsexuellen Erscheinung gegen mich mauerten. Eigentlich schade, ich hatte mir viel in dieser Tätigkeit erhofft, vor allem soziale Kontakte! Im Unterbewusstsein spüre ich, dass ich in Bälde hier weggehen muss, mein Bauchgefühl und der klare Sachversand raten mir dazu!

Die innere Korrekturoperation

Auf Grund einer Untersuchung im Dezember 2018, wurde eine zweite Korrekturoperation nötig. Nachdem ich den Vorzug habe, fast alle Terminvorschläge anzunehmen, packte ich die Gelegenheit beim Schopf und nahm den Vorschlag für den 15. Jan. 2019 nach kurzer Durchsicht meines Terminkalenders an. Das wird eine sportliche Woche: Am Montag Zahn-OP in Peiting beim Implantologen, am Dienstag Patientenaufnahme in der Urologie Planegg. Meine Antibiotikabehandlung wegen der Zahnbehandlung verschweige ich, um keine Absage wegen der Korrekturoperation zu bekommen. Wird schon schiefgehen, für so etwas bin ich sehr robust!

Nach der OP verspürte ich schon eine Verbesserung, die Nachsorge war auch sehr gut! Die beiden federführenden Ärzte für das Operationsgebiet der Geschlechtsangleichung haben einen guten Job gemacht, ich kann diese Klink nur empfehlen! Auch die Pflege meiner Neo-Vagina ging jetzt leichter. Eines darf man aber nie vergessen, es ist eine Angleichung! Den Stand einer biologischen Frau wird man nie erreichen, dennoch sind die Ergebnisse erstaunlich gut. Es ist ja nicht nur die körperliche Angleichung, sondern der Seelenfrieden, der dadurch einzieht, ist sehr viel Wert. In ca. acht Wochen ist eine Nachuntersuchung angesetzt. Die Zeit bis dahin ist wieder mit intensiver eigener Intimpflege behaftet. Nach fünf Tagen, am 19. Jan wurde ich entlassen. Allmählich bekomme ich richtig Routine in diesen Angelegenheiten!

Planung Brusterweiterung

Seit meiner dritten Operation schwelt der Gedanke in mir, auch die Brust etwas zu erweitern bzw. zu vergrößern. Einen nicht unerheblichen Vortrieb bekam ich von einer Mitpatientin. Sie erklärte mir, wie es bei ihr war und wie sehr sie mit dem Ergebnis zufrieden sei. Sie zeigte mir zu meinem Erstaunen, das bei ihr sogar etwas Milch aus den Drüsen spritzt! Ich hatte davon schon gelesen, nun hatte ich den lebenden Beweis. Für diesen Eingriff ließ ich mich ebenfalls in der Urologie Planegg von einem Facharzt beraten. Nach einer umfangreichen Anamnese inkl. Fotodokumentation sowie körperlichen Untersuchung erhielt ich einen kleinen Vortrag über die Möglichkeiten der Brusterweiterung. Man kann verschiedene Implantate verwenden oder via Eigenfett die Brust aufbauen. Für Letzteres entschied ich mich, obwohl diese Methode etwas aufwendiger ist, da sie in mehreren Stufen bzw. Operationen abläuft. Dafür hat man keinen Fremdkörper im Leib, sondern sein eigenes Material, was mir bedeutend lieber ist. Außerdem kann man so das Wachstum der Brust steuern und beeinflussen. Vielleicht bin ich ja schon mit zwei Eingriffen zufrieden? Der Arzt gab sich viel Mühe und Zeit, mich eingehend aufzuklären, das gibt einem ein gutes Gefühl und Sicherheit. Ich hatte nie den Eindruck, dass er mir das verkaufen will, wo er am meisten verdient, sondern war er darauf bedacht, für den Patienten die beste Methode angedeihen zu lassen! Jetzt geht es um die Genehmigung der Krankenkasse und hier schwant mir schon wieder Übles! Der Facharzt meinte, ich solle noch eine psychologische

Stellungnahme einholen, dies würde den Erfolg wesentlich verbessern.

Als ich beide Unterlagen zur Verfügung hatte, das Schreiben vom Facharzt und die psychologische Stellungnahme, reichte ich die Unterlagen bei meiner hiesigen Krankenkasse ein. Prompt kam nach wenigen Woche eine Absage, zumindest war es den Zeilen und dem Betreff so zu entnehmen. Nach einigen Tagen erhielt ich einen Anruf von der Krankenkasse, dass dies keine Ablehnung sei, sondern der unsägliche MDK (Medizinischer Dienst der Krankenkassen) noch eine aktuelle Fotodokumentation meiner derzeitigen Brust haben möchte, um über den Antrag zu befinden. Ich bat via Fax den Facharzt, die von ihm erstellten Fotodokumentation dem MDK zur Verfügung zu stellen. Nach einer Woche der Reaktionslosigkeit entschied ich mich, selbst ein paar Fotos zu erstellen und die mit einem Schreiben an die Kasse zu senden. Jetzt bin ich erst mal gespannt, was noch so kommt und ob der Antrag endlich durchgeht!

Ja, es ist schon ein müßiger Gang, bis man zu seinem Erfolg kommt! Das bin ich zwar mehrfach gewohnt, jedoch nervt es eben immer wieder! Jedenfalls werde ich nicht so schnell aufgeben und alle Register ziehen, die ich kann. Schön wäre es ja, schon etwas mehr Busen zu haben, wenigstens Cup B bis C! Alle Interventionen blieben jedoch erfolglos, der MDK lehnt den Antrag ab und privat kann ich es mir nicht leisten. Dann werde ich wohl von einem operativen Eingriff absehen, dann habe ich halt einen natürlich gewachsenen kleinen Busen! Zumindest ist es dann eine komplikationsfreie Zone ohne OP-Eingriffe.

Südafrika

Nachdem mein jüngerer Sohn für drei Monate in Südafrika Nähe Kapstadt ein Engagement in einem Weingut mit angeschlossener Gastronomie wahrgenommen hat und dort als Koch arbeitet, lag es nahe, dass man ihn mal besucht. Mein älterer Sohn teilte mir mit, dass er vor hat, nach Südafrika zu reisen, um seinen Bruder einen Besuch abzustatten. Ich hakte gleich darauf ein und machte den Vorschlag, zusammen zu fliegen! „Ja, warum nicht?" - meinte er, zusammen macht es mehr Spaß und mein jüngerer Sohn freut sich bestimmt auch! Gesagt getan, nun ging es an die Vorbereitungen. Einen neuralgischen Punkt musste ich im Interesse aller vorab klären: Ist es für meine Söhne ein Problem, einen Vater als Transfrau im Weingut und in der internationalen Öffentlichkeit vorzustellen? Beide versicherten mir, dass sie damit gut zurechtkommen und dass das kein Problem darstellt! Das freut mich sehr, denn ein gewisses Unbehagen hatte ich doch. Wie so oft, sind meine Befürchtungen haltlos und unbegründet, dennoch wollte ich sichergehen, damit es für jedem von uns einen angenehmen und störungsfreieren Aufenthalt wird. Es fällt einem selbst nicht leicht, von dem Transgedanken loszulassen und endlich so zu leben, wofür man gekämpft hat! Auch der innere Prozess braucht eben seine Zeit. Ferner ruht auch eine gewisse Hoffnung in dem Urlaub, um endlich mal wirklich auszuspannen und einen echten Erholungswert einzufahren! Leider hatte ich ja in der Vergangenheit sprichwörtlich Schiffbruch in solchen Sachen erlitten, wie es in dem Buch in vorangegangen Kapiteln zu lesen ist. Zu meiner Überraschung und Freude empfand ich keine Vorbehalte, mich als „*Vater*" und „*Frau*" im Weingut vorzustellen, auch das Personal war sehr freundlich und zuvorkommend! Sicher weiß man nie genau, was die Leute denken, aber ich gehe meinen Weg, denn die Gedanken sind für jeden frei! Was ich noch nicht ahnte, dass es in Kürze zu einem brenzligen Intermezzo kommen wird. Der Ausgang wird dann aber im weiteren Verlauf relativ gut ausgehen! Die nächste Zeit verlief recht angenehm und mit tollen Eindrücken über das Land und die Leute. Wie bereits in der Vorplanung gedacht, mieteten wir uns ein Auto für zwei Tage, denn - wie alle Touristen - muss man das „Kap der guten Hoffnung" gesehen haben! Dies ist leider weiter weg, deshalb beanspruchte es einen Tagesausflug. Am Vortag fuhren wir mit dem Taxi zum Strand, dort testeten wir mal kurz das Meerwasser. Fazit: Etwas kühl, aber brauchbar! Danach ging es an der Strandpromenade entlang. Auf einmal fiel mir auf, dass meine beiden Söhne verschwunden waren. Dies löste in mir ein Gefühl des Unbehagens aus, ich kam mir alleingelassen vor und dass noch hier, in einer fremden Stadt und Gegend! Ich hielt Ausschau und wurde nach geraumer Zeit fündig, sie hatten sich an einem Verkaufsstand Eis gekauft. Ich ermahnte sie, mich über solche Aktionen vorher in Kenntnis zu setzen und schilderte mein Unbehagen und Argwohn. Wir setzten den Spaziergang erstmal gemeinsam fort. Aus Gedankenlosigkeit und vermutlich in sich gekehrt spazierten meine beiden Söhne davon und schauten sich nicht mal um, was mit mir los ist und ob ich noch da bin. Ich sagte noch, geht bitte etwas langsamer, ich kann und will nicht so schnell gehen! Frauen laufen eben anders als Männer, aber das scheint den beiden noch nicht eingeleuchtet zu haben.

Vermutlich realisieren sie mich noch eher männlich als weiblich in meiner Person! Man könnte auch auf dem Gedanken kommen, dass es ihnen doch peinlich ist, sich mit einer solchen Person wie mir, öffentlich zu zeigen. Da ist es wieder das Gefühl des Zweifels, das so oft an einem nagt, besonders bei mir! Nach einem kurzen Zwischenstopp legten die beiden wieder ein schnelleres Tempo vor. Letztlich war sehr schnell die Entfernung zu weit, um mich akustisch bemerkbar zu machen. Ich ging fälschlicherweise davon aus, dass sie auf mich warten würden. Irgendwann waren sie wieder von der Bildfläche verschwunden und ich stand alleine da! Meine physischen Kräfte neigten sich dem Ende entgegen und wurden zusätzlich von der mittlerweile gellenden Mittagshitze mit aufgezehrt. Ich bekam Herzrasen, Schweißausbrüche und Panik. Ein Passant merkte meinen misslichen Umstand und rettete mich in ein nahes schattiges Wartehäuschen der hiesigen Buslinie. Mir wurde schwindelig und unwohl. Ich nahm ein Schluck Wasser und förderte mein Handy aus der Handtasche. Mit etwas Restlaufzeit vom Akku hoffte ich, meinen älteren Sohn zu erreichen und nach kurzer Zeit hatte ich ihn am Telefon. Ich schilderte kurz und lautstark mit weinerlicher Stimme meine schlechte Lage und forderte, dass mich umgehend jemand hier abholt, da ich nicht mehr die Kraft dazu hatte, allein weiter zu kommen! An dieser Stelle ahnte ich noch nicht, dass da ein größeres Problem bereits in meinem Herzen lauert. Kurz darauf wurde ich abgeholt und in die nahe liegende Brasserie geführt. Die Stimmung war komplett am Boden, ich brauchte fast eine Stunde, bis ich wieder einigermaßen einsatzbereit war! Viel gesprochen habe ich nicht mit ihnen, mein Hals war wie zugeschnürt.

Wir fuhren danach umgehend von der Brasserie ins Weingut zurück. Nach dem Abendessen kam es dann auf meinem Zimmer zu einer Aussprache. Ich teilte den beiden mit, dass ich morgen am Ausflug zum Cap nicht mitfahren werde. Auf deren Rückfrage antwortete ich, dass ich nicht wieder in Stich gelassen werden möchte und mir das Risiko, alleingelassen zu werden einfach zu groß ist. Bestürzt sahen mich die beiden an und begriffen erstmal nicht so recht, was los ist! In den folgenden Sekunden überfiel mich ein schwerer depressiver Schub und rannte weinend aus dem Wohnzimmer in mein Bett und versank in endlosen Weinkrämpfen. Die beiden hatten Mühen, mich zu beruhigen. Nach gefühlter Ewigkeit versuchte ich stottrig zu erklären, was mich bewegt, verzweifeln ließ und warum sie mich nie wieder einer solchen Lage, wie am Nachmittag, aussetzen dürfen. Allmählich wurde den beiden klar, was sie da angestellt und falsch gemacht haben! Leider kommt Reue immer zu spät. Ich hoffe nur, dass sie etwas daraus gelernt haben! Eigentlich wussten sie ja, dass ich nicht mehr gesund bin - vor allem mein jüngerer Sohn aus früheren Episoden - und in meiner Psyche sehr labil reagiere. Es war auch hinreichend bekannt, dass ich ebenfalls körperlich nicht mehr in Ordnung bin, gerade vor dem Hintergrund wuchs meine Enttäuschung noch mehr an! Meinen älteren Sohn hatte ich noch vor der Reise extra in Kenntnis gesetzt, dass er auf mich besonders aufpassen muss und dass ich in fremden Umgebungen jemanden an meiner Seite wissen muss. Ich führte dann noch aus, dass sie mich ganzheitlich als weibliche Person wahrnehmen und verstehen lernen müssen. Ich bin nicht nur optisch eine *„Frau"*, sondern durch die Hormonbehandlung auch von meiner

Gefühlswelt sehr weibisch und empfindsam geworden. Das ganze Drama lief noch weit bis nach Mitternacht. Ich denke, dass sie jetzt eindringlich vorgewarnt sind, damit so etwas nicht mehr passiert! Mein jüngerer Sohn schlug dann vor, die Nacht bei mir zu bleiben, was ich dankend annahm. Für meine Nachtruhe verabreichte ich mir ein Medikament, das ich als Bedarf in meinem Medikamentenplan gelistet habe. Ich schlief schnell ein, vermutlich auch aus Erschöpfung. Als letzten Gedanken fiel mir ein, dass bei drei Leuten meist einer zu viel ist. Wie das berühmte fünfte Rad am Wagen, so kam ich mir am Nachmittag leider vor! Das Ereignis nahm ich so zu Herzen, dass mein Unternehmungsgeist mit wem auch immer erstmal komplett versiegt ist. In Zukunft wird sich das immer öfters so beweisen. Am nächsten Tag ließ ich mich dann doch noch überzeugen, zum Cap-Ausflug mitzufahren. Es wäre auch zu schade gewesen und hätte mir hinterher bestimmt leidgetan! Beide beteuerten, dass ihnen viel daran liegt, mit mir etwas zu erleben. Das rührte mich sehr und steigerte mein Selbstwertgefühl wieder! Schade, dass der Mensch meist erst reagiert, wenn die Brechstange kommt! Mein jüngerer Sohn hat ja solche schweren depressiven Episoden bei mir schon öfters erlebt, für meinen älteren Sohn war es eine neue und erste Erfahrung. Nun weiß auch er um mein Leid und wie sich das äußert, er war sichtlich betroffen! Letztlich sind wir ein Stück weit zusammen gerückt, fühle ich. Ich denke, dass sie mit mir überfordert sind und nehme das mal für mich so zur Kenntnis. Ich glaube nicht, dass wir nochmals einen gemeinsamen Urlaub machen werden! Die restliche Zeit verlief angenehm und erholsam. Besonders möchte ich hier noch die Herzlichkeit und Unbefangenheit der Weingutsbesitzer mir gegenüber erwähnen. Es tut einfach nur gut, sich natürlich und vorbehaltlos behandelt zu wissen und dass man nicht immer nur ein Thema ist. Ich fühlte mich frei und weiblich, einfach wunderbar! Es gibt doch immer wieder gute und schöne Erfahrungen!

Findungsphase / Entscheidungen

Mann oder Frau, wer wird mich im Leben zukünftig begleiten? Ich merke immer mehr, dass mich der Gedanke
beschäftigt, welche Restmännlichkeit mich doch noch zu
einer Frau als Partnerin hinzieht. Die innere Findungsphase
ist für eine endgültige Festlegung zu einem Geschlecht als
Lebenspartner noch nicht ganz abgeschlossen! Nach der
biologischen Angleichung nimmt das Interesse an Männern
aber allmählich Fahrt auf, obwohl ich immer noch hin- und
hergerissen bin! Die Hingabe zu einer Frau ist sicher noch
der Vergangenheit als Mann geschuldet. Einerseits liebe
ich die Zärtlichkeit und eher das Feinfühlige aus der Frauenwelt! Hier gab es schon Ansätze und Versuche, jedoch
der große Durchbruch kam nie zustande! In einem Fall
habe ich mich in meine beste Freundin verliebt und lange
Zeit hing ich der Illusion nach, dass es eine Partnerschaft
werden könnte. Diese Verliebtheit brachte mich fast um
den Verstand und es hat sehr lange gebraucht, bis ich von
dem Zug wieder herunter war. Ein wenig Wehmut besteht
bis heute, kann aber mittlerweile ganz gut damit umgehen!
Ich liebe diese Frau immer noch, aber nicht mehr zwanghaft und blind. Es geht einfach ein unbeschreiblicher Zauber von ihr aus und attraktiv ist sie obendrein! Ich hätte sie
liebend gerne als Lebenspartner für uns gewonnen, leider
möchte sie keine feste Bindung mehr, egal, mit wem! Nun,
das muss ich akzeptieren und respektieren. Jedoch ist daraus eine einzigartige, wunderbare und dauerhafte Freundschaft geworden. Sabrina ist für mich ein sehr wertvoller
Mensch, sie verdient meine Hochachtung und Respekt. Ich

werde sie für niemanden fallen lassen, selbst wenn ich mal einen festen Lebenspartner haben werde!

„Freundschaft ist wie ein Baum! Es kommt nicht darauf an, wie hoch er ist, sondern wie tief seine Wurzeln sind!"

Mein Schicksal führte mich aus mehreren Gründen in den Landkreis Günzburg. Zum einem waren es hauptsächlich finanzielle Gründe. Die Immobilienpreise sind andernorts nicht mehr bezahlbar gewesen und einen Kredit wollte ich auch nicht mehr bedienen. Außerdem wollte ich einen Neuanfang, endlich als *„Frau Johanna"* leben und die Altlasten aus der Landsberger Zeit hinter mir lassen! Ich hatte dort ja meine schärfste Entwicklung zur *„Frau"* und die Trennungsphase von meiner Ehefrau und Familie sowie vielerlei andere Dinge!

Wer weiß, vielleicht treibt mich die Strömung - wenn sie stark genug ist - weiter in irgendeine andere zauberhafte Gegend, mit wem auch immer!
(Gedankensplitter zwischen den Zeiten)

Im Laufe der Zeit steigerte sich doch das Interesse am Mann. Der Gedanke, es doch mal zu versuchen, war zu verlockend! Da bricht wohl doch langsam aber sicher die Neugierde einer Frau in mir durch. Es blieb mir nicht unbemerkt, dass sich tatsächlich Männer nach mir umsahen und ich Komplimente bekam. Insgeheim, wenn ich so alleine im Bett liege und meine Weiblichkeit verwöhne, denke ich schon, wie es wäre, wenn das ein Mann vollführen würde! Gleichzeitig habe ich aber auch ein wenig Angst, dass es Probleme geben könnte. Es ist halt einfach Neuland für mich und ein unbekanntes Terrain! Es kommt ja auch darauf an, was für ein Typ er dann ist und wie einfühlsam er an die Sache herangeht! Letztlich ist das dann auch die Frage der Echtheit meiner Fraulichkeit. Ja, um ein Experiment werde ich wohl nicht herumkommen. Nur gut, dass ich in vielen Dingen sehr offen und neugierig bin! Meine Überzeugung, dass es dazu kommen wird, sollte sich bald beweisen und schneller, als ich dachte!

Wie ich mich kenne, werde ich dieses wunderbare Erlebnis meistern. Was soll sein wenn´s in die sprichwörtlichen Hosen geht? Einen Versuch ist es allemal wert! Wenn es dann so weit sein soll, ist mir bis jetzt immer was eingefallen, auch in außergewöhnlichen Situationen.

Letztlich wäre es eigentlich eine natürliche Entwicklung und wer weiß, vielleicht ist es sogar meine Erfüllung! Wer hat schon den Vorzug, beides im Leben zu erfahren? Ein irres Gefühl überkommt mich schlagartig.

Im zweiten Quartal 2019 fing ich an, in beiden Kategorien die Partnersuchanzeigen in den Zeitungen zu studieren. Es ließ nicht lange auf sich warten, ein Treffen kam dann tatsächlich mit einem Mann zustande! Wir verabredeten uns auf einem Parkplatz unweit meines Wohnortes. Er legte anscheinend viel Wert auf Diskretion, denn in das naheliegende Restaurant wollte er mit mir nicht einkehren, zu groß wäre die Möglichkeit, erkannt zu werden. Naja, schon irgendwie komisch, aber das hätte mich nicht mal so gestört. Nach anfänglicher guter Unterhaltung kam er nach ca. 20 Minuten zu einem Thema, dass man eigentlich nicht gleich gegenüber einer Dame zu Anfang einer Bekanntschaft aufschlagen sollte. Er sagte etwas gewürgt, dass er in jedem Fall baldmöglichst Sex haben will, aber nicht hier, sondern in einem Wellnesshotel, das er bezahlen würde und so weiter. Ich war etwas konsterniert und sagte schließlich, dass mir das ein wenig zu schnell ging und ich erstmal davon Abstand nehmen möchte! Man muss sich doch erstmal kennenlernen! Sabrina meinte mal, es ist doch eigentlich gut, dass er so offen ist, somit weiß ich gleich, wo ich dran bin! Auch eine Meinung. Im Anschluss vereinbarten wir noch ein Treffen in Bälde. Später am Abend klingelt mein Telefon, der freundliche Herr vom Nachmittag teilt mir mit, dass er sich mit mir nicht mehr treffen will. Nun gut, so brauche ich keine Entscheidung zu treffen! Kurz und Bündig, würde ich sagen. Da war ich erstmal bedient. Vielleicht hat ihm auch meine körperliche Größe gestört, denn er war gut 10 cm kleiner als ich ohne Absätze! Da haben manche Männer eben Probleme. In den nächsten Wochen stöberte ich immer wieder mal die Partnerschaftsanzeigen durch. In einem Fall schrieb ein Herr gleich seinen Wunsch nach Sex unmissverständlich dort nieder. Ich möchte mal wissen, was solche Leute reitet! Sie wollen sich wohl das Geld für das Freudenhaus sparen, aber nicht mit mir!

Es gibt so viele Menschen auf der Welt, aber wenig, die zueinander passen. Wenn es dann mal klappt, kann man vom Glück reden, vor allem in meinem Fall als Transfrau! Wochen vergingen, bis mir eine Anzeige im Wochenblatt auffiel, ich verwarf diese jedoch und gab die Zeitung ins Altpapier. Ich weiß nicht, warum, aber die Annonce ging mir nicht aus dem Kopf. Ich borgte mir die Zeitung aus einen Briefkastenfach eines Nachbarn, brachte die Zeitung aber später wieder zurück. Ich schrieb, wie in der Anzeige angegeben, eine SMS an dem Herrn. Fast schon vergessen erhielt ich eine Antwort und wir verabredeten uns auf ein Treffen in Krumbach (Schwaben), somit hat jeder ungefähr die gleiche Anfahrtstrecke. Treffpunkt war der McDonalds-Parkplatz um 18:30 Uhr. Ich fand mich dort pünktlich ein und wartete ab, was auf mich zukommt. Ich meldete per SMS kurz meine Status. Gedankenversunken wartete ich im Auto, plötzlich klopft es an meiner Scheibe: Da war er, ca. 187 cm groß, einigermaßen schlank und ein hat ein freundliches Gesicht! Wir einigten uns auf meinen Vorschlag, dass wir ein griechisches Restaurant in Krumbach unweit des jetzigen Standortes aufsuchen. Gesagt getan, dort angekommen verbrachten wir gut eineinhalb Stunden in angenehmer Atmosphäre. Das Gespräch war überwiegend belanglos, aber nicht langweilig! Er erzählte mir, dass er als Hobby Musik macht und auch im größeren Radius auftritt. Beruflich ist er als Kraftfahrer in einer Baufirma. Ein LKW-Fahrer, ich musste leicht schmunzeln, weil mich meine Freundin immer wieder aufzieht, dass ich die LKW-Fahrer im Autohof nahe Günzburg bediene - natürlich nur ein Scherz! Aber da sieht man mal wieder, wie schnell aus Spaß Ernst werden kann. Nach dem Essen verabredeten wir uns, dass ein Wiedersehen in Bälde folgen sollte!

Wieder verging eine längere Zeitspanne und glaubte an kein zweites Treffen mehr. Ach ja, jetzt erinnere mich, ich habe ihm mal erzählt, dass ich gelegentlich zum Oldie-Abend in das Kulturgewächshaus nach Birkenried gehe! Dort kann man Leute kennenlernen und nach Lust und Laune auch tanzen. Ich ließ ihm mal die Beschreibung per SMS zukommen. Später wird er sagen, er habe die SMS nie bekommen. Nun, ich werde es nicht nachprüfen, jedenfalls hat er sich ja gemeldet und wir trafen uns dann dort! Es war ein kurzweiliger und angenehmer Abend, man kam sich näher. Zum ersten Mal tanzte ich auch mit einem Mann, es war fast ein normales Gefühl. Es ging sogar recht gut zu meinem Erstaunen und das ohne einen Tropfen Alkohol! Naja, ich muss gestehen, ein Bierchen wäre nicht schlecht gewesen, dann wäre es etwas geschmeidiger gelaufen. Als „Frau" ziert sich aber nicht so und ich will ja auch die feine Dame sein! Zwischen den Tanzpausen unterhielten wir uns angenehm, man kam sich näher! Ich schmiegte mich an ihm und wir streichelten uns die Hände. Es war ein schönes Gefühl, so vertraut und doch neu. Gegen ein Uhr morgens verabschiedeten wir uns, ich gab ihm noch einen Kuss auf die Wange (stachelig). Mal sehen, ob mehr daraus erwächst! Mit gemischten Gefühlen fuhr ich nach Hause. Die Nacht schlief ich etwas unruhig, ich war wohl im Unterbewusstsein damit beschäftigt, den Abend zu verarbeiten! Im Laufe der nächsten Tage beruhigte ich mich, aber der Gedanke an ihm ließ mich dennoch nicht los. Aus Gründen einer eventuellen Enttäuschung hielt ich mich zurück, diese Bekanntschaft mit anderen Leuten zu teilen. Die Zeit verging und das Erlebte verblasste allmählich. Irgendwann wurde ich durch herumklicken auf dem Handy auf eine Internetseite aufmerksam, die „Lebensfreunde.de" hieß, hier kann man zwanglos Leute ab fünfzig aufwärts kennenlernen. Nun, ich dachte, warum nicht, vielleicht kann ich so meinen Bekanntenkreis etwas erweitern! Die gleiche Idee hatte ich schon in der Landsberger Zeit mit einer Zeitungsanzeige. Leider kam da nichts Brauchbares heraus, ganz im Gegenteil! Ich zog mir einen Schiefer bei Sabrina ein, weil sie sich hintergangen fühlte, dabei meinte ich es doch nur gut! Die meisten Probleme entstehen durch Missverständnisse. Das Schicksal schlug sehr schnell zu und ein Herr aus näherem Umkreis meldete sich mit liebevollen Formulierungen bei mir. Nach etwas Hin- und Herschreiben ergab sich alsbald ein Treffen. Ich war überwältigt, so viel Mann auf einmal! 1,95 von kräftiger Statur, aber nicht dick und ein freundliches und sympathisches Gesicht. Wir machten einen kurzen Spaziergang und hielten immer wieder an verschieden Parkbänken an. Er begann langsam aber sicher seinen Eroberungsfeldzug, wie es halt für einen Mann üblich ist und ich ließ ihn aus welchen Gründen auch immer gewähren. Ich spielte meine weiblichen Reize voll aus, hatte mich vorher auch recht hübsch gemacht! Ich denke, mit meiner etwas immer noch zögerlichen Art reizte ich ihn nur noch mehr (Jagdfieber), ich spürte ihn förmlich beben! Später setzten wir uns dann in sein Auto und von da an waren wir beide nicht mehr zu bremsen! Ein Inferno der Gefühle explodierte! Er hatte so ein glückliches Händchen, dass ich... ich nicht mehr Herr meiner Sinne war! Dass so etwas möglich ist, unglaublich! Nach gefühlter Unendlichkeit kam ich wieder einigermaßen zu Sinnen. Seitdem sprudeln die Liebesnachrichten in unaufhörlicher Weise von ihm an mich! Ich muss ihn wohl mächtig inspiriert haben! Etwas benebelt fuhr ich dann im Anschluss nach Hause. Selbst am nächsten Tag beschäftigte mich das Treffen noch sehr. Er schrieb mir, dass er mich wunderbar findet und ihm sehr gefalle, besonders hat ihm mein Lächeln verzaubert. Ich denke, in seiner Lebenserfahrung und Wortgewandtheit lässt sich der Wahrheitsgehalt schlecht ermitteln. Nachdem ich schwer zu beeindrucken bin, parkte ich mal meine Empfindungen und ließ ihn einfach machen. Ich dachte eher an ein Strohfeuer, aber er blieb hartnäckig und bombardierte mich täglich mehrfach mit Liebesbotschaften. Allmählich fühlte ich mich etwas bedrängt, zog die Notbremse und ermahnte ihn, sich zu mäßigen! Nun, ich hätte es auch den Betonwand erzählen können! Nach kurzer Zeit ging das Feuerwerk wieder los. Beim nächsten Treffen offerierte er mir etwas mehr von seiner Privatsphäre. Er lebt im gemeinsamen Haushalt mit seiner Frau, habe aber keine Verbindung mehr zu ihr und dies schon seit langer Zeit, des Weiteren gab er zu, schon einige andere Damen gehabt zu haben. Für eine Tür-und-Angel-Beziehung bin ich aber nicht der richtige Typ! Auf Dauer löste es Konflikte aus, die ich mit meiner angeschlagenen Psyche nicht mehr aussteuern kann.

Nachdem ich aber eher an eine festere Beziehung mit mehr Aussicht einer späteren Partnerschaft interessiert bin, knüpfte ich wieder an den Mann aus dem Krumbacher Raum an. Wir trafen uns in einer kleineren Ortschaft in seiner Wohnortnähe zu einem Stadtfest. Der Abend verlief lustig und harmonisch. Er hat mich den ganzen Abend auch freigehalten. Fast überkam mich das Gefühl, als wäre ich seine Ehefrau! Gegen 23 Uhr fuhren wir zu ihm nach Hause und gingen fast schon wie selbstverständlich miteinander ins Bett. Ich empfand es als normal und verspürte absolut keine Gegenwehr in mir. Nach einer angenehmen Schmuserei kam es dann tatsächlich zu meinem ersten Geschlechtsakt als Transfrau. Ich hatte zufällig eine Vaginalcreme (mit weiblichen Hormonen) in meiner Handtasche, das die Sache erleichterte, leider konnte er nicht ganz so einfach in mir eindringen. Die berühmte Engstelle machte

Probleme, das hatte ich kommen sehen! Es klappt dann aber trotzdem recht gut. Für mich jedenfalls war es einer der schönsten und erfülltesten Augenblicke in meinem Leben. Die Nacht schlief ich wie im siebten Himmel.

„Ich bin eine Frau!"

Ich erzählte ihm, dass ich kürzlich operiert worden bin, weil in der Vagina etwas angeglichen werden musste, was ja auch tatsächlich stimmte. Es war trotzdem sehr schön und wir beide kamen zu einem Höhepunkt. Im Nachgang streichelten wir uns und schliefen alsbald ein. Faktisch betrachtet hat er mich gewissermaßen entjungfert und das mit „61" Jahren! Wahnsinn! Am nächsten Morgen frühstückten wir zusammen und im Anschluss zeigte er mir sein Haus. Am späten Nachmittag fuhr ich dann nach Hause. Leider herrschte in der Wohnung milde ausgedrückt eine für mich unverständliche Unordnung, machte mir aber erstmal keine tieferen Gedanken. Wie sich später herausstellen sollte, wird dies auch ein Grund für die spätere Trennung sein! Nach ca. einer Woche trafen wir uns auf einem Straßenfest mit Konzert in einer Marktgemeinde unweit Krumbach. Es war sehr beeindruckend und unterhaltsam, wobei ich mehr mit seinem Sohn ratschte als mit ihm, der übrigens noch mit im Haus wohnt. Nun, wir waren uns einfach sympathisch. Die beiden hegen eine seltsame Allianz, aber das geht mich ja erstmal nichts an. Das Konzert war gegen 22:30 Uhr zu Ende, anschließend fuhren wir zu einem kleinen Absacker nach Krumbach. Wieder gingen wir zusammen ins Bett, jedoch schliefen wir nicht miteinander, da ich mir eine heftige Blasenentzündung eingehandelt hatte. Trotzdem war es auch so schön und harmonisch. Am nächsten Tag sollte es nach Bregenz zum Seefeuerwerk gehen, dazu kam es aber für mich dann nicht mehr. Nachdem sich seine häusliche Unordnung - um es mal milde und diplomatisch auszudrücken - leider keinen Deut geändert hat, habe ich mir einen sauberen Platz am Küchentisch vorsichtig freigemacht und abgewischt, um dann etwas appetitlicher zu frühstücken. Kaum war die Arbeit getan, kam er mit dem frischen Gebäck daher und sah die kleine Veränderung. Das brachte ihn so auf die Palme, dass er mir zu verstehen gab, dass ich gehen kann und zwar in einem Ton und Lautstärke, dass ich stumm dasaß! Mit so einem Sandsturm hatte ich nicht gerechnet! Angeblich sind in den beiden Zeitungsstapeln - ca. 50 cm hoch auf den Küchentisch - wichtige Annoncen für seine Musikengagements. Ich verstand es nicht, wie man aus den zahllosen alten Zeitungen noch etwas Gewinnbringendes herauslesen kann! Daraufhin kam es zum Streit. Weinend und mit Unverständnis verließ ich die Wohnung und fuhr nach Hause. Wenn ihm seine Unordnung wichtiger ist als ich, dann hat es wohl keinen Wert, hier weiter zu machen! Somit war diese angehende Beziehung auch erstmal erledigt. Schade, ich hatte so viel Hoffnung in diese anbahnende Freundschaft gesetzt! Wer weiß, womöglich wäre es über kurz oder lang eh zu einem heftigeren Eklat gekommen. Im Alter hat eben jeder seine Eigenheiten und ist sein Singleleben gewohnt, da ist es nicht immer einfach, einen Konsens zu finden. So, nun bin ich wieder Solo, wie man sagt! Was ich bis dato nicht wissen konnte, dass dieses Abenteuer ein Crescendo erfahren sollte: „Fall wieder aufgenommen".

Es gab etwas später noch ein paar Dates, aber diese erledigten sich relativ schnell, da man schon von Anfang an schnell gemerkt hat, dass es nicht passt. Männer haben es nicht so gern, wenn sie kleiner sind als eine Frau oder wenn Frauen eine höhere Bildung haben und dies war eben öfters der Fall! Des Weiteren gab es Problem mit dem Erscheinungsbild. Leider nehmen es die meisten Männer nicht so genau mit der Körperpflege und mit der Auswahl der Kleidung, das hat mir dann nicht so gut gefallen. Vielleicht waren sich auch manche unsicher, ob ich nun tatsächlich eine biologische Frau sei! Eigentlich ist es nicht mein Problem, denn für mich gibt es keinen Zweifel! Die Entwicklung in einer Beziehung wird es zeigen, ob und wann es zu einem Outing kommt, wenn es denn unbedingt sein muss.

Leider stirb dabei auch mein Traum, einfach als „*Frau*" aufzutreten und zu leben. Soll ich lieber alleine bleiben? Das ist ja auch keine Option, jedenfalls nicht für mich! Ich werde dieses bei meiner nächsten psychologischen Sitzung erörtern.

Meine Psychologin meint, ich soll nicht aufgeben und weiter am Ball bleiben! Es ist halt nicht einfach, einen Treffer zu landen, der dann fruchtet. Na gut, dann ab in die nächste Runde! Mein Outing muss ich immer von Fall zu Fall entscheiden, da gibt es kein Patentrezept, so die Meinung meiner Psychologin.

In nächster Zeit war dann erstmal Schluss mit Männerkontakten.

Hin und wieder besuchten einige Männer und Frauen mein Profil auf der Internetseite „Lebensfreunde.de". Ich änderte mein Profil etwas ab: Keine Romantik mehr, sondern nur noch Freundschaft und etwas später nahm ich auch die Männer aus meinem Suchprofil raus. Trotzdem kurvten immer wieder mal Männer an meinem Profil vorbei und kontaktierten mich mit unterschiedlichen Inhalten. Anscheinend kann man das Jagdfieber der Männer nicht abstellen!

Meine immer wiederkehrende Suche nach neuen Kontakten brachte auch interessante Begegnungen von Frauen mit sich. In einem Fall ergab sich sogar eine lose Bekanntschaft! Man trifft sich gelegentlich zum Ratschen in einem Café oder Restaurant. Wie nachhaltig sich diese Verbindung erweisen wird, zeigt die Zukunft. Etwas Skepsis schwingt immer mit, das kann ich kaum abstellen! Später wird sich mein Verdacht leider erhärten. Eventuell waren sie sich nicht sicher, was sie da vor sich hatten und verschwanden deshalb?

Unerwartet bekam ich eine Anfrage von einem Mann mit beschriebenen festen Absichten. Vom ersten Eindruck war der Mann durchwegs attraktiv und ansprechend von seinen Formulierungen. Er lebt in Holland und ist derzeit außer Landes. Nach seinen Aussagen ist er Orthopäde und hilft in Krisengebieten. Des Weiteren äußert er die Absicht, wenn er später wieder in Europa ist, dass er in den Günzburger Raum ziehen möchte und dort eine Praxis eröffnen will. Das alles hört sich sehr viel versprechend an! Er findet mich in den vielen WhatsApp-Nachrichten attraktiv und liebenswert und könne sich durchaus eine Zukunft mit mir vorstellen. Ja, von den vielen Schmeicheleien kann man sich gut einwickeln lassen, wäre da nicht der Mann in mir und meine fortwährende analytische Denkweise. Wenn etwas zu schön erscheint, läuten bei mir die Alarmglocken.

Prompt kam dann eine Bitte von ihm, die mir suspekt vor kam. Er bat mich ein Paket für ihn aufzubewahren, in dem sich angeblich wichtig Unterlagen und Geld befände. Bei der Versicherungsgesellschaft, wo er die Hinterlassenschaft bis jetzt deponiert hat, wäre der Vertrag abgelaufen. Mein Bauch und der Verstand sagen eindeutig „NEIN" zu dieser Aktion! Ich kann nicht die Verantwortung für einen Menschen übernehmen, den ich in meinem Leben noch nie persönlich kennengelernt habe! So etwas würde ich nur für jemanden ausführen, den ich schon lange kenne und ein besonderes Vertrauensverhältnis habe. Außerdem würde ich von meiner Seite aus nie jemanden um so etwas bitten, den ich nicht kenne! Da nützen auch die vielen schönen Worte nichts, die vorab über den Chat gelaufen sind. Wer weiß, was da auf mich zukommen könnte? Ich habe dafür nicht mehr die Kraft. Angeblich wäre ich die einzige Option für ihn in dieser Angelegenheit. Da muss ich schon sagen, für einen studierten Menschen dann wohl eher ein Armutszeugnis, wenn er das so organisiert hat! Vielleicht bin ich übervorsichtig, aber lieber lass ich die Verbindung fallen, bevor ich in etwas hineingerate, was ich dann im Nachgang nicht mehr handeln kann. Ich schrieb ihm, dass ich für die Aufgabe nicht zur Verfügung stehe und die Verbindung vermutlich dann wohl zu Ende sei. Lieber ein Ende mit Schrecken, als ein Schrecken ohne Ende! Somit war das dann wohl auch Geschichte. Wirklich sehr schade, ich habe mich auf diesen Menschen sehr gefreut und hätte mir nach den Beschreibungen eine Zukunft durchaus mit ihm vorstellen können! Er hätte mich sogar nach seiner Zustimmung auch als Transfrau voll akzeptiert. Seit meiner Absage kamen leider keine Meldungen mehr von ihm.

Wenn das alles war, was er auf der Pfanne hat, dann entsprachen seine beschriebenen Liebesbezeugungen wohl nicht der Wahrheit! Auch wenn ich jetzt etwas traurig bin, so finde ich, dass ich richtig gehandelt habe!

Nichtdestotrotz werde ich meine Fühler weiter ausstrecken und weiterschauen. So leicht gibt Johanna nicht auf!

Wie durch einen Zufall traf ich einen Nachbarn, bei dem ich schon zweimal beim Kartenspielen war, beim Einkaufen im nahegelegenen REWE-Markt. Nach einer kurzen Plauderei vereinbarten wir ein Treffen für nächste Woche. Wer weiß, vielleicht ist er meine Zukunft! Ein Mann im besten Alter, wie man so sagt: 53 Jahre jung und normaler Körperstatur. Ebenfalls Eigentümer in der Wohnanlage, wie ich. Er arbeite seit ewigen Zeiten in einer hiesigen Firma in der Werkstattschlosserei. Ein bisschen langsam und eher gemütlich in seiner Lebensart. Nachdem ich eher etwas quirlig bin in meiner Art, könnte man sagen, Gegensätze ziehen sich an. Sein Erscheinungsbild ist durchaus attraktiv. Ich bleib da mal dran, eventuell liegt das Glück näher, als man denkt! Leider aber auch diese vermeintliche Hoffnung zerplatzte in einem längeren Gespräch mit ihm. Er will seine Ruhe haben und keine Partnerin, die ständig irgendwas machen will. Was kann man da machen, dann soll er sich in seiner Lethargie baden! Ich denke, auf Dauer wäre das dann zu anstrengend für beide, wenn die Interessen zu weit auseinanderliegen. Meine Vermutung ist, dass er einfach schon zu lange allein lebt und da kann man sich kaum noch auf eine Partnerin einstellen. Man hat sein Leben zurechtgelegt. Außerdem kenne ich seine Lebensgeschichte nicht und möchte mir kein weiteres Urteil über ihn erlauben. Dann ist es eben ein guter und freundlicher Nachbar, den man gerne sieht!

Unverhofft meldet sich ein Mann aus dem Portal „Lebensfreunde.de" bei mir! Er suche Leute, die ihn auf gelegentlichen Radtouren begleiten möchten, vornehmlich Menschen, die im Ruhestand sind und deshalb unter der Woche Zeit haben. Er gibt an, dass er verheiratet sei aber seine Frau schwer krank ist und keine Radtouren mehr unternehmen kann. Seine Lokation sei Babenhausen, somit könnte man sich auch mal spontan treffen für eine kleine Radtour. Ja, warum nicht, das ist ja relativ risikolos und so wie er schreibt, auch keine Beziehung von seiner Seite erforderlich. Vielleicht mal ein guter Freund für den Zeitvertreib, so mein Gedanke. Nach ein paar Tagen kontaktierte er mich und machte mir einen spontanen Vorschlag für eine kleine Radtour. Er fragte mich, ob ich eine Idee hätte. Ich unterbreitete ihm einen Vorschlag für eine kleine Tour in meinem Umland von ca. 40 Km. Nachdem ich die Strecke schon einmal alleine geradelt bin, war ich mir sicher, dass ich diese mit ihm gut schaffen werde. Ich teilte ihm auch mit, dass meine Kondition - gerade Bergauf - nicht gut sei und ich langsam machen müsse. Kein Problem, sagt er. Ich ahnte da noch nicht, dass ich bereits ein schweres Herzproblem (Herzinsuffizienz) in mir trage und deshalb die Kondition leidet! Ich denke, da habe ich wohl wieder mehr Glück als Verstand gehabt, denn ich hätte durchaus an diesem Tag einen Infarkt erleiden können, vielleicht sogar tödlich! Zwei Tage darauf hatte ich eine bereits vereinbarte Routinekontrolle in die Kardiologie Günzburg. Schicksal oder Fügung? Die Ärztin offeriert mir im Nachgang ein massives Herzproblem, dessen Behandlung keinen Aufschub duldet. Am Folgetag wurde eine Herzkatheter-Untersuchung anberaumt. Nach der Untersuchung wurde ich gleich auf Station gebracht und dort die OP-Vorbereitung zur Uniklinik Ulm gemacht, kurzum ging es zur Bypass-Operation! Somit ist erstmal Schluss mit Radeln und dergleichen! Nur fürs Protokoll, die OP verlief erfolgreich und ich wurde bald genesen. Erfreulicherweise war die Entlassung an meinem Geburtstag, den 16. Oktober. Was für ein angenehmer Zufall, dachte ich!

Mein Fahrradfreund - ich nenne ihn mal Lars - überraschte mich mit einem Besuch im Kreis Krankenhaus Günzburg, wo die OP-Vorbereitung durchgeführt wird. Eine entspannte eventuelle Freundschaft ohne Beziehungsproblem, wie es scheint. Man wird sehen, was kommt! Zu meiner Überraschung küsste er mich ein paarmal zum Abschied. Ich war verdutzt und ließ es einfach geschehen. Was davon zu halten ist, kann ich nicht sagen. Es war schon ein kleiner Blütenzauber zu spüren! Nur leider kann man mit ihm keine Beziehung aufbauen, er wird sicher seine kranke Ehefrau nicht stehen lassen und ich würde es nie verlangen! Ich denke, es könnte eine gute Freundschaft werden. Es muss ja nicht mit jedem Männerkontakt gleich eine Beziehung entstehen. Hier werde ich noch etwas Geduld schöpfen müssen. Es zeichnet sich eine natürliche heterogene Entwicklung ab und ich bin glücklich dabei! Jetzt muss sich nur etwas Handfestes ergeben. Ich lass mich mal treiben, mal sehen, wer mich festhält!

Natürlich geht das Leben neben den Männergeschichten auch weiter. Leider nicht immer positiv, aber daran bin ich mittlerweile gewohnt: Ich lass mich nicht unterkriegen! Zu meiner besten Freundin hat sich die Sachlage etwas neutralisiert, was aber der Freundschaft keinen Abbruch tut. Ich bin glücklich und froh, sie an meiner Seite zu wissen und ich denke, sie empfindet ebenso. Das Schöne an ihr ist, dass sie mich so mag, wie ich bin, meistens hoffe ich jedenfalls!

Ich hatte noch einige kurze Intermezzos mit verschiedenen Männern, aber das Ende vom Lied war immer dann, wenn meine Geschlechtsangleichung offensichtlich wurde oder wenn ich mich geoutet habe. Der einheitliche Tenor war: *„Ich kann damit nicht umgehen"*. Leider machte sich keiner die Mühe, mit mir klärende Dialoge zu führen! Ich wollte dazulernen, um besser reagieren zu können und mehr Verständnis zu generieren. Es erstaunt mich immer wieder, wie schnell die Delinquenten zum Ende kommen! Eigentlich schade! Es gehen wertvolle Chancen verloren, um besser miteinander umzugehen und um Erfahrungen zu sammeln. Ich vermute, dass dann die Beziehung als homogen verstanden wird und das wollen die Männer auf keinen Fall, weil sie heterogen veranlagt sind!

Aus präventiven Gründen möchte ich noch eine markante Geschichte erwähnen. Über das Portal „Lebensfreunde.de" meldete sich ein Mann aus München. Nach seinen Angaben arbeitete er temporär in München im militärischen Bereich der Instandsetzung, außerdem ist er halb Däne, halb Deutscher. Nun, ich dachte, warum nicht ein bisschen hin- und herschreiben, das kann nicht schaden! Vielleicht kommt man mal zusammen und geht fein essen, an mehr dachte ich erstmal nicht. Wir entschieden etwas später, die Kommunikation via WhatsApp weiterzuführen. Nach etwas Liebesgeflüster und Schöntuerei kam eine Nachricht von ihm, dass er wegen eines Notfalls nach Syrien fliegen muss. Er erklärte mir, dass er eine militärische Einheit mit ca. zweihundert Mann anführe und mit denen die Instandsetzung unter sich habe. Im Dialog bekräftigte er immer wieder, dass er mich haben möchte und mich liebe. Er strebe eine feste Beziehung an, nur die Lokation ist noch auszumachen. Nach seinen Angaben habe er ein Haus in Hamburg und Verbindungen nach Dänemark. Anscheinend ist er der festen Überzeugung, dass ich bedingungslos mit ihm nach Hamburg oder sonst wo hin gehe! Allmählich kommen mir Zweifel auf. Wie kann es sein, mit einem nahezu unbekannten Menschen mit einem schwammigen Hintergrund irgendwo in eine unbekannte Zukunft zu gehen? Mein klarer Sachverstand schaltete sich wieder ein und lösten die rosaroten Wolken auf, die sich langsam aber sicher immer fester um mich wallten. Noch spielte ich mit, überlegte mir aber schon Ausstiegsszenarien. Die Handschrift zu dem Holländerfall ist verblüffend ähnlich! Ich bin gespannt, wie viel und welche Munition er noch im petto hat! Jedenfalls habe ich meine inneren Warnsignale verstanden und lege mir Gegenmaßnahmen zurecht. Der Vorgang hat ab dem Zeitpunkt einen faktischen Stand erreicht und das Liebesgeflüster neutralisiert. Ich warte nur noch auf eine Maßnahme von ihm, die ich ausführen soll, so wie im Holländerfall! Vorab werde ich ihm noch offerieren, dass ich eine Transfrau bin. Seine Reaktion kann ich mir vorstellen, er wird es beschwichtigen und akzeptieren. Er schrieb zurück, dass er die Sachlage mit mir persönlich klären möchte, wenn er aus seinem Einsatz in Syrien zurück ist. Ich bin gespannt, wie es weitergeht! Ich kann mir kaum vorstellen, dass er mich tatsächlich als „Frau" akzeptieren wird und meinen freiheitsliebenden Lebensstiel mitmacht, denn das in-Besitz-Nehmen und Kontrollieren lasse ich auf keinem Fall zu, da bleibe ich lieber allein! Letztlich wird sich auch diese Verbindung auflösen. Die ganze Geschichte wurde mir dann irgendwann zu dubios und ich möchte nicht in etwas hineingeraten wo ich nur schwerlich wieder rauskomme. Mein klarer Sachverstand gepaart mit einem wahrgenommenen warnenden Bauchgefühl lässt mich abermals richtig entscheiden und die Sache beenden!

Leute, seid vorsichtig, es sind viele schwarze Schafe in den Partnerportalen unterwegs! Meist werden die Frauen betrogen, belogen und ausgenutzt. Ja, die Suche nach Liebe ist mitunter gefährlich, seit gewarnt! Viele Frauen haben sich vor lauter Sehnsucht nach Liebe und Zuneigung komplett ruiniert und das nicht nur finanziell!

Runde 2 der LKW-Fahrer

Im Spätherbst 2019 flammte eine frühere Bekanntschaft wieder auf: Der LKW-Fahrer aus dem Raum Krumbach. Man vereinbarte sich, wieder zu treffen. Nun, er ist der Einzige, der ernsthaft an einer längeren und tieferen Partnerschaft interessiert ist, so seine Aussage. Das ist ja letztlich auch mein Wunsch! Wir verlebten in unterschiedlichen Abständen einige schöne Tage und Momente. Er versprach mir, die Zeitungsberge aus der Küche nach und nach zu reduzieren. Irgendwann kam er mir mit dem Wunsch näher, ob ich nicht zu ihm ziehen möge - da spiegelt sich der Wunsch nach einer festen Partnerschaft wieder! Ja, warum nicht, denke ich, aber nicht gleich komplett. Fürs Erste werde ich meine Lokation in Großkötz nicht aufgeben und nur zeitweise sein Angebot wahrnehmen. Wir wissen ja nicht, wie wir uns im Alltag vertragen. Außerdem muss erst die Küche sauber sein! Er fragte mich mal, was ich dann den ganzen langen Tag mache, wenn ich bei ihm wohne. Nun, in Großkötz bin ich auch meist allein, also ist es egal, wo ich allein bin! Im Übrigen habe ich damit kein Problem. Mir wird schon etwas einfallen, vielleicht ergibt sich ja mal eine kleine Beschäftigung vor Ort! Jedenfalls in einem Haushalt mit größerer Wohnfläche und mehreren Personen gibt es in der Regel genug zu tun. Ich sagte ihm, nur als Haushalthilfe und Häschen im Bett kann er mich nicht verstehen, aber genau das Programm läuft bei den meisten Männern ab! Er beteuert, dass es so nicht sein wird und mich wirklich sehr gerne mag. Man wird sehen, was an seiner Aussage dran ist, da mache ich mir jetzt erstmal keine Sorgen! Und so ist es auch. Ich habe mich so gut wie überall relativ schnell etabliert. Größere Gedanken mache ich mir, wie ich bei seinem Umfeld ankomme! Das wird sicher noch sehr spannend, zumal er noch beide Elternteile hat. Zu seinem Sohn habe ich einen guten Draht! Er sagte mir mal, dass er sich freuen würde, wenn ich mit in dem Haushalt wohnen würde. Ich denke, ich werde mich mal auf das Experiment einlassen! Sollte es scheitern, kann ich ja jederzeit in meine Eigentumswohnung zurückgehen. Bislang habe ich mich noch nicht geoutet, erstaunlicherweise war auch bislang nichts über einen Zweifel an meiner Weiblichkeit zu spüren, was mich sehr freut! Irgendwie habe ich es auch satt, mich ständig zu rechtfertigen und zu deklarieren, wie eine Ware! Vielleicht kann ich hier endlich mal als normale „Frau" leben, das wäre dann, was ich immer erreichen wollte! Ich werde es mal bewusst so laufen lassen, bis es zu einer Aufdeckung kommen wird. Was ich dann zu sagen habe, ist schon zurecht gelegt: *„Außer dass ich keine Kinder gebären kann, gibt es keinen Unterschied und das ist in meinem Alter nicht mehr wichtig!"* Hier kann man einen geläufigen Spruch anbringen: „*Pest oder Cholera*", also ist es egal, ob ich mich jetzt oder später oute. Denn ich verstehe mich nur noch als „*Frau*"! Wir sollten uns beiden die Chance zum näheren Kennenlernen geben. Ich sehe das Ganze sehr gelassen.

Wir sprachen uns ab, Weihnachten und die Tage zwischen den Jahren sowie Sylvester miteinander zu verbringen. Schön wäre es schon, einen festen Partner zu haben! Ich denke, wir haben beide den Wunsch, mal endlich bei jemanden anzukommen! Jedenfalls kann ich mich an ihm anlehnen und es wird auch gern angenommen. Ich freue mich über die Entwicklung! Bekomme ich jetzt eine neue Familie?

„Die Waage betrachtet ihren Partner als das Maß aller Dinge. Sie schenkt ihm Bewunderung, Treue und Anerkennung – ebendies wünscht sie sich aber im Gegenzug auch. Als Partner ist die Waage offen, tolerant und stets um Harmonie bemüht. "

Über viele Wochen lief es wunderbar. Wir gingen öfter mal fort zum Essen, ins Theater und zu sonstigen Unternehmungen. Am Sonntag gingen wir schon traditionell zum Frühschoppen in die Feuerwache, dort habe ich mich schon gut eingelebt. Die Leute dort waren sehr nett und zuvorkommend! Im Bett war er sehr zärtlich, ruhig und ausgeglichen, was man im Alltag leider nicht immer behaupten kann. Wie unterschiedlich in verschiedenen Situationen Menschen sein können! Leider wird sich seine raue Schale im Laufe der Zeit verschärfen und dazu beitragen, dass die ersten Risse in der Fassade entstehen werden. Kurz vor Weihnachten entschloss ich mich auf Grund seiner teils harschen Art und Undankbarkeit, Weihnachten allein nach Hamburg zu reisen. Ich teilte ihm meiner Entscheidung mit dieser Begründung mit: Ich habe mich sehr vernachlässigt gefühlt und da bin ich sehr empfindlich. Eigentlich schade, habe ich mir doch gemeinsame Weinachtstage gewünscht! Nun, so bin ich eben wieder mal am Heiligabend im Nachtexpress! Ich denke, seitdem war es irgendwie vorbei, jedenfalls wollte er sich danach mit mir nicht mehr treffen. Reden konnte man mit ihm über den Vorgang auch nicht. Ja, wenn die Kommunikation abreißt, ist es meist vorbei mit einer Beziehung jeglicher Art!

Immer mehr Ausflüchte wurden laut, letztlich kam es Anfang Januar zum Bruch. Ich holte meine restlichen Sachen und das war's. Es kam nie wieder zu einem Treffen. Wer weiß, ob es auf Dauer gut gegangen wäre, ich denke, nach dem letzten Erkenntnisstand eher nicht. Ich verbuche es mal unter Lebenserfahrung!

Mit Sabrina lief es aktuell auch nicht so gut, es gab immer wieder Unstimmigkeiten, die meist auf Missverständnisse beruhten. Auch meine Fehler der Vergangenheit holten mich immer wieder ein und beschäftigten mich sehr. Es kam eine Zeit, wo ich mich etwas einsam und verlassen fühlte. Ja, wie im richtigen Leben halt. „Wird schon wieder", machte ich mir immer wieder selbst Mut!

Nach einer kleinen Verschnaufpause wagte ich mich wieder an den Versuch, Kontakte aufzubauen. Hierzu richtete ich mir Profile in verschiedenen Partnerportale ein und studierte das Wochenblatt in der Rubrik *„Er sucht sie"*. Die Antworten ließen nicht lange auf sich warten und es ergab sich bald ein Rendezvous mit einem interessanten Mann! Meine Bemühungen, weibliche Bekanntschaften für die Freizeitgestaltung zu generieren gab ich endgültig auf, da sich langfristig hierbei nichts mehr Vernünftiges ergeben hat. Vielleicht war ich den Damen doch zu suspekt?

Es sieht tatsächlich danach aus, dass sich der Schwerpunkt auf heterogene Beziehungen verlagerte. Ich muss sagen, dass ich mich in der Rolle der *„Frau"* sehr zu Hause fühle, als wäre es nie anders gewesen! So habe ich mich schon von Geburt an gefühlt und so soll es auch sein. Ich bin ein

Hausmütterchen mit Optionen und das ist gut so! Auch mein alltägliches Leben spiegelt nichts Anderes wieder.

Eine zauberhafte Begegnung

Nachdem mein Wunsch nach einer Partnerschaft unstillbar ist, habe ich mich wieder in das Partnerportal „Lebensfreunde.de" eingeloggt. Es brauchte nicht lange, bis ich auf ein interessantes Profil gestoßen bin: Ein gutaussehender Mittfünfziger in angenehmer geografischer Nähe! Nach dem ersten Hin-und-her-Schreiben wurden wir beide so neugierig aufeinander, dass wir ein Treffen ausmachten. Es war deutlich zu spüren, dass jeder auf das Date hin fieberte! Nachdem er aus gesundheitlichen Gründen nicht mehr Auto fahren darf, bat er mich, ihn an eine nahe gelegene Bahnstation um 10:30 Uhr abzuholen. Ich war pünktlich vor Ort. Schon beim Einsteigen merkte ich eine besondere Aura! Mit oberflächlicher Unterhaltung fuhren wir, wie schon vorher vereinbart, nach Günzburg. Nach einem kurzen Stadtbummel und Schaufensterputzen gingen wir in mein Stammlokal, ins Maximilians. In einer gemütlichen Ecke des Lokals an meinem Stammplatz nahmen wir Platz. Nachdem es mittlerweile Zeit für ein Mittagessen wurde, bestellten wir beide das Mittagsmenü. Die Unterhaltung wurde immer intensiver und auch intimer! Er strahlte einen wunderbaren Charme aus. Seine Erscheinung war sehr gepflegt. Er verführte mich unglaublich rasant, ich sah ihn an und streichelte seinen kurzgeschnitten grau melierten Bart. Er fing an, mir auf die Hand zu küssen und machte einen immer mehr verschmusten Eindruck. Er zog mich immer mehr in seinem Bann! Man muss wirklich sagen, er hat es drauf, eine „*Frau*" zu führen und zu verführen! Spätestens jetzt habe ich meinen Umkehr- oder Haltepunkt verpasst und war bereits in seiner Aura gefangen. Ich muss zu meiner Entlastung sagen, dass ich mir ja immer so etwas gewünscht habe und nun ist es da! Die Umgebung verschwamm in einem rosa Nebel und ich hatte nur noch ihn im Blick! Nach geraumer und angenehmer Zeit verließen wir das Lokal. Wir tingelten noch kurz durch die Innenstadt und nahmen dann Kurs auf ein Fahrradfachgeschäft. Schon vor unserem Treffen wurde das Thema E-Bike bzw. Pedelec besprochen, nun hatte ich einen Fachmann neben mir und konnte mich auf seine Unterstützung verlassen! Wir gingen schon fast wie selbstverständlich Hand in Hand und auch hin und wieder umarmten wir uns. Hier und da gab es auch einen Kuss auf die Wange. Im Fahrradgeschäft machte ich einige Probefahrten, dabei musste ich meinen langen Rock hochziehen. Unbemerkt beobachtete er mich genau und berichtete mir später, dass er mich dabei sehr sexy fand und dass er seinen Appetit auf mich geschürt hat! Später erzählte er mir, dass mich auch der Verkäufer in der Pose reizend fand! Da sieht man es mal wieder, „*diese Männer*"! Für mich ist das aber ein schönes Kompliment als „*Frau*"! Nach der Beratung ließ ich mir ein Pedelec reservieren.

Im Schneetreiben suchten wir Unterschlupf im Café des V-Marktes. Dort saßen wir uns gegenüber, unsere Blicke zwischen uns waren magnetisch gefangen. Die Unterhaltung war sehr angeregt. Er offerierte mir ehrlicherweise, dass er noch zwei Dates habe und sich dann danach entscheiden werde. Insgeheim hoffte ich natürlich, dass er mich nehmen würde, dies schürt unbewusst meinen Ansporn, ihn zu erobern! Ich fand es ehrlich von ihm, das würde nicht jeder machen! Er hat wohl auch einen guten Charakter. Ich komplementierte ihn, dass ich ihn sehr attraktiv fand und dass man sich auch angeregt über viele Themen mit ihm unterhalten kann. Das zeugt von Weitblick und Erfahrung! Er freute sich darüber und machte einen sehr zufriedenen und entspannten Eindruck. Auch ich gestand ihm, dass ich noch ein Eisen im Feuer habe. Er fragte mich, warum ich ihn unbedingt haben möchte – nun, ich antwortete, dass er einfach einen Drive drauf hat, der mich schwach werden ließ und dass er sehr attraktiv sei. Die Zärtlichkeiten wurden immer mehr und intensiver. Nach dem Kaffeetrinken entschlossen wir uns, ins Kino zu gehen. Kaum dass wir im Freien waren, nahm er mich ganz fest in die Arme und Küsste mich leidenschaftlich! Meine Knien wurden sogar etwas schwach! Wow und das mit „61" Jahren, aber für die Liebe gibt es eben kein Alter! Nachdem es aber noch Zeit war, spazierten wir zu meinem Auto, um es zum Kino zu fahren. Somit hatten wir nach dem Kino das Auto gleich in der Nähe und mussten nicht bei Dunkelheit dahinlaufen. Mittlerweile wurden aus den oberflächlichen Küssen intensivere und längere Ausführungen. Ja, im Kino war es nicht anders! Die Finger kamen den Schambereichen schon sehr nahe. Ich muss gestehen, dass ich zusehends erregter wurde, trotzdem gab ich mir Mühe, dem Film zu folgen. Nach dem Kino berieten wir, was wir mit dem angebrochenen Abend anstellen sollen. Sollen wir noch wo hingehen oder jeder geht nach Hause oder wir verbringen die Nacht zusammen bei ihm oder bei mir? Für einige Minuten war es sehr still im Auto. Nachdem die Maulsperre vorbei war, sagte ich, dass ich dringend meine Medikamente benötige. Wenn wir also zu ihm fahren wollen, muss ich erst nach Hause und meine Medikamente holen und dann auch mein Nachtzeug. Nach einer innigen Schmuserei fuhren wir zu mir nach Hause. Ich hatte ja für alle Fälle - auch für Zufälle - einen Notkoffer mit den wichtigsten Utensilien fertig gepackt und immer griffbereit - schon wegen der vielen Krankenhausaufenthalte und wegen meinem spontanen Naturell!

„Für die Liebe gibt es kein ALTER!"

Nun ging es durch die Nacht zu ihm nach Hause. Nach einer kleinen Odyssee wegen Umleitung ca. einer Stunde waren wir dann in seiner Wohnung. Während der Fahrt streichelte er zärtlich meine Hand und gelegentlich meinen Oberschenkel. Meine Fantasie galoppierte dahin und ich musste mich zusammenreißen, um fahrtüchtig zu bleiben! Angekommen macht er dann uns einen Tee und wir unterhielten uns angenehm über seine derzeitigen Verhältnisse und dann auch mal wieder über mich. Es waren sehr interessante Inhalte, die mich ihm immer näher brachten! Seine Wohnung war zweckmäßig, ansprechend eingerichtet und sehr sauber, da kann man sich durchaus wohlfühlen! Ich hatte ja schon Anderes erlebt. Zwischendurch kamen wir uns sehr nahe, um es mal gemildert auszudrücken, meine Gefühle fuhren Achterbahn! Ich streichelte ihn zärtlich über das Gesicht und wir schauten uns verliebt an. Ich war hin und weg! Längst hatte ich die Kontrolle über meinen Verstand verloren. Wir zogen uns beide jetzt unsere Schlafklamotten an und machten es uns gemütlich. Seine flinken Finger wanderten über meine ganzen Körper und kamen dem Intimbereich schon wieder sehr nahe. Er streichelte zart meinen kleinen süßen Busen. Er erklärte mir das seine Erektion nicht mehr so recht funktioniert und fragte mich, ob mir das etwas ausmacht. Ich antwortete, dass er bei mir keine Angst haben muss, der Standard Sex ist mir nicht das wichtigste und er muss keine Leistung vollbringen, es gibt keinen Druck. Er war sichtlich erleichtert. Ich gab ihm zu verstehen, dass es noch viele andere Spielarten gibt, um sich gegenseitig glücklich zu machen! Der Glanz in seinen Augen verriet mir seine Zustimmung. Dies sollte sich auch in Kürze im Bett beweisen! Gegen Mitternacht gingen wir dann zusammen ins Bett. Fast schon wie selbstverständlich legte ich mich nieder und zog die Bettdecke über mich. Nach wenigen Augenblicken berührte er mich sehr zärtlich und einfühlsam an markanten Stellen einer Frau, offensichtlich hat er viel Erfahrung in diesen Dingen. Nun war es vollends um mich geschehen! Über die Details schweige ich lieber, die Intimität muss gewahrt bleiben. In dieser Nacht taten wir beide jedenfalls so gut wie kein Auge zu! Das war schon eine besondere Nacht, ich denke, dass ich sie nie vergessen werde! Gegen 6 Uhr frühstückten wir zusammen, etwas früh für meinen Geschmack, ich musste jedoch dringend nach Kötz um 8:30 Uhr zur Physiotherapie. Zum Abschied beteuerte ich nochmal meine Absicht, gerne bei ihm zu bleiben, um eine Partnerschaft zu verwirklichen. Dabei küssten wir uns nochmals sehr zärtlich und innig. Mein Blick zu ihm brannte sich förmlich ein. Er begleitete mich noch zum Auto und dann verschwand ich langsam dem Straßenverlauf folgend. Vor lauter Gedankenkreisen an ihm verpasste ich die Autobahnausfahrt und musste deshalb acht Kilometer Umweg fahren – und das noch unter Zeitdruck! Eigentlich war ich gar nicht fahrtauglich, wenn ich recht überlege. Nun, ich schaffte es gerade so kurz vor knapp zu meinem Termin. Der ganze Tag war voller Schmetterlinge und auch etwa Unbehagen im Bauch. In mir keimte die Angst auf, dass er mir absagen würde! Am übernächsten Tag kam dann die befürchtete Antwort! Er begründete es damit, dass er sich für eine Dame entschieden hat, die er schon über seinen Sohn kannte - was für ein Zufall! Es ist für mich sehr schmerzlich, dass ich den Kürzeren gezogen hatte! Viele Tränen flossen die Wangen herunter. Es brach erstmal eine Welt für mich zusammen. Ich muss versuchen, das Positive zu sehen und eigentlich sollte ich dankbar sein, ein solch schönes Erlebnis erfahren zu haben, denn oft kommt so etwas nicht vor! Er bedankte sich noch sehr ausführlich über den wunderschönen Tag und die bezaubernde Nacht. Es wird wohl eine Zeit dauern, bis ich über den Verlust hinwegkomme! Am nächsten Tag besprach ich mich mit meiner Freundin. Sie meinte, ich hätte vielleicht nicht gleich in der ersten Nacht mit ihm ins Bett gehen sollen - das ist leichter gesagt als getan! Wenn die Gefühlswelt Achterbahn fährt, da verliert man leicht die Kontrolle und schon ist es geschehen! Nun, nachträgliche Reue bringt einem auch nicht weiter. Ich erzählte ihr noch von meiner Idee, dass ich auch etwas gefühlsärmer sein sollte und mich abschotten will. Sie sagte sehr eindringlich, das sie dies bei mir nicht vorstellen kann und mir auch nichts bringen wird. Man kann keinen anderen Menschen kopieren, das geht nicht gut! Ich bin froh, eine gute und verständnisvolle Freundin zu haben! Später werde ich mich wohlwollend und positiv an dieses Intermezzo erinnern.

Das Leben geht weiter, ob Freispruch oder Zuchthaus. Nun, ganz so dramatisch ist es bei mir nicht, die sind wohl eher tröstende Worte eines Galgenhumors!

Wie man unschwer aus den letzten Kapiteln erfahren kann, scheint meine Tendenz tatsächlich zum heterogenen Umfeld zu tendieren bzw. es hat sich schon fast manifestiert. Wenn es tatsächlich mal einen festen Mann für mich gibt, so bin ich gegenüber der Gesellschaft als „Frau" fast automatisch legitimiert. Nicht dass ich das unbedingt brauche, aber Balsam für die Seele ist es allemal! Da können mich die Leute noch so blöd auf der Straße angaffen, mit einem Mann an der Seite werden die Gedanken der anderen vielleicht doch etwas begradigt.

Was spielt sich sonst noch so ab? Grundsätzlich bin ich mit meiner Entwicklung hier in meinem neuen Lebensraum recht zufrieden. Ich lebe einfach so als „Frau" vor mich hin, der sich über mich aufregt, ist selber schuld! Schließlich ist niemand perfekt, nur die Gesellschaftsnorm spielt einem immer so etwas gerne vor. Es gibt Leute, die sich über alles aufrege: Über Dicke, Dünne und Ansehnliche. Nun, ich lasse sie grübeln! Ich bin jedenfalls stabil geworden und ich habe keine tiefen Einbrüche mehr, nur „der ganz normale Wahnsinn"! Ich habe eine nette kleine Community aufgebaut, die mir den nötigen Freiraum einräumt, nicht all meine Lebenszeit auf zu wenigen Schultern zu verteilen. Auch die gute Freundschaft zu Sabrina wird dadurch entlastet. Gerade Sabrina hat ja auf Grund eines partnerschaftlichen Wunschgedankens für mich eine gewisse Sonderstellung. Zu meinen Kindern bin ich aktuell noch sehr zurückhaltend, was die Informationen bezüglich meiner Männergeschichten angeht. Da möchte ich erstmal abwarten, bis sich etwas Standfestes entwickelt, ich will ja nicht alle vierzehn Tage meine Aussagen revidieren müssen! Auch Sabrina habe ich bislang nicht alles erzählt, sie will ja ohnehin wenig über das Thema wissen und schon gar keine Details. Sie kann mit Männern auch gar nichts mehr anfangen, wie sie selbst auch schon gesagt hat. Ja, Sabrina und Johanna, immer ein Wechselbad der Gefühle und Missverständnisse! Ich denke, eine Partnerschaft mit ihr wäre auch etwas problematisch. Wir sind als gleichsam als Waage geboren mit nur drei Tage Abstand und die schwer differierenden Erwartungen sind nicht einfach! Ich denke, dass ihr meine überschwängliche Liebe und Schmuserei sehr schnell zu viel würde, was sich in der Vergangenheit schon teils herausgestellt hat. Ich jedoch brauch diese Nähe! Mit meinem restlichen Umfeld und Leben komme ich ganz gut zurecht. Meist bin ich als *„Frau"* akzeptiert. Einen gewissen Zweifel genieße ich zuweilen und ich lasse die Leute auch im Unklaren, so wird es nie langweilig!

Irgendwann Ende Januar begann eine Männerbekanntschaft aus dem Wochenblatt. Ich fand die Anzeige interessant, die machte mich neugierig! Noch am gleichen Abend rief ich an und machte mit ihm ein erstes Date aus. Wir trafen uns zum Café im V-Markt in der Nähe meines Wohnortes. Der erste Eindruck war angenehm: Wir saßen fast eine Stunde und unterhielten uns angeregt, danach gingen wir noch etwas spazieren. Später wird er mir eingestehen, dass er mit meiner Stimme am Telefon etwas irritiert war. Im Gegensatz zu meinen früheren Eskapaden ging diese Bekanntschaft sehr langsam und moderat an. Ich sagte ihm auch, dass ich erst kürzlich aus einer vermeintlichen Partnerschaft ausgestiegen bin und erst mal Vorsicht walten lassen will. Er war damit einverstanden. Sein äußeres Erscheinungsbild war okay, er war etwas schmächtig und ein paar Zentimeter größer, als ich. Man kann sich gut und über allerlei Themen mit ihm unterhalten, seine Wesensart war sehr freundlich und gediegen. Er fand mich attraktiv und sympathisch, eine Fortsetzung wäre schön, bat er mich! Etwas später verabschiedeten wir uns und versprachen uns bald wiederzusehen. Ich berichte dazu dann erneut!

Im Januar und Februar lief Einiges parallel und etwas chaotisch - nun, es ist eben nicht einfach, den richtigen Deckel zum Topf zu finden! Die Zeit wird es mir sagen, wer der Richtige ist! Erfahrungen sammeln kann ja nicht schaden. Meine Karriere als „Frau" ist ja noch jung, also ran an die Männerwelt!

Strohfeuer Gersthofen

Über das Portal „Lebensfreunde.de" lernte ich abermals einen Mann kennen. Er ist aus Gersthofen, in der Nähe von Augsburg. Ich schlug ihm vor, dass wir uns am Autobahnsee bei Augsburg treffen könnten. Nachdem ich den See aus früheren Erfahrungen kannte und ich weiß, man kann da gut spazieren gehen, dachte ich, vielleicht kommen wir uns dort näher! Etwas später dachte ich über die Einsamkeit der Lokation nach. Da mit einem fremden Mann alleine herumlaufen ist eventuell ein gewagtes Spiel! Von der Uhrzeit her würde es dann auch bald dunkel werden, somit machten sich Bedenken breit. Nicht, dass ich zu einem ungelösten Fall werde! Ich disponierte kurz zum IKEA in Augsburg um, mal sehen, wie er mit meiner Spontanität zurechtkommt! Um halb fünf war ich am IKEA-Parkplatz, so hatte ich noch etwas Zeit, mich etwas aufzuhübschen. Ein paar Minuten nach meine Ankunft klingelte mein Handy, ein anderer Bewerber um meine Gunst meldete sich! Er war in seiner Art und Aussprache etwas zudringlich, er wollte um fast jeden Preis den Zuschlag! Ich wehrte mich dagegen mit der Aussage, dass es auch durchaus sein kann, mich für keinen Mann erstmal zu entscheiden, was ich auch tatsächlich in Betracht zog! Ich sagte ihm noch, dass ich in Kürze ein Date habe und dort pünktlich erscheinen will. Ich empfand es als ehrlich, offen zu sein. In den letzten Worten konnte ich noch so etwas wie Resignation vernehmen! Ich sicherte ihm die gleichen Chancen zu wie jedem Mann, der sich aktuell um meine Gunst bemüht! Ich verabschiedete mich noch mit den Worten, dass ich jetzt gehen müsse. Letztendlich wird es keiner aus dem Portal

„Lebensfreunde.de" werden, aber das wird sich erst nach geraumer Zeit herausstellen. Gegen 17 Uhr trafen wir uns dann im IKEA-Eingangsbereich. In einer gemütlichen Couchecke kamen wir uns etwas näher und stellten einige interessante Gemeinsamkeiten fest. Die Atmosphäre war sehr entspannt und locker. Nach ca. zwei Stunden verließen wir das Geschäft und vereinbarten uns, wieder zu treffen, wir ließen aber offen, wann und wo! Seine letzten Worte waren, wenn das Feuer in meinen Augen beim nächsten Mal immer noch so lodert, würde er sich freuen! Ein paar Tage darauf machte ich ihm den Vorschlag, am kommenden Sonntag zu treffen und schlug vor, uns in der Therme in Neusäß einen gemütlichen Tag zu machen! Gesagt getan. Mit einer Ladung Vorfreude holte ich ihm gegen 10 Uhr zu Hause ab. In der Therme angekommen verzogen wir uns alsbald in eine kuschelige und dämmrige kleine Sauna zurück. Es dauert nicht lange, bis wir uns körperlich sehr nahekamen und uns zärtlich streichelten. Nach dem wir alleine in der Sauna waren, war der Zug der Eroberung kaum aufzuhalten! Bald küssten wir uns innig und liebelten uns an. Eine Zeitlang wusste ich schon gar nicht mehr, von was meine Schweißperlen kamen! Von nun an ging es mit Pausen zu verschiedenen Saunen und Poolbecken, wobei die gegenseitigen Zärtlichkeiten immer aufregender wurden und vor dem Intimbereich kein Halt fand. Ganz schön frech, ich denke, mein Verstand macht gerade Pause! Erstaunlicherweise waren wir meist allein und konnten uns einfach so gehen lassen. Wieder mal verlor ich binnen kurzer Zeit die Kontrolle über mich und zerfloss regelrecht. Er hatte es einfach drauf, eine Frau zu reizen, aber auch ich ließ ja nicht ab von ihm! Ich denke, dass wir beide scharf aufeinander sind. Begleitet von unzähligen tiefen Küssen verschwamm der ganze Sauna Tag in einem einzigen Liebesrausch, auch hier möchte ich aus Diskretionsgründen nicht ins Detail gehen! Jedenfalls war es meist am Rande der Legalität oder schon eher darüber hinaus! Nun, für außergewöhnliche Situationen bin ich immer zu haben! Manchmal genieße ich sie regelrecht. Eine Psychologin hat mal gesagt, dass ich eine provokante und herausfordernde Person bin, ich denke ganz unrecht hat sie sicher nicht. Ich muss aber zu meiner Verteidigung sagen, dass es nicht immer bewusst geschieht. Offensichtlich polarisiere ich sehr stark, damit lebe ich eben. Jeder ist, wie er ist, sonst wäre er ja nicht der, der er ist. Gegen Abend verließen wir das Bad und ich fuhr ihn nach Hause. Wir waren beide überzeugt, dass wir uns in Bälde wiedersehen werden! Noch ahnte ich nicht, dass es der letzte Augenblick ist, wo ich ihn verliebt ansehen konnte. Zu Hause angekommen sinnierte ich über den Tag und den Ablauf. Ja, wieder wurde ich gegenüber einem Mann schwach und vergab mich an ihm in atemberaubender Geschwindigkeit! Da sieht man mal wieder, dass der Mensch kaum lernfähig ist und viele Sachen am Verstand vorbei geschehen. Nun ereilte mich das gleiche Schicksal in Kürze zum zweiten Mal in gleicher Weise. In meiner Euphorie schrieb ich ihm ein paar nette Zeilen, in denen ich ihm meine eventuellen Zukunftsaussichten mit ihm zusammen schilderte. Beim Absenden überkam mich schon ein Gefühl, dass dies wohl zu früh war für diese Absichten! Ich denke, ich war noch im Rausch der Verführung gefangen und in dem Zustand sollte man keine Aktionen starten, wie Briefe schreiben etc. Prompt bekam ich die Antwort, dass ich in seine Mausefalle reingetappt bin und er sich nun zurückzog mit der Begründung, dass er den Stempel reinhaut, wenn eine Frau zu viel von ihm erwartet. Tja immer diese Erwartungshaltungen, aber wer hat die nicht! Mit Abstand dachte ich mir später, warum er dann überhaupt eine Frau sucht, nur fürs Bett? Ich will nicht ungerecht sein, es könnten aber auch andere Gründe eine Bedeutung haben. Ich kenne ihn ja kaum und weiß nicht, was er alles erlebt hat und was ihn bewegt. Er hat immerhin drei Kinder von verschiedenen Ehepartnerrinnen und die Kinder wohnen teils noch bei ihm, dann noch der Scheidungskrieg. Wer weiß, ob ich da Bodenhaftung bei den Verhältnissen erreicht hätte? Ob mich die Kinder akzeptiert hätten und dann noch meine Vergangenheit? Es wäre sicher interessant, aber nicht einfach geworden! Im Nachhinein betrachte ich es als ein Geschenk des Schicksals und möchte das Erlebte nicht missen.

Nachdem ich nun in letzter Zeit sehr viele Rückschläge hatte, wurde der Plan immer konkreter, doch so oder ähnlich zu werden wie Sabrina. Ich meine damit, die Gefühle etwas einzufrieren sozusagen zum Selbstschutz - um nicht komplett unterzugehen wird es wohl nicht anders gehen! Letztlich bleibt es ein Gedankenspiel.

Alle Versuche, die Verbindung wieder zu reaktivieren, schlugen bislang fehl. Mit meinem letzten Versuch verabschiedete ich mich gewissermaßen von ihm. Ich hoffe, dass ich wenigstens diesmal was daraus gelernt habe! Es wird Zeit für Beständigkeit.

Monogamie versus Liebe und Fremdgehen

Das Ausschließlichkeitsideal der Liebe endete im mittleren Bürgertum des 19. Jahrhunderts.

Die Liebe sei doch nichts, wofür man sterbe, sie sei nicht für die Ewigkeit gedacht, sie brauche Abwechslung! Sie sei etwas, um das man sich kümmern und betrieben werden müsse, um die Langeweile des Alltags zu ertragen, erst recht die in der Ehe.

Thema Fremdgehen: Für das Fremdgehen ist man selbst verantwortlich und es kann und sollte nicht durch das Vergeben des Partners getilgt werden! Viele wollen so ihr schlechtes Gewissen reinwaschen! Tatsache ist, niemand wird fremdgegangen, Fremdgehen ist eine aktive Handlung. Man sollte sich schon vorher überlegen, ob man die Verantwortung tragen und aushalten kann, ansonsten lieber Finger weg! Was suchen wir am Fremdgehen in uns? Wir wollen die eigene Seele spüren. Der Abstand zu uns kann nur durch Fremdgehen gefühlt werden. Das Fremdgehen, ein aussteigen aus uns selbst. Der Mensch ist eigentlich von Natur aus nicht für die Monogamie geschaffen, das schreibt uns leider die Gesellschaftsnorm und der christliche Glaube vor. Hier liegt oft das Unheil, dass Partnerschaften zerbrechen!

Stichworte:
- Alibi-Agenturen vermitteln Alibis für Leute, die das Fremdgehen eine Ausrede brauchen. Ein einträgliches Geschäft, da sich die Auftraggeber in einer Zwangslage befinden. Man erpresst sich selbst, könnte man sagen!

- Es gibt mittlerweile viele Partnerportal für allerlei Dienste wie Seitensprünge, kurze Flirts und Bettgeschichten. Dadurch wird der Mensch zur Ware. Ich nenne es das Onlinehandels-Prinzip: Schnell anonym ansehen, bestellen, verbrauchen oder wegschmeißen bzw. zurücksenden. In vielen Partnerportalen werden sogenannte Lockvögel eingesetzt und viele nutzen das Portal für teils unlautere Maßnahmen. Leider sind die eingestellten Profile oft nicht ehrlich in der Beschreibung und in der fototechnischen Darstellung! Ein teils perfides und schmutziges Geschäft auf Kosten ehrlicher und aufrichtige Menschen. Das konnte ich schon am eigenen Leben verspüren, wie das aus den vorangegangen Kapiteln zu lesen war.

Gedankenspiele / Zeitenwandel

In letzter Zeit denke ich viel über mich selbst nach. Der interne Dialog zwischen meinen beiden Anteilen, den männliche und den weiblichen, ist spannend und kräftezehrend zugleich. Ich spüre oft, wie unterschiedlich mal der eine oder andere Wesensteil in Aktion oder in Kombination tritt. Dies bekomme ich auch gelegentlich als Rückmeldung von Freunden und Bekannten zu hören. Nun, als Transmensch ist das ebenso, man kann nicht alles ablegen und hinter sich lassen. Dieser interne Prozess raubt einem Ressourcen, die einem nach außen fehlen, deshalb erscheine ich auch des Öfteren für mein Umfeld abwesend. Das führt zur Annahme der Teilnahmslosigkeit gegenüber dem Menschen, der einem umgibt. Trotzdem kann ich oft dem Geschehen, das mich umgibt, wahrnehmen und folgen, nur ist das für dem Gegenüber schlecht nachvollziehbar und dadurch fühlt man sich nicht beachtet. Ich bin schon ein eigenartiger Mensch, ich denke, dass ich für viele Leute unnahbar und zu abstrakt erscheine! Für mich gibt es eben keine Schublade. In dieses Gesellschaftskonzept werde ich nie hineinpassen! Vielleicht nehme ich mich auch zu wichtig, das will ich nicht ausschließen (Narzissmus)!

Das große Problem ist, dass Transgender keine Lobby haben, sie deshalb weitgehend unbekannt bleiben und deren Interessen schwerlich durchzusetzen sind! Da haben es die Gleichgeschlechtlichen schon wesentlich einfacher und werden teilweise durch Prominente in der Öffentlichkeit vertreten! Man kann nur hoffen, dass auch Transgender eine ähnliche Entwicklung erfahren und weiter in Richtung Normalität rücken. Ich werde mich jedenfalls nach meinen Möglichkeiten dafür einsetzen. Mein Buch soll ein bisschen dazu beitragen, so meine Hoffnung!

Im Wandel der Zeit

Änderung von Beziehungen zu Geschlechtern und bestimmten Menschen. Ich konnte im Laufe der letzten Wochen und Monaten bei mir eine schon öfter beschriebene Entwicklung in Richtung heterogener Partnerschaft feststellen, vielleicht auch mitunter der Erkenntnis, dass eine Partnerschaft mit Sabrina, meiner besten Freundin, nicht mehr stattfinden wird. Wir sind beide im Umgang unsicher geworden, zumindest nehme ich es so wahr. Auch die Kommunikation zwischen uns ist schwieriger geworden. Ich vermisse die frühere Unbefangenheit! Manchmal weiß ich gar nicht so recht, was ich Falsches gesagt haben soll oder ob ich mich nicht nach ihrer Vorstellung verhalten habe. Ich bin mir sicher, dass sie bewusst oder unbewusst abblockt. Vermutlich hat sie Angst, dass ich ihr zu nahe komme und etwas von ihr will, das sie nicht geben kann oder will. Nun, das ist ihr Leben und ich muss es so akzeptieren! Auch möchte sie nicht verplant werden. Aus dem Grund hat sie mir schon mal ihren Urlaub verschwiegen und auch keinen Dienstplan mehr gezeigt. War oder bin ich wirklich so schlimm, dass man sich vor mir wegsperren muss? Ich bin sehr traurig über den Vertrauensverlust, was habe ich nur angestellt? Ich verstehe es nicht! Naja, irgendetwas werde ich schon falsch gemacht haben, von nichts kommt nichts! Das führt auch zu einer gewissen Distanzierung und ich melde mich immer weniger, ich will mich nicht aufdrängen. Ich muss weinen! Ein schönes Dilemma, ich finde einfach keine Liebe und Ruhe auf dieser Welt! Trotz alledem war und ist Sabrina eine wichtige

Wegbereiterin und Unterstützung zur Entwicklung für mich als „*Frau*".

„Die als Waage Geborene brauchen Liebe wie die Luft zum Atmen! Sie sind regelrecht süchtig nach der Bestätigung durch andere, vor allem aber durch die Person, die sie selbst bewundern und lieben."

Sie kann meine Liebe und Zuneigung leider nicht erwidern, das hat sie mir aber immer wieder zu verstehen gegeben. Ich wollte es über sehr lange Zeit einfach nicht wahrhaben und das ist das Problem! Liebeskummer in vielerlei Ausführungen waren die Folge. Das ist jetzt meine Angelegenheit und ich muss es für mich lösen!

Mir wird nichts anderes übrig bleiben, sie so zu akzeptieren, wie sie nun mal ist. Sie nimmt mich ja auch so, wie ich bin und das ist nicht immer einfach! Ich hoffe, sie hat die Kraft, mich wenigstens als Freundin zu halten. Ich mag sie einfach und möchte sie nie missen!

Bewusst oder unbewusst macht Sabrina somit den Weg frei für Neues. Ich hoffe, dass unsere Freundschaft nicht an dieser Entwicklung zerbricht, das wäre wirklich sehr schade und würde mich sehr schmerzen! Nun, wir hatten schon viele schwierige Zeiten durchlebt und durchgestanden. Jetzt mache ich mir ernste Sorgen, mein Bauchgefühl sagt, der Faden könnte schon gerissen sein! Sollte es so sein, so sehe ich aber nicht die ganze Schuld bei mir! Ich stelle immer wieder fest, dass wir uns zu ähnlich sind. Naja, wir sind beide Waagen vom Sternbild und sehr empfindsam - das sagt schon etwas aus!

Fall wiederaufgenommen

Ich verstehe mich absolut nur noch als „*Frau*", die gerne einen festen Partner an ihrer Seite wissen möchte. Warum nicht einen Mann! Vielleicht werde ich so glücklich. Eine Chance könnte in der wieder aufgenommenen Verbindung zu dem Mann aus dem Tannhausener Raum sein. Er ist nicht gebunden und strebt auch eine feste Partnerschaft an. Ist vielleicht die Zukunft mit ihm offen? Es kann aber gut sein, dass ich doch allein bleibe. Mir scheint so gut wie jede Verbindung auf Dauer zu schwierig, warum auch immer. Sabrina meint, dass ich zu selbstständig, selbstbewusst und unabhängig bin und das mögen die meisten Männer nicht so recht. Bislang war ich auch von der Bildung her den Männern überlegen auch das wirft hier und da Probleme auf. Ich bin halt keine typische brave Hausfrau im üblichen Sinn, wie man es aus der früheren guten alten Zeit her kennt. Ja, es wird nicht einfach aber spannend, lesen Sie weiter!

Auch der Bezug zu bekannten und fremden Menschen hat sich etwas gewandelt. Ich beharre nicht mehr darauf, dass mich unbedingt alle akzeptieren und verstehen müssen. Ich bin jetzt einfach nur „*Frau*" und wenn einer etwas anderes meint, dann ist das sein Problem und mir mittlerweile so gut wie egal! Ich möchte einfach eine Normalisierung in meinem Leben erreichen, Punktum! Ich hoffe für alle Beteiligten, dass das Thema Transgender irgendwann mal keines mehr sein wird!

Irgendwann Ende Januar, Anfang Februar 2020 wurde die Bekanntschaft mit dem Herren aus dem Raum Tannhausen konkreter. Fortan trafen wir uns an jedem Wochenende bei mir und begannen uns näher kennen zu lernen. Diesmal entwickelt sich alles sehr langsam und vorsichtig. Von Strohfeuern möchte ich nicht mehr berichten! Die erste Zeit war auch ich ungewöhnlich zurückhaltend, ich wollte sehen, wie sich das Ganze entwickeln wird. Er spürte meine Reserviertheit und fragte mich, wie das so kam. Ich erzählte in kurzen Sätzen meine Erlebnisse aus der gescheiterten Beziehung und dass ich diesbezüglich keine Wiederholung erfahren möchte. Manfred stimmte mir zu und berichtete mir, dass auch er auf eine lange Partnerschaft aus ist. Die Wochen und Monate vergingen, er blieb sehr konstant und ließ nicht locker an unserer Beziehung. Ein Outing hatte ich erstmal nicht geplant. Ich möchte uns beiden die Chance geben, uns erst einmal neutral kennen zu lernen. Sicher machte ich mir immer wieder Gedanken darüber! Im Unterbewusstsein merkte ich, dass es dazu kommen wird, davon berichte ich dann zur gegebenen Zeit. Es ist jetzt einfach eine wunderbare Sache für mich, dass er mich so als „Frau" angenommen hat und bislang daran keine Zweifel aufkamen. Ja, genau das wollte ich ja, gelebte Normalität, nicht mehr! Aus Angst, dass mein neues Glück nicht hält, hielt ich mich bezüglich Mitteilungen an meine Lieben etwas zurück, ich wollte sicher sein, dass es diesmal etwas werden wird. Nun, die Zeit wird kommen, wo ich an die Öffentlichkeit gehen werde! Im weiteren Verlauf machten wir kleine Exkursionen ins Umland zum Wandern und zum Spazierengehen. Es bürgerte sich ein, dass wir bei mir meist Kaffee tranken und er Kuchen mitbrachte. Später wird sich das wandeln und ich zu Mittag koche und gelegentlich einen Kuchen zum Kaffee gebacken habe. Er scheint sich sichtlich wohl bei mir zu fühlen.

Nun, so solle es auch sein! Vorsichtig ausgedrückt könnte man sagen, der Topf hat seinen Deckel gefunden. Bei ihm kann ich einfach nur „*Frau*" sein, die kocht, backt und den Haushalt in Schwung hält! Meine Reserviertheit ihm gegenüber wurde fortwährend weniger und es ergab sich auch eine gewisse körperliche Nähe. Es ist ein gutes Gefühl, das mich da überkommt, wenn ich mit ihm zusammen bin. Keine Explosion, eher ein dahinprasselndes Feuer, das wohlige Wärme abgibt. Manfred geht mit mir behutsam und zärtlich um. Man könnte auch sagen, dass wir uns beide verdient haben! Auch er hat in der Vergangenheit viel Pech gehabt: Ärger mit der Verwandtschaft und zwei Lebenspartnerinnen sind ihm in der Vergangenheit durch Krankheit weggestorben. Aus diesem Hintergrund generiert sich eine gewisse Angst von ihm, mich auch noch zu verlieren und das teilt er mir auch immer wieder mit. Fast schon schockiert reagierte er über meine Erzählungen meiner mannigfaltigen Krankheiten, die ich seit Jahren durchlebt und überlebt habe! Nach und nach werde ich immer etwas mehr von mir preisgeben. Ich denke, so ist das bei jeder Beziehung, dass man erst nach und nach gewisse Wahrheiten und Gegebenheiten erfährt, so ist das eben bei allen Menschen! Ich weiß bestimmt auch nicht alles von ihm, vermutlich würde man dann schon vorher das Handtuch werfen. Mit diesem Kalkül handle auch ich mit meiner Transvergangenheit, ich werde aber nicht ewig warten und bald den Korken von der Flasche lassen. Ihm blieb auch nicht verborgen, dass ich zwei Söhne habe und letztlich wollte ich auch, dass er meine Restfamilie und meine beste Freundin, Sabrina sowie auch andere Bekannte kennenlernt. Natürlich ist mir klar, dass damit bestimmte

Komplikationen auftauchen werden! Besonders bei meinen beiden Söhnen. Ich kann nicht verlangen, dass sie zu mir plötzlich Mama sagen, was auch definitiv nicht stimmt! In einem persönlichen Gespräch sprach ich meinen Söhnen jegliche Verantwortung ab, falls es mal zu einem Treffen kommt und dabei zu Tage tritt, dass ich eben nicht die Mama bin. Das kann und will ich auch von niemanden verlangen! Der Druck, Manfred doch über meine Transvergangenheit aufzuklären, nahm zu. Doch dazu mehr im nächsten Kapitel!

Das Outing gegenüber Manfred

Irgendwann ist immer der Tag der Wahrheit. Nach einer schlafarmen Nacht nahm ich mir fest vor, Manfred über meinen besonderen Umstand aufzuklären. Natürlich kursierten die unmöglichsten Gedanken durch meinen Kopf, wie er wohl reagieren wird. Ich tröstete mich mit dem Gedanken, dass es dann eben für alle Beteiligten leichter wird, Kontakt aufzunehmen. Ja, ich werde wohl die Wahrheit gegen meinen Traum, nur *„Frau"* sein, eintauschen. Schade, aber es hilft nichts, irgendwann und irgendwo wird es ohnehin mal eskalieren. Dann könnte es vielleicht sehr unangenehm werden und das will ich ja auch nicht! Eventuell könnte dann sogar die Beziehung zu Manfred zerbrechen, das muss nicht sein! Am kommenden Sonntag war es dann so weit, ich fackelte nicht lange und rückte mit meiner Geschichte heraus. Er reagierte überrascht, aber sehr ruhig und gelassen. Er war doch fest davon überzeugt, dass ich eine biologische Frau sei, da sieht man mal wieder, wie authentisch ich wahrgenommen werde. Nun, ich bin ja auch Zeit meines Lebens geistig und seelisch nichts anderes als eine „Frau". Somit spiele ich die Rolle nicht nur, sondern lebe sie ja auch! Erleichtert über sein Verhalten berichtete ich über meinen Lebenslauf als Transfrau und die Umstände, die damit verbunden sind. Fast schon routiniert verlief das restliche Gespräch darüber. Nun, es ist ja leider nicht das erste Mal, dass ich mich gegenüber meinen Mitmenschen legitimieren musste. Er kann sich natürlich, wie jeder Mensch bzw. Mann nicht vorstellen, dass man sein Heiligtum das Geschlecht so einfach entfernen lassen

kann. Nun, ich sagte, wenn ich ein richtiger Mann gewesen
wäre, dann ginge das auch nicht! Die restliche Unterhaltung war sehr gehaltvoll, er interessierte sich sehr für das
Thema. Seine Kernaussage war jedoch, dass er an unserer
Beziehung festhalten möchte. Erstaunt und erleichtert lehn-
te ich mich zurück, bislang hatten sich doch die meisten
Männer nach der Offenbarung verabschiedet! Später wird
er mir berichten, dass er mich sogar als Transfrau mit
männlichem Geschlecht für eine Partnerschaft durchaus
hätte vorstellen können! Einerseits war ich erleichtert über
mein Outing, aber ein bisschen hatte ich das Gefühl, etwas
verloren zu haben. Ja, es gibt eben leider nichts umsonst.
Eine Veränderung oder Ablehnung konnte ich in den folgenden Wochen erstmal nicht feststellen. Es scheint tatsächlich so, dass es keinen Unterschied gibt. Später werde
ich aber trotzdem eine gewisse körperliche Distanz verspüren. Naja, so bleibt also alles, wie gehabt! Im Laufe der
Zeit flammte das Thema Transgender immer wieder mal
auf, jedoch in unproblematischer Weise. Ich ordne das mal
als tolerantes Interesse ein. Besser man befasst sich mit
einem Thema als es totzuschweigen, so kann wenigsten
nichts anbrennen! Positiv für mich ist es jedenfalls, dass
ich jetzt vorbehaltloser die Partnerschaft fortsetzen kann!
Ich berichtete das Outing meinen Kindern und Sabrina.
Meine Kinder waren sehr froh darüber!

So vergingen die Wochen und Monate und wir beide verlebten eine angenehme Zeit mit vielen Unternehmungen,
so wie es die Umstände eben zuließen - damit meine ich
das Thema Corona. Wie in jeder Partner- oder Freundschaft gibt es irgendwann Problem, so auch bei uns. Von
Anfang an zapfte er meine technischen Kenntnisse und

Infrastruktur an für seine betagten Autos und dergleichen mehr. Er hat kein Internetanschluss und auch kein Smartphone bzw. Tablet für solche Abfragen und Bestellungen. Demzufolge hat er auch keine Ahnung von diesen Dingen. Natürlich helfe ich gerne, aber irgendwann wurde es mir zu viel und wies ihn zurecht, seitdem ist Ruhe für das Thema. Ich erklärte ihm, dass ich nicht mehr belastbar sei und mir das zusehend Schwierigkeiten bereitet hat. Schließlich untermauerte ich das Thema noch, dass ich meine EM-Rente nicht umsonst bekomme. Er sah es ein und ließ nach. Mal sehen, wie es weitergeht! Beenden möchte die Beziehung jedenfalls deswegen keiner bislang. Eine Beziehung besteht eben aus Abstimmungen untereinander.

Was auch zum Problem werden wird, ist seine fürchterliche Unordnung in seinem Haus. Sein Kommentar laute dann immer: „*Männerwirtschaft halt*", nun, das kann ich nur bedingt akzeptieren! Ich bin der Meinung, dass jeder Mensch, egal ob „*Frau*" oder „*Mann*", Ordnung und Sauberkeit halten kann. Jedenfalls werde ich so nicht zu ihm ziehen und die Unordnung aufräumen! Das Angebot, mit meiner Hilfe etwas Ordnung zu schaffen hat er bislang ausgeschlagen. Bis dato hat sich wenig bewegt. Er beteuert immer, dass er nach Feierabend keine Kraft dazu hat und dies dann in den Rentenbeginn verschieben wird. Ich glaube nicht so recht daran und veranlasste mich zu einer gewissen Diskrepanz. Vermutlich hängt er zu sehr seiner Vergangenheit nach. Ich bin endlich froh, nicht mehr so viel Zeug am Hals zu haben und würde mich dann mit dem Einzug in dem Zustand total überfordern! Als Strategie halte ich mir erstmal vor, in Großkötz zu bleiben. Meine Wohnung kann ich gut versorgen, dafür reicht meine Kraft, die ich noch habe! Ich bin gespannt, ob sich was ändert und wie es weitergeht! Aktuell muss er damit zurechtkommen, dass ich über Weihnachten im Krankenhaus liege, siehe nachfolgendes Kapitel: „Weihnachten in der Urologie Planegg".

Eine dauerhafte Zukunft mit Manfred wird sich beweisen müssen. Es wird sicher nicht einfach, zwei alte Gewohnheitstiere in einer Lebens- und Hausgemeinschaft zusammenzuschmieden, dafür müsste sich einiges ändern! Man wird sehen, was kommt! Jedenfalls weiß ich mittlerweile, dass ihm viel an mir liegt, das spürt man auch. Ich mag ihn ja auch und kann mir eine Zukunft mit uns durchaus vorstellen. Wir sind beide ausgeglichene, ruhige Menschen, die Probleme verbal lösen, also gefährliche Streitereien – denke ich - wird es eher nicht geben, jedoch wird es sich später anders erweisen! Bislang besteht die Freundschaft in gewohnter Weise - mit einer offenen Ausgang vielleicht? Sabrina meint mal, dass wir eventuell zu sehr verschieden sind und sich daraus Probleme ergeben können. Sie kann sich jedoch eine räumlich getrennte Freundschaft gut vorstellen. Allein bleiben ist auch nicht schön und mit Sabrina als Partnerin ist leider nichts zu machen, aber das Kapitel habe ich ja bereits abgeschlossen. Selbst die früher so innige und vertrauensvolle Freundschaft ist am Abflachen und die Abstände der Treffs weniger geworden. Es ist eine spürbare Distanzierung wahrzunehmen. Meist ist es so, dass man sich kurz hintereinander trifft und dann entsteht eine längere Pause, auch im Meldewesen. Das Problem liegt wohl eher bei mir! Ich will ihr nicht mehr zu nahekommen, weil sie es nicht mag und ich dann bei Ablehnung sehr enttäuscht und als Konsequenz depressiv wäre!

Sie hat sich gefühlsmäßig vor langer Zeit zum Selbstschutz abgeschottet und dabei scheint es zu bleiben. Ich denke, aus ihrer Sicht ist der Zustand in Ordnung und entspricht einer guten Freundschaft, so wie sie es schon öfters propagiert hat. Mal sehen, was noch so alles passiert in meinem verrückten Leben, es bleibt interessant!

Corona und andere Schlaglöcher

Ende Februar, Anfang März 2020 wurde die gesamte Menschheit von dem Coronavirus (Covid-19) heimgesucht und für uns alle änderte sich viel im Leben. Jetzt war ich froh, dass ich meine gelebte Freiheit als „Frau" vor diesem Ereignis durchlebt habe und jetzt eine feste Bekanntschaft an meiner Seite weiß. Ich denke, Manfred geht es nicht anders! Selbst in dieser schwierigen Zeit machte sich Manfred zu mir auf und besuchte mich kontinuierlich. Wir vertrauten uns, dass keiner infiziert sei, was bis dato auch so stimmte. Später werden wir auf ärztlichen Rat hin einen Abstrich machen lassen, der negativ ausfallen wird. In der Öffentlichkeit hatten wir beide kein Problem, uns zu zeigen, auch in der Phase des „Lockdown", da wir sichtlich als Ehepaar durchgingen und somit eine enge Gemeinschaft aus einem Haushalt darstellten. Aber so ganz wohl, glaube ich, fühlte sich keiner in der Zeit der Pandemie. Trotz diverser Lockerungen während dieser Zeit kam keine echte Normalität auf, da der Ausgang und das Ende noch offen sind. Vermutlich erst eine geraume Zeit nach dieser Buchlegung.

Leider gibt es für mich gelegentlich noch Anpassungsschwierigkeiten mit Sabrina, die sehr unterschiedlich ausfallen und fast unsere Freundschaft hätte kosten können! Erst im ersten Quartal 2021 werden sich diese Spannungen weitgehend auflösen und zu einer normalen Freundschaft wandeln - Gut Ding braucht Weile! Wir werden uns nie verlieren, wage ich zu behaupten.

„Jede Partnerschaft ist wie ein Unternehmen und somit ein Risiko, dessen man zu tragen bereit sein muss. "

Nach Manfreds Wunsch könnte ich in naher Zukunft bei ihm wohnen – ist das eigentlich („eigentlich" beinhaltet einen gewissen Zweifel) auch mein Wunsch? Wenn es denn dazu kommt, dann ich bin da etwas vorbehaltlich veranlagt. Ob ich die Kraft habe, seine Lebensumstände zu sanieren? Eventuell läuft die Beziehung als Freundschaft mit getrennten Lokationen weiter. Falls es doch zum Zuzug kommt? Man wird sehen, wie es geht und wie lang!

Sabrina meinte mal: *„Dann muss ich ja zu einem Treff mit dir noch weiter fahren!"* Vielleicht freut man sich dann mehr, wenn man sich nicht so oft wiedersieht, meinte ich. Jedenfalls sind dann spontane Aktionen nicht mehr so einfach zu machen. Unter Umständen tut die räumliche Trennung sogar gut! Ich lasse es mal so stehen.

Was gibt es sonst noch für Aufreger? Nun, der Kampf mit dem Deutschen Rentenbund nimmt kein Ende. Trotz Genehmigung nach der letzten psychiatrischen Untersuchung gibt es noch keinen schriftlichen Bescheid über meine volle Erwerbsminderungsrente und das hat mit meiner Angleichung zur *„Frau"* nur etwas bedingt zu tun. Auf Grund der Angleichung kam es im letzten Arbeitsverhältnis zu größeren Problemen, die dann letztendlich in den Verlust des Arbeitsplatzes mündeten. Warum nur bedingt? Da es noch andere psychische und physische Probleme gab und gibt, die meine Arbeitsleistung stark mindern und mich in der beruflichen Umgebung beeinträchtigt haben. Ich bin gespannt, wenn im Feb. 2021 mein Arbeitslosengeld-1 wegfällt, ob ich dann mit der halben Rente leben muss oder dann endlich mein Anspruch auf die volle Erwerbsminderungsrente gerecht wird! Ein Arbeitsplatz wiederaufzunehmen, davor habe ich ehrlich gesagt etwas Angst und ich denke, dass ich die Anforderungen in der heutigen Arbeitswelt nicht mehr nachkomme und gerecht werden kann, das sagt und meint auch meine Psychologin! Zu viel musste ich den letzten Jahren einstecken und verkraften, wie man auch unschwer aus den letzten Kapiteln erfahren konnte. Meine Psyche und Physis sind auf einem sehr niedrigen Niveau, von dem ich mich auch nie wieder richtig erholt habe. Auf Grund meiner mannigfaltigen Krankheiten, der auch einen beachtlichen Medikamentenkonsum erreicht hat, bin ich als chronisch kranker Mensch anerkannt. Man kann durchaus sagen, dass ich meinen Ruhestand verdient habe – das ist aber leider nicht jedermanns Meinung! Versuchshalber habe ich mich bei verschiedenen Stellen beworben, jedoch kamen nur Absagen. „Glück Auf" würde der Bergmann sagen, wenn er in die tiefe Grube einfährt und nicht weiß, was ihm erwartet. Was mich trotzdem etwas optimistisch einstellt, ist die Tatsache, dass ich schon aus vielen Krisen wieder gut herausgekommen bin! Wie Phönix aus der Asche, könnte man sagen. Ende Januar 2021 bekam ich endlich meinen Bescheid der vollen Erwerbminderungsrente und somit ist meine Existenz gesichert und kann mich endlich ausruhen! Es reicht auch nach zwei Jahren Kampf und Ungewissheit. Ich möchte hier nicht unerwähnt lassen, dass eine örtliche Rentenberaterin das Ganze maßgeblich angeschoben und erwirkt hat. Dank an sie!

Bislang bin ich gut durch die Pandemie gekommen. Sieben Abstriche habe ich bislang machen lassen, alle ohne Befund, also negativ. Ich hoffe, das bleibt so! Ja, es ist schon eine schwere Zeit und Prüfung für unsere Gesellschaft, fast wie im Krieg, nur ohne zerbombte Häuser. Alle Hoffnung in 2021, dass es besser wird! Über das Internetportal des Landkreises habe ich mich für eine Impfung vormerken lassen, da ich ja über sechzig bin und durch meine vielen Vorerkrankungen zu den Risikopatientinnen gehöre. Ich bin gespannt, wann es denn so weit sein wird und wie ich die Impfungen vertrage und ob sie wirklich schützen! Aber selbst mit der Impfung wird die Pandemie nicht gleich verschwinden, so werden die üblichen Schutzmaßnahmen uns noch eine Weile begleiten. Ausgang offen.

Die Affäre

Wie das Leben so spielt! Eines Tages ging ich vom Hausarzt zufrieden und gedankenversunken nach Hause. An der
Hauptstraße wurde ein LKW-Fahrer auf mich aufmerksam
und sah mir nach. Hundert Meter weiter an der großen
Kreuzung blieb er kurz stehen und reckte sich nach mir.
Genötigt vom nachfolgenden Verkehr musste er abbiegen,
jedoch blieb er abermals kurz stehen und unsere Blicke
trafen sich kurz. Verzückt ging ich weiter und kehrte kurz
in die unmittelbar gelegene Bäckerei zum Einkauf ein.
Nach dem Einkauf schlenderte ich weiter gemütlich nach
Hause. Immer noch etwas verzaubert von dem kurz Verlebten hielt plötzlich neben mir der vorangegangenen
LKW-Fahrer und sprach mich an. Nach einer kurzen Plauderei gab er mir seine Telefonnummer und bat mich, ihn in
Bälde anzurufen. Ich frage ihn, warum er mir nachgefahren
sei. Nun, er sage, dass er mich sehr attraktiv und sympathisch fand. Schon erstaunlich und auch schmeichelnd,
dass mich ein jüngerer Mann von achtundvierzig Jahren
begehrenswert hielt! Im Gespräch offerierte ich ihn auf
Grund der Nachfrage, dass ich schon zweiundsechzig Jahre
bin. Wow, sagte er, gut gehalten! Da hat wohl ein Jäger
seine Beute gefunden - warum nicht! Später überlegte ich
etwas, wenn er mal meine Telefonnummer hat und mich
mit Anrufen bombardiert, schließlich kenne ich ihn ja nicht
und wer weiß, was er noch vorhat! Ich überlegte mir eine
technische Lösung. Ich besorgte mir ein einfaches Handy
mit einer Prepaidkarte, so kann ich jederzeit den Kontakt
einfach stilllegen. Trotzdem überlegte ich einige Zeit mit
der Kontaktaufnahme. Irgendwann an einem Wochentag

am späten Nachmittag rief ich ihn an. Er fragte mich, warum es so lange gedauert hat. Nun, ich war mir einfach nicht sicher, ob es richtig sei, dies zu tun: Ich bin ja noch mit Manfred liiert! Irgendwie fand ich es trotzdem spannend, eine Affäre zu haben. Ich bin doch ein Luder, genau wie meine Freundin mal gesagt hat! Sie hat mir mal ein Silberkettchen mit dem Schriftzug „*Luder*" geschenkt und somit legitimiert. Ich denke, es ist einfach ein Wunsch nach Zuneigung und Sehnsucht. Nach einigen Telefonaten kam es tatsächlich spätabends zu einem Treffen am Rathausplatz in Großkötz. Wir machten erst einen Spaziergang durch den Ort, alberten etwas herum und es entwickelte sich eine lockere Atmosphäre. Ich merkte sehr wohl, wie er um mich warb und genoss es. Natürlich war auch ich neugierig, mehr zu erfahren! Ich verstand es ihn auch zu reizen, er bebte förmlich! Im Anschluss fragte er mich, ob wir uns ein wenig in sein Auto setzten würden, um da die Unterhaltung fortzusetzen. Nachdem es mir etwas kalt wurde und es keine Möglichkeit gab, in ein Lokal zu gehen, erklärte ich mich damit einverstanden. Anfänglich war es noch eine allgemeine Unterhaltung, später wurde die dann etwas persönlicher. Wie es halt so ist, wurde es dann intim - über die Details schweige ich lieber - jedenfalls war es schön und aufregend und das mitten am Dorfplatz um Mitternacht am Rathausplatz in Großkötz. Da muss sogar ich den Kopf schütteln, was ein Mensch alles anstellen kann. Angst, dass er gewalttätig werden würde, hatte ich nicht. Mein Mann in mir hätte dann die Führung übernommen! Seitdem kam es zu keinem Treffen mehr, aber wir telefonierten gelegentlich miteinander und vereinbarten uns in Bälde, nach den Möglichkeiten wieder zu treffen.

Wie ich mittlerweile weiß, ist er verheiratet und hat zwei Kinder im jugendlichen Alter. Seine Frau und er stammen ursprünglich aus Ungarn und wohnen seit langer Zeit in Nürnberg. Die Baufirma, wo er angestellt ist, hat ihren Sitz ebenfalls in Nürnberg. Die Firma agiert deutschlandweit für Tief- und Straßenbau, seine Aufgabe ist Oberpolier. Aktuell ist er in Günzburg und Augsburg abgestellt. Mit Sicherheit wird sich die Verbindung erledigen, wenn er wieder von dannen zieht! Schon aus dem Grund waren wir uns einig, dass wir unsere bestehenden Beziehungen nicht antasten und jeder auf seine Posten bleibt. Das ist gut so, dann gibt es keine Konkurrenzprobleme. Es bleibt eine lockere Affäre - ja warum nicht, was habe ich noch zu verlieren! Wer weiß, wie lange ich noch etwas erleben kann! Meine Kariere als „Frau" ist ja noch jung! Über den weiteren Verlauf dieser Affäre denke ich nicht nach, sondern genieße sie, das ist das Beste! Er kann mir etwas geben, was Manfred nicht vermag wie Abenteuer, Herzklopfen und der Reiz des Außergewöhnlichen. Vielleicht habe ich deshalb diese Affäre zugelassen. Doch ein Luder? Ausgang offen. Vermutlich wird sie aber im Sand verlaufen und einmalig bleiben. Es bleibt jedoch ein prickelndes Erlebnis.

Weihnachten in der Urologie-Planegg

Nachdem mir der Intimverkehr immer wieder mal Probleme bereitet an einer Engstelle in der Vagina, habe ich mich für eine - hoffentlich letzte - Korrektur-OP in der Urologie Planegg entschieden. Vorangegangen ist natürlich ein Beratungsgespräch mit eingehender Untersuchung. Der erste Termin wäre im Frühjahr 2020 gewesen, aber leider wurde die OP mehrfach wegen Corona verschoben. Kurz vor Weihnachten bekam ich kurzfristig einen Anruf, dass ich morgen, am 17. Dez. um 6:40 Uhr zur OP kommen kann. Nachdem man nicht weiß, wie das Ganze vor allem mit Corona weitergeht, sagte ich dem Termin spontan zu. Nach erster Aussage werde ich Weihnachten wieder zu Hause sein. Später wird sich herausstellen, dass ich doch wieder länger bleiben muss, sehr zum Leidwesen von Manfred und mir. Wir sind nun doch am Heiligabend und den Feiertagen nicht zusammen! Schade, aber Gesundheit geht vor, so die einhellige Meinung.

Grundsätzlich ist die OP gut gelaufen und der Verlauf des Heilungsprozesses schreitet voran. Zwei Sachen bedürfen der Aufmerksamkeit, die inneren Nähte und das eigene Hautimplantat, ob es wie geplant, anwächst sowie die Pflege der Naht. Die Naht im rechten Leistenbereich, wo die Haut für die Neo-Vagina entnommen wurde, muss auch im Auge behalten werden. Am Sonntag nach den Feiertagen wird entschieden, ob ich nach Hause darf. Ja, ganz glatt läuft es selten, dennoch bin ich zufrieden mit dem Verlauf und der Aufmerksamkeit in der Klinik für meine Belange! Meine Hoffnung, dass es dann im Intimverkehr tatsächlich leichter geht, beweist die Zukunft.

Es ist schon komisch, dass ich wie letztes Jahr und andere Weihnachten unterwegs bin und nicht zu Hause. Schicksal oder Fügung? Es gibt aber auch positive Aspekte während des Klinik-Aufenthaltes. An Weihnachten und danach war ich öfters bei den Transmännern (Wandlung von Frau zum Mann) in dessen Zimmer und tauschten unserer Erfahrungen aus. Dies war sehr interessant und bestätigt in vielen Aussagen mein Handeln zur Transmission! Auch die Transmänner fanden es sehr anregend, sich mit der Gegenseite mal auseinanderzusetzen. Im Anschluss machten wir es uns gemütlich und lauschten Musik bei Chips und Flips. In früheren Operationen hatte ich schon mal Kontakt mit den Transmännern, auch damals konnte man sich gegenseitig gut austauschen. Ich bin sehr offen und vorbehaltlos! Erstaunlicherweise gibt es mehr Transmänner als Transfrauen, zumindest stellt es sich so in der Urologie Planegg dar.

Ich denke, ich kann ganz zufrieden sein mit meinem Leben, hab viel erreicht und bin da angekommen, wo ich immer hingehört hätte, nämlich bei mir selbst! Ich bin in meiner Umgebung gut sozialisiert und integriert. Die wenigen Menschen, die mich fest umgeben, tun mir gut und möchte sie nicht missen!

Schlusskapitel (Fazit)

Etwas in die Zukunft gedacht: Es könnte auch so ausgehen, dass ich allein sterben werde. Jetzt wird man sich fragen, wie ich darauf komme! Nun, aus den Erfahrungen des Lebens ergibt sich immer das gleiche Muster bei der Anbahnung und Weiterführung einer Beziehung. Am Anfang ist man neugierig, man lernt sich oberflächlich kennen und dann beginnt der fortwährende Scan- und Optimierungsprozess, bis das Gegenüber vollständig ausgekundschaftet ist - das ist dann meist das Ende. Nun, da sind wir Menschen uns alle sehr ähnlich und möchte mich da nicht ausnehmen! In meinem Fall war es oft das Alter, Körperumfang, Krankheiten, Hautareale, Aussehen, Medikationen, Verhaltensweisen, Lebensart und zu guter Letzt meine Transvergangenheit. Mit Letzteren können die Menschen auch im 21. Jahrhundert immer noch nicht vernünftig umgehen! Wir sind eben alle noch Steinzeitmenschen mit Handy! Ich habe deswegen keine Lust mehr auf tiefere Beziehungen. So komme ich deshalb nach reiflicher Überlegung und Auswertung meiner gesammelten Erfahrungen der letzten Jahre durch viele Online-Dating-Portalen und Zeitungsanzeigen sowie persönlichen Begegnungen, die mir bei der Partnersuche psychologisch mehr geschadet als genutzt haben. Die Quintessenz ist, dass sehr viele Menschen in der Gesellschaft mich weder als Mann noch als Frau ansehen und ein Transmensch wie ich nach wie vor weitgehend mit wenigen Ausnahmen nicht akzeptiert und toleriert bin. Ich stehe trotzdem und unverrückbar zu meiner Angleichung als Frau, jedoch psychologisch und gesellschaftlich fühle ich mich oft isoliert.

Die vermeintliche Partnerschaft ist nach kürzlicher Aussage von Manfred ohne Zeitablauf offen, sie mündet dann wahrscheinlich in einer Bekanntschaft, bestenfalls in einer Freundschaft. Ich denke, er hat kein Vertrauen zu mir, er ist ohnehin sehr misstrauisch und ihm stören die oben beschriebenen Eigenschaften an mir, vor allem meine mannigfaltigen Krankheiten und die einhergehenden Medikationen. Er hat mal gesagt, dass er Angst hat, dass ich vor ihm sterben könnte und dies nicht ertragen will. Ja, was soll ich da machen! Für mich ist es ab jetzt eine normale Bekanntschaft, wie zu vielen Leuten und ich lasse die Partnerschaftswünsche weg. Eins muss ich ihm zu Gute halten: Er hat meine Transvergangenheit weitgehend toleriert. Nun lasse ich mich für Bekanntschaften ohne feste Bindungsabsichten auf verschiedenen Portalen finden, die mit meiner dort beschriebenen Ausführung zurechtkommen. Mal sehen, was dabei herauskommt! Einige Männer haben sich schon gemeldet und es bahnen sich auch Besuche an, Ausgang offen. In zwei Fällen kam es sogar schon zu einem bislang einmaligen sexuellen Intermezzo, es war wunderschön, bezaubernd und sehr prickelnd! So, wie in der Vergangenheit, wird es jedoch ohnehin alle Verbindungen über kurz oder lang wieder zerbröseln. Spätestens nach Bekanntwerden meiner Transvergangenheit sehen die Männer nur noch den Mann in mir und wollen nicht homophil sein! Egal, es gibt genügend Leute auf beiden Seiten der Geschlechter! Ich habe auch kein Problem, alleine mit gelegentlichen Bekanntschaften zurecht zu kommen. Auch diese Lebensart hat ihre Vorteile! Die letzten beide Sätzen haben sich schon fast manifestiert. Vielleicht liegt das Glück nicht in anderen Menschen, sondern in mir selbst. Man könnte die Ausführungen als Resignation wahrnehmen, für mich ist es eine Art Selbstschutz. Vielleicht obliegt dieser Wendung auch der Tatsache, dass ich schon mal über ein viertel Jahrhundert in einer Beziehung gebunden war und jetzt meine Freiheit haben muss? Ich kann einfach nichts mehr müssen! Es gibt auch viel schöne Momente und Erlebnisse, die einem immer wieder aufbauen und Halt im Leben geben. Schade, dass ich nicht gleich vollständig als Frau auf die Welt gekommen bin, das stimmt mich manchmal etwas traurig.

Bevor das Buch zu langweilig wird und sich in wiederkehrenden Lebenssituationen verliert, mach ich mal den Deckel drauf. Denn letztlich ist auch das umständliche Leben eines(er) Transgender(in) irgendwann gelebte Normalität!

Als Happy End kann ich für mich reklamieren, dass ich meinen Weg als „*Frau*" gemacht habe, und darauf bin ich stolz!

*** Ende ***

Glossar

Einleitung

Für Inhalte, Beschreibungen und Internet-Links übernimmt die Autorin keine Haftung, es handelt sich lediglich um Empfehlungen. Die Verwendung liegt im Verantwortungsbereich des Anwenders.

Gerne möchte ich den Lesern dieses Buches noch einige Tipps und Informationen mit auf den Weg geben. Die Inhalte sind aus eigenen Erfahrungen und freizugänglichen Quellen aus dem Internet, eventuelle rechtliche Einschränkungen entnehmen Sie bitte den jeweiligen Publikationen bzw. Internetseiten! Eine Haftung meinerseits für die Inhalte der Internetseiten schließe ich aus. Meine eigenen Schilderungen und Erfahrungswerte sind lediglich Empfehlungen, hier gilt ebenfalls der Haftungsausschluss.

An dieser Stelle möchte ich darauf hinweisen, dass eine Novellierung des ICD-Schlüssels geplant ist, daraus können sich maßgebende Änderungen für Transgender und Transsexuellen ergeben.

Verschiedene Inhalte können zum Zeitpunkt der Buchlegung schon veraltet und nicht mehr gültig sein, deshalb immer aktuell informieren!

Selbsthilfegruppen, Tipps und Hinweise

Selbsthilfegruppen stellen eine wichtige Anlaufstelle für Transgender dar, bieten Hilfe für das Leben im Alltag, den Umgang mit Krankenkassen, medizinischem und psychologischem Fachpersonal sowie mit juristischen Stellen. Ich persönlich habe davon sehr profitiert und kann dies nur weiterempfehlen! Man ist unter Gleichgesinnten und kann sich ohne die üblichen Hemmungen austauschen. In der Gruppe bewegt man sich frei und ungezwungen. Die noch nicht so Selbstbewusst sind, können sich hier umziehen und in ihrer Wunschrolle wohlfühlen! Außerdem werden gelegentlich Vorträge von Fachärzten angeboten, auch Schminkkurse gibt es und Dergleichen mehr. In den jeweiligen Vereinen gibt es profunde Leute, die ein gutes Fachwissen haben, aber echte professionelle Unterstützung können sie nicht leisten, hier muss man ausgebildetes Fachpersonal in Anspruch nehmen. An dieser Stelle möchte ich eine Empfehlung aussprechen: Bitte nicht selbst mit Medikamenten an sich herumexperimentieren, das kann gefährlich werden! Bitte lasst euch zu einem Facharzt der Endokrinologie überweisen! Beim ersten Termin wird eine Anamnese durchgeführt. Im Wesentlichen geht es dabei um das richtige Präparat, Dosis, Einnahmeverhalten und Wechselwirkungen mit anderen Medikationen. Ich persönlich habe es so gemacht und bin ca. alle sechs bis acht Wochen zur Abstimmung und Blutuntersuchung in der Praxis. So habe ich Gewissheit, dass es mir gut geht und der Kopf frei ist für andere Dinge! Übrigens: Selbsthilfegruppe für Angehörige gibt es ebenfalls von Transidente oder anderen Vereinen für Erwachsene sowie Kinder und Jugendliche mit ihren Eltern etc.

Ergänzungsausweis des „dgti"

Ein weiterer guter Tipp aus der SHG war der s.g. Ergänzungsausweis des „dgti" (Deutsche Gesellschaft für Transidentität und Intersexualität e.V.). Gerade in der Phase, bis man die gerichtliche Anerkennung erhalten hat, erleichtert es in vielen Lebenslagen die angehende Legitimation der neuen Geschlechterrolle und Vornamensänderung. Die Kosten sind moderat und der Aufwand gering, die Zuteilung erfolgt in der Regel zeitnah.

Hier der Link zum „dgti":

http://www.dgti.org/ergaus1.html

Ausweismuster:

ERGÄNZUNGSAUSWEIS
Nr / No / No 12345678

Name / Surname / Nom
Neufrau

Vornamen / Given names / Prénoms
Maria

Geschlecht / Gender / Gent
weiblich/female/féminine

Pronomen / Pronoun / Pronom
sie/she/elle

Ausweis-Nr. / Passport no. / No. de passport
1234567890ABC

Gültig bis / Date of expiry / Date d'expiration
31.07.2016

Deutsche Gesellschaft für
Transidentität und Intersexualität e.V.

Weitere Infos unter:

Trans-Ident e.V., Unterstützung von Menschen mit transidentem Empfinden. Transsexuellen und deren Angehörigen Hilfen auf ihrem Weg anzubieten und sie in allen Fragen ihrer Transsexualität bzw. Transidentität zu beraten.

https://www.trans-ident.de/

Der Qualitätszirkel Transsexualität München ist ein Behandler Netzwerk aus verschiedenen Fachgebieten, vertreten durch verschiedene Ärzte für Psychiatrie und Psychotherapie.

https://www.qz-ts-muc.de/

Der VivaTS München e.V. - Viva Trans*Selbsthilfe München e.V. ist ein Selbsthilfeverein, welcher im November 1989 mit dem Ziel, Menschen mit abweichender Geschlechtsidentität Hilfe zur Selbsthilfe zu geben, gegründet wurde.

https://www.vivats.de

Medizinische Feststellung nach ICD-10

Ein **Transsexualismus** (synonym für „Transsexualität") liegt nach ICD 10 F 64.0 dann vor, wenn bei einer Person der Wunsch besteht, als Angehöriger des anderen anatomischen Geschlechts zu leben und anerkannt zu werden.

Achtung: Bitte erkundigen Sie sich nach den neusten Informationen zum ICD-Schlüssel und die Auswirkungen auf die Diagnose der Geschlechtsdysphorie! Es macht Sinn, sich mit einem Facharzt darüber genauer zu informieren. Die ICD-11 ist die 11. Version der internationalen statistischen Klassifikation der Krankheiten und verwandter Gesundheitsprobleme (ICD: International Statistical Classification of Diseases and Related Health Problems). Einführung geplant für 2022.

https://www.aidshilfe.de/meldung/icd-11

https://www.dimdi.de/dynamic/de/faq/faq/Wann-kommt-die-ICD-11/

https://www.aerzteblatt.de/nachrichten/95908/ICD-11-WHO-stellt-neuen-Diagnoseschluessel-vor

Transsexuellengesetz (TSG)

Quelle: https://de.wikipedia.org/wiki/Transsexuellengesetz

Das deutsche Transsexuellengesetz (TSG) wurde im Jahre 1980 mit W ab 1. Januar 1981 unter dem Titel Gesetz über die Änderung der Vornamen und die Feststellung der Geschlechtszugehörigkeit in besonderen Fällen (Transsexuellen Gesetz – TSG) verabschiedet. Es bezieht sich auf die sozial-psychologische Transsexualität.

Es soll Menschen die Möglichkeit geben, rechtlich in der zu ihrer empfundenen Geschlechtsidentität passenden Geschlechtsrolle festgelegt zu werden, die von ihrem ursprünglich medizinisch-formaljuristisch festgestellten Geschlecht abweicht.

Es sieht entweder die Anpassung des Vornamens an die empfundene Geschlechtszugehörigkeit vor („kleine Lösung") oder die Änderung des Geschlechtseintrages im Geburtsregister (Änderung der personenstandrechtlichen Geschlechtszuordnung - „große Lösung"). Die Feststellung der Geschlechtszugehörigkeit kann zusammen mit der Vornamensänderung oder in einem nachfolgenden Verfahren beantragt werden.

Die Voraussetzungen für die Feststellung der Geschlechtszugehörigkeit sind seit der Entscheidung des Bundesverfassungsgerichts vom 11. Januar 2011 derzeit dieselben wie für die Vornamensänderung.

In Abgrenzung regelt § 22 Abs. 3 des Personenstandgesetzes in Deutschland auch die medizinisch festgestellte geschlechtliche Unbestimmtheit. Diese bezieht sich auf die

genetisch-anatomische Intersexualität, siehe auch drittes
Geschlecht.

Verfahren

Das Verfahren beginnt mit einem formlosen, schriftlichen
Antrag der transsexuellen Person. Zuständig ist das Amtsgericht am Sitz des Landgerichts, in dessen Bezirk die Person ihren Wohnsitz hat, allerdings haben hier die allermeis-
ten Bundesländer abweichende Rechtsverordnungen erlas-
sen, durch die meist ein Gericht für das gesamte Bundes-
land zuständig ist. Für Deutsche im Ausland ist das Amtsgericht Schöneberg in Berlin zuständig.

Die beiden Paragraphen § 1 und § 8 TSG regeln die Vor-
namens- und Personenstandsänderung. In § 4 TSG werden
Vorschriften für das gerichtliche Verfahren definiert. Per-
sönliches Erscheinen vor Gericht ist die Regel.

Für München, Oberbayern und teils angrenzende Regie-
rungsbezirke ist das Amtsgericht München zuständig. Bei
anderen Wohnorten informieren Sie sich bitte selbst, welche Amtsstellen zuständig sind.

Nach Eingang des formlosen Antrags beim zuständigen
Gericht fordert das Gericht zwei unabhängige Gutachten
an. Die Gutachter werden auch hier in der Regel vom Gericht bestimmt. Ist der Gerichtsbeschluss in der Verhandlung für eine Änderung ausgefallen, können nach Ablauf
der Einspruchsfrist alle Dokumente geändert werden.

Das Verfahren ist kostenpflichtig (ca. 1500€), es kann
aber Prozesskostenhilfe beantragt werden.

Die Laufzeiten betragen je nach Auslastung des Gerichtes
von der Antragstellung bis zum Beschluss ca. vier bis acht

Monate. Die Laufzeit ist auch abhängig von der Erstellung der Gutachten und wie schnell man einen persönlichen Termin bei den Gutachtern bekommt. Sind die Gutachten bei Gericht eingegangen, so bekommt man jeweils eine Kopie für die eigenen Unterlagen.

Tatsachenbericht über eine Brust-OP

Wie bei jeder anderen Operation, können natürlich auch bei einer Brust-OP Komplikationen auftreten – und auch das Ergebnis ist nicht immer, wie erhofft. Lilian (Name geändert) hat inzwischen ihre dritte OP hinter sich: Ihr wurde zweimal die falsche Implantats-Größe eingesetzt. Außerdem hatte sie noch eine Operation, bei der ihr Rückenmuskel dazu verwendet wurde, um ihren Brustmuskel zu rekonstruieren. Ihr wurde ein Gewebe-Expander eingesetzt. „Ich wünschte, ich hätte mich dagegen entschieden", sagt sie. „Ich habe jeden Tag Schmerzen. Als man entschieden hat, die OP bei mir zu machen, war ich noch viel zu jung, um zu wissen, was das tatsächlich bedeutet!"

Lilian bekam als Teenager einen Gewebe-Expander eingesetzt, um die Haut ihrer Brust zu dehnen. Doch auch heute, elf Jahre später, leidet sie noch immer unter Verhärtungen, die durch das vernarbte Gewebe und den konstant überdehnten Brustmuskel entstanden sind. Sie versucht momentan ihre Ärzte dazu zu bewegen, den Expander und den Muskel wieder zu entfernen und eine andere Möglichkeit zu finden, um ihre Brust wiederherzustellen. „Meine Operation wird von der Krankenkasse allerdings als rein kosmetischer Eingriff eingestuft. Deswegen lassen sie lieber die Finger von mir", sagt sie. „Ich werde den Rest meines Lebens Schmerzen haben! Das macht mich zutiefst traurig. Ich muss im Moment Antidepressiva gegen meine Angststörung nehmen, die ich durch die ganzen Probleme mit meiner Brust entwickelt habe."

Fazit

Es bleibt alles ein gewagtes Spiel mit vielen Unwägbarkeiten. Die Entscheidungen sind nicht immer einfach und meist steht man allein da und muss auch allein entscheiden, hier kann man keine Hilfe erwarten! Man braucht auch etwas Glück und ein gutes Selbstvertrauen.

Ich wünsche den Leuten, die diesen Weg der Transformation wagen, viel Mut und Durchhaltevermögen! Wer sich seines Weges sicher ist, wird es auch schaffen! Ich selbst bin der beste Beweis.